AF476279

LES PRISONS

DE L'EUROPE.

PARIS — TYPOGRAPHIE DONDEY DUPRÉ
rue Saint-Louis, 46, au Marais

UNE SÉPULTURE AU CHÂTEAU D'IF.

LES PRISONS

DE L'EUROPE.

BICÊTRE, LA CONCIERGERIE, LA FORCE, LA SALPÊTRIÈRE, LE FOR-L'ÉVÊQUE
SAINT-LAZARE, LE CHATELET, LA TOURNELLE, L'ABBAYE, SAINTE-PÉLAGIE, PIERRE EN CIZE
POISSY, HAM, FENESTRELLES, LE CHATEAU D'IF, CHATEAU TROMPETTE
LE MONT SAINT-MICHEL, CLAIRVAUX, LES ILES SAINTE-MARGUERITE, LA TOUR DE LONDRES,
PIGNEROLLES, LE SPIELBERG, LES PLOMBS DE VENISE,
LES MINES DE SIBÉRIE, LES SEPT TOURS, LES CACHOTS DE L'INQUISITION

Histoire des prisonniers d'état, des Victimes du Fanatisme politique et religieux
Intérieur des Bagnes, Travaux et Punitions des Forçats,
Détails inédits sur toutes les Prisons élevées par le Despotisme

PAR

MM. Alboize et A. Maquet,

Auteurs de l'Histoire de la Bastille

MAGNIFIQUE ÉDITION,

SPLENDIDEMENT ILLUSTRÉE DE GRAVURES SUR ACIER

V

PARIS.
ADMINISTRATION DE LIBRAIRIE.
RUE NOTRE-DAME-DES-VICTOIRES, 26

1845

LE FORT DE SPIELBERG.

La vallée de Brünn. — Le Spielberg. — La Bastille autrichienne. — Politique de l'Autriche. — Les carbonari italiens. — Le comte Porro. — Confalonieri. — Sylvio Pellico. — Arrestation de Confalonieri. — Le *carcero duro*. — Les cachots. — Costume des galériens de Spielberg. — Régime. — Andryane. — Mort du comte Oroboni. — Le cimetière de la forteresse. — L'emprisonnement du baron de Trenck. — Trenck et les têtes de Tartares. — Trenck et les harumbachas. — Ses guerres d'extermination. — Il fascine une jeune fille. — On l'accuse d'avoir trahi l'impératrice. — Alternatives du procès. — Son horrible trahison envers son cousin Frédéric de Trenck. — Il est condamné à la détention perpétuelle à Spielberg. — Encore la jeune fille. — Plan d'évasion. — L'avarice de Trenck le fait manquer. — Le diable en conférence avec Trenck. — Ils causent d'affaires. — Mort du pandour. — Commentaires historiques sur cette mort. — Saint Trenck le pandour. — Il assassine son confesseur. — Se tue lui-même. — Apparition du lièvre blanc au Spielberg. — Mort du prisonnier Villa. — Funérailles au Spielberg. — Marco Fortini. — Monari. — Le colonel Moretti. — Correspondances touchantes entre Sylvio Pellico et Andryane. — Comment on accorde aux prisonniers des nouvelles de leur famille. — Une visite domiciliaire dans le cachot. — Encore une faveur du très-clément empereur d'Autriche. — Les conventionnels français. — Lamarque. — Quinette. — Foucault. — 1793 vu du Spielberg. — Drouet. — Son plan d'évasion. — Les conventionnels échangés contre Marie-Thérese (duchesse d'Angoulême.) — Délivrance de quelques détenus italiens.

Le voyageur qui vient d'entrer dans les belles plaines de la Moravie, au sortir de cette Styrie si riche et si pittoresque, s'arrête complaisamment à admirer l'une des plus riantes vallées que Dieu ait données à l'homme pour l'égayer et pour l'enrichir.

C'est la vallée de Brunn. Une ville tout entière s'y déploie, et cette ville est la capitale de la Moravie depuis qu'Olmütz a perdu cet honneur pour s'être rendue trop facilement aux Suédois. Parmi ses toits rouges qui se perdent dans les arbres, et à travers une forêt de clochers noirs qui se dressent comme des mâts de navire, montent les murmures joyeux d'un peuple à qui la vie douce et facile a fait trouver supportable son esclavage et son isolement.

La vallée de Brünn était autrefois importante par le nombre de ses fabriques de draps. Les marteaux à foulons retentissaient au bord de la rivière; et les flots, tantôt bleus, tantôt neigeux d'écume, bondissaient par dessus les écluses, ou étincelaient sur les roues des moulins au grand soleil; parfois s'élargissaient en lacs paisibles sous les peupliers, en sorte que les bateaux sur cette surface limpide semblaient des phoques rassasiés, étendus sur une prairie d'algues marines.

Mais la prairie est peu à peu devenue silencieuse, les fabriques ont fait taire leurs marteaux, caché leurs métiers à carder; on ne voit plus les jeunes filles moraves étendre sur l'herbe les grands rouleaux d'écarlate ou d'azur; si l'on veut savoir la cause de cette mort de la vallée, la cause de ce silence imposé aux ouvriers chanteurs, qu'on jette les yeux vers le couchant, à l'endroit où s'élèvent, en suivant une pente insensible, les fortifications de la ville de Brünn.

Un géant noir surmonte cette vallée. Monticule abrupte, superbe, nu, il a pour tête un hideux parallélogramme de pierre sombre, troué de fenêtres étroites. Le soleil quand il se lève allume sur ces murailles autant d'yeux étincelants qu'on y voit de jours percés par la main de l'homme, et lorsque le soleil se couche au fond de la vallée, il attache encore ses rubis aux vitres de la partie occidentale du château-fort, dont alors la figure apparaît sinistre, comme ces têtes de mort intérieurement éclairées par l'imagination craintive des enfants.

Ce géant, ce château, cet épouvantail, c'est le Spielberg, forteresse autrefois habitée par les marquis de Moravie, maîtres de ce beau pays. Après avoir servi contre les ennemis du dehors, ces pierres élevées par la féodalité ont, suivant l'usage, servi les despotes contre leurs propres sujets. Le Spielberg est devenu prison d'état.

En Autriche, en Italie, dans tous les coins de ce vaste empire dont le souverain réside à Vienne et s'appelle César, les peuples frissonnent au nom de Spielberg. On sait que derrière ces murailles la vie s'éteint lentement, sourdement, au gré du tourmenteur nommé par le souverain. On sait que ces casemates impénétrables à toute curiosité, à toute sollicitude, absorbent l'agonie du prisonnier, au profit du seul César qui en jouit, parce qu'il se venge.

Le Spielberg est la maison des galériens, et par un rapprochement familier à tous les despotes, il est aussi la demeure des criminels d'état. C'est sur ces derniers que les geôliers s'étudient à faire souffrir l'homme qu'on leur confie. Quiconque a outragé la société, violé les lois de la morale ou de la religion, est bien moins coupable que le rêveur dont la plume a écrit dix lignes contre l'empereur d'Autriche, dont le cerveau a enfanté des songes de liberté : les premiers ont fait tort à tous les hommes et offensé Dieu; mais les seconds ont humilié ou lésé un seul homme, qui prétend non-seulement représenter tous les autres, mais encore représenter Dieu sur la terre.

A quelques lieues de Vienne existe donc une Bastille, dont les larmes et le sang des captifs n'ont pas encore assez détrempé le sol pour que les fondations croulent et s'abîment. Bien plus, ce sinistre fort de Spielberg, à force de regarder la vallée si riante et si riche de Brünn, l'a effrayée, fascinée, glacée, comme le serpent des Antilles fascine et étourdit l'oiseau dont il veut faire sa proie. La vallée n'a plus osé chanter en présence des infortunés qui gémissaient dans Spielberg; et Spielberg n'a pas voulu qu'il y eût des gens trop riches et trop nombreux si près de ses canons. Au despotisme il faut le silence et les ruines. Le vautour vit dans les solitudes.

Il n'y a pas bien longtemps que d'un village voisin qu'on appelle Austerlitz, partirent les bataillons les plus hardis, les plus bruyants, les plus superbes, qui eussent jamais traversé cette contrée. Ils étaient encore ivres du bruit de la bataille; leurs panaches noircis par la fumée, leurs broderies tachées de poussière, n'ôtaient rien à leur mine fière et victorieuse. C'étaient deux divisions de l'armée française qui venait de battre les Autrichiens et les Russes autour de ce petit village d'Austerlitz.

Le Spielberg, aperçu de loin dans les brumes, leur avait paru d'un farouche aspect, et ils étaient accourus à ses menaces. La forteresse fut bombardée avec fureur. Elle se défendit assez mal, et, peu d'heures après l'arrivée des Français, de larges brèches montraient aux habitants épouvantés de Brünn l'intérieur noir et humide de ces cachots, où depuis deux cents ans tant de nobles allemands étaient venus mourir inconnus, à un signe des empereurs d'Allemagne.

Mais la guerre, météore brillant, s'éteint vite, et, soit qu'elle ait réparé des malheurs, soit qu'elle ait amené des améliorations, elle laisse des ruines douloureuses ou des constructions imparfaites. Ce que les Français avaient fait pour la liberté de la Moravie, les Autrichiens se hâtèrent de le détruire après le départ des ennemis, c'est-à-dire qu'ils rebâtirent, tant bien que mal, les murs écroulés; le Spielberg avait été bien maltraité par les bombes; mais un invalide, incapable de repousser une attaque d'hommes vigoureux, ne peut-il pas suffire à garder un prisonnier chargé de chaînes? Ainsi fit-on du Spielberg. Le fort devint purement et simplement une prison de galériens. Le vieil édifice n'en fut pas moins redouté, mais il en fut plus infâme.

Le plateau avait été merveilleusement disposé par la Providence pour fournir aux hommes d'autres idées que des idées de désespoir et de mort. Mais aujourd'hui l'on ne peut lancer un regard du haut du Spielberg sans se rappeler quelques-unes des misères humaines.

En face, au nord, s'élève la citadelle d'Olmütz, autre nid de geôliers, autre gouffre de douleurs. Les cachots d'Olmütz ont une célébrité qui doit permettre à cette dernière ville de regarder non sans un certain orgueil Brunn sa voisine, si fière sans doute de son Spielberg. A droite de la route qui conduit à Olmutz, s'étendent les plaines d'Austerlitz; c'est-à-dire de la gloire, gloire resplendissante, mais souillée de sang, comme la plupart des triomphes humains. A gauche, au pied des montagnes, un mince ruban gris ondulant dans les steppes verdâtres est la route qui mène en Bohême, dans ce malheureux pays dévasté toujours, dévoré toujours par les superstitions, les ambitions, les éclatantes folies des souverains ou des enthousiastes; la Bohême, que le spectateur intelligent ne peut considérer sans un soupir dû à tant d'infortunes. Enfin, comme pour résumer tout cela, comme pour en faire un abrégé de philosophie à l'usage des prisonniers du Spielberg, sous leurs yeux, quand ils ont la liberté de regarder, montent tristement quelques ifs enfermés par de grands murs blancs. C'est le cimetière où les forçats portent dans un drap leurs compagnons morts; le cimetière de Brünn, dernière demeure dont beaucoup de captifs ont envié, sans doute, du fond de leur cachot, les ombrages, le soleil pur, les fleurs épanouies chaque matin sur les tombes, et, par-dessus tout, l'imperturbable repos si doux pour les oreilles lasses du bruit des verrous et des chaînes.

La citadelle est construite en forme de carré long, flanqué tout à l'entour de bâtiments hérissés d'auvents ou *trémies*, de grilles, de créneaux, et de saillies étranges. On y arrive par une route sinueuse qui ne laisse apercevoir la porte qu'au moment où l'on y entre. Cette porte est basse, cintrée; on l'abandonne aux grandes sorties de la garnison ou aux entrées solennelles des puissants qui viennent visiter Spielberg. Les prisonniers, eux, sont introduits par une autre porte plus petite, et toute couverte de fer.

C'est par là que passèrent, alors que Spielberg était seulement une citadelle, toutes les victimes des colères de Joseph Ier. C'étaient de nobles Hongrois, peu accoutumés encore à cette servilité que commandait l'empereur. Une fois perdus dans les tombes du Spielberg, ils ne revoyaient plus la lumière du jour : la politique de l'empereur le voulait, non moins que son ressentiment.

Ce serait une longue et difficile histoire que celle du Spielberg : longue par le nombre des prisonniers, difficile à cause de l'obscurité qu'un despotisme non interrompu et libre dans ses actes a su jeter depuis deux cents ans sur toutes ses opérations. Les registres du Spielberg doivent être un recueil d'énigmes, et nous ne pensons pas que personne puisse se vanter d'avoir été admis à les compulser, si ce n'est le ministre héritier de la politique des devanciers, et par conséquent admis au partage des secrets d'état.

Cependant quelques révélations de prisonniers contemporains nous fournissent sur le Spielberg des détails assez intéressants, assez authentiques surtout pour que nous entreprenions sans crainte le récit des infortunes privilégiées. Cette faible lumière d'un petit nombre d'écrits courageux nous guidera, nous, écrivains patients et habitués à lire sur les murs des cachots les noms à demi effacés par le grattoir des inquisiteurs ou les larmes des victimes.

Cela dit, on nous pardonnera de glisser fort légèrement sur le régime des galériens détenus au Spielberg. Nous le consignerons tout au plus pour compléter les notes que nous publions sur le système pénitentiaire des principaux états de l'Europe.

L'Autriche a étendu sur les pays conquis par elle un immense réseau formé de mailles solides et tenaces. C'est le pays dans lequel on trouve le plus de gens honnêtes dans le particulier; c'est le gouvernement le plus perfide et le plus bassement inquisiteur. On pourrait attribuer cette sévérité à une nécessité absolue de faire peser le joug sur les nations conquises, et peut-être trouverait-on des exemples de ce système dans l'histoire des gouvernements les plus loyaux et les plus forts. Mais, malheureusement pour le caractère du gouvernement autrichien, cette inquisition s'exerce aussi cruellement sur l'habitant de la métropole que sur l'Italien, le Piémontais et l'Esclavon. C'est donc une habitude, et non pas une obligation. Il eût été logique à l'Autriche, comme autrefois à Rome victorieuse, de laisser respirer librement le citoyen, en étouffant le vaincu et l'esclave : politique peu chrétienne, mais politique de vainqueur. Il n'en est rien; le Spielberg s'ouvrirait aussi aisément pour l'Autrichien que pour l'Italien, si le premier, facile de sa nature et façonné au joug de ses maîtres qu'il aime, ne donnait aux peuples qu'il a subjugués l'exemple d'une docilité passive, d'une patience à toute épreuve.

Un jour apparaîtra dans sa laide réalité cette politique implacable, qui n'a pas même l'orgueil pour excuse, car elle naît seulement du désir de conserver sans coup férir une conquête; elle naît de l'avarice. Disons-le, à la louange de notre nation : plutôt que d'établir l'inquisition civile dans un pays conquis, des Français eussent préféré cent fois jouer au terrible jeu des batailles la province révoltée contre ses vainqueurs.

Nous ne ferons pas au lecteur un cours de politique européenne; mais les lignes qui précèdent étaient nécessaires à l'intelligence des règlements du Spielberg. Nous venons ainsi de définir le prisonnier d'état, pour lequel s'ouvrent ces cachots. Ce sont des prisonniers prévenus d'avoir conspiré pour soulever contre l'Autriche le pays conquis par elle; ce sont des hommes suspects au César de Vienne, pour la plus noble cause qui puisse mettre les armes ou la plume aux mains d'un citoyen généreux, l'affranchissement de la patrie.

Chaque fois que la France a fait un mouvement pour son indépendance, ce mouvement a ébranlé le monde; les gouvernements despotiques ont frémi autour d'elle, en voyant craquer sous cette secousse l'édifice élevé à grands frais pour renfermer les esclaves. Ainsi, à chaque révolution opérée en France, l'air a fait irruption en Italie, et les peuples un moment revenus à la vie, espérant que ce serait pour toujours, ont essayé aussi de s'agiter dans leurs liens. De là des actions et surtout des cris. Dans le premier cas l'Autriche a dressé ses potences, dans le second elle a fait jouer sur leurs gonds les portes du Spielberg.

Lorsque l'immense conspiration organisée sous le nom de *Charbonnerie*, et dont nous avons esquissé rapidement le caractère dans *la Conciergerie*, eut pris assez de consistance pour épouvanter l'Autriche, et mettre sur les dents sa police irritée, le monde européen qui avait entendu ces conspirateurs pousser leur sape profonde, et qui attendait un résultat éclatant pour la liberté des hommes, apprit tout à coup avec stupeur que tant de menées intelligentes, dévouées, n'avaient abouti qu'à l'arrestation d'une poignée d'hommes d'élite, jetés en prison par la police autrichienne, et de commissions en commissions, d'inquisiteurs en bourreaux, amenés au pied de l'échafaud, puis graciés par la clémence de l'empereur d'Autriche, c'est-à-dire, condamnés *seulement* à une détention perpétuelle dans la forteresse du Spielberg. Ainsi se terminait la conspiration en Italie. C'était, selon l'expression de François, une affaire de famille. Quelques années plus tard, en France, le carbonarisme aussi persécuté, mais exploité plus énergiquement par le génie plus audacieux de la nation, aboutissait à la révolution de 1830.

Quand la police autrichienne eut mis la main sur le secret, elle n'eut pas de peine à trouver les conspirateurs. Il est rare que dans les pays soumis depuis quelque temps au régime despotique les espions ne se présentent pas en foule pour aider le gouvernement. On arrêta donc à Milan tout ce qui songeait et faisait songer les Italiens à la liberté perdue. Il s'était établi dans cette ville un journal libéral nommé *le Conciliateur;* c'était la plus faible et la dernière expression de cette démocratie pure qui avait voulu repousser les Français de l'Italie, puis les Autrichiens, et qui, vaincue par le despotisme appuyé sur les baïonnettes de la sainte alliance, s'était fondue en une réunion d'écrivains, ne pouvant être une légion de réformateurs armés ou délibérants.

A la tête du mouvement s'était placé le comte Porro, l'un des députés envoyés à l'empereur François par le parti radical, alors que les Lombards, espérant reconstituer une nationalité vivace et honorable, avaient fondé une régence pour gouverner la Lombardie à l'exclusion de toute domination étrangère. L'empereur ne put souffrir que les hommes intervinssent dans l'appréciation de son droit divin, et il malmena les députés. Le comte Porro réussit à s'échapper; un autre député non moins ardent pour la liberté, le comte Confalonieri, interpella vivement l'empereur et s'en fit un ennemi cruel, dont la haine et la cruauté portèrent leurs fruits plus tard.

Porro, Confalonieri, Ludovico de Brème et Pietro Borsieri, n'abandonnèrent pas leur cause sacrée; ils se firent journalistes. *Le Conciliateur* fut l'arme avec laquelle ils menacèrent les Autrichiens. Le comte Porro fournit les fonds, et l'œuvre s'accomplit, réunissant en elle-même, comme un de ces courants attractifs et sympathiques, tout ce que l'Italie avait de talents élevés, d'esprits généreux, de cœurs intrépides. Bientôt la censure autrichienne, cette impitoyable et avide découpeuse, se mit aussi à la besogne, supprimant dans les colonnes du *Conciliateur* les lignes les plus éloquentes, qui, par leur absence, comme dit Tacite, faisaient cependant leur effet sur le public, en sorte que l'on se passionnait en Lombardie pour les pages blanches du journal, dont la signification devenait alors évidente.

Chez le comte Porro, propriétaire et directeur du *Conciliateur*, affluaient tous les hommes d'une valeur quelconque et d'un patriotisme éprouvé. Nulle maison, si ce n'est celle du comte Confalonieri, n'était plus activement surveillée par la police. Le comte Porro avait donné pour précepteur à ses fils un jeune homme de trente ans, un poëte d'une honnête famille de Piémont, Sylvio Pellico. *Le Conciliateur* ouvrit ses colonnes au jeune homme, qui déploya bientôt un talent distingué de critique; mais en même temps il produisait sans relâche et venait de composer une tragédie, *Eufemia di Messina*, lorsque la police, voulant frapper non pas l'auteur, non pas la pièce, mais le journal qui protégeait l'un et l'autre, interdit la représentation de la tragédie. Le comte Porro fit imprimer cet ouvrage, pour soutenir, par une résistance honorable, la propagande littéraire et politique du *Conciliateur*. Alors la police autrichienne ordonna la suppression du journal.

C'était le moment où Naples, travaillée par les agitateurs libéraux, venait de se révolter. L'Autriche trembla pour sa conquête. Tant d'écrivains ardents dont le patriotisme s'exhalait moins dangereusement dans les articles et en vers pleins de séve et de fougue, allaient-ils donc devenir non plus des Tyrtées mais des Épaminondas? la lyre allait-elle faire place au mousquet dans la main du journaliste étouffé par le despotisme? L'Autriche vit qu'il était temps de découvrir les conspirations que ses espions lui tenaient toutes prêtes, et, à un signal donné, l'orage éclata sur les rédacteurs et affiliés du *Conciliateur*, c'est-à-dire sur les carbonari de la Lombardie et de l'Italie tout entière.

Cette explosion fut sagement précédée de bons décrets qui donnassent à l'exécution une couleur de légalité; puis on voulut saisir à sa maison de campagne le comte Porro; mais il s'attendait à ce coup de main, et les gendarmes autrichiens manquèrent leur proie. On arrêta le marquis Pallavicini, on s'occupa de prendre le comte Confalonieri. Commencer par les chefs était une mesure prudente, une démonstration de vigueur.

Le comte Confalonieri, jeune encore, mais brisé par le découragement qui avait succédé à tant de revers essuyés depuis plusieurs années, s'était retiré sur le lac de Come avec la comtesse sa femme. Il essayait là de rétablir sa santé, compromise par tant de secousses, et il voulait vivre un peu pour sa famille, après avoir tant fait pour sa patrie. Il voyait son père, sa femme, heureux de ce retour à la paix; il méditait une expatriation qui devait assurer à jamais son bonheur et celui des êtres dévoués à sa personne, car il devinait bien, sous ce calme apparent, la serre de l'Autriche étendue et menaçante. En attendant que ses projets fussent assez mûrs il revint à Milan.

C'est là qu'on l'attendait. Les arrestations avaient commencé. Confalonieri se fit construire dans sa maison une porte secrète par où, en cas d'alarme, avec des armes et une bourse toute préparée, il pourrait gagner un abri sûr. Cependant la comtesse, vigilante et active, donnait les derniers ordres pour un prompt départ; encore quelques jours, quelques heures peut-être, Confalonieri aurait fait comme le comte Porro, et une noble tête eût été soustraite aux sbires de l'Autriche. Mais son heure était venue.

Un soir, le comte était au lit, fatigué, malade, lorsque des agents de police investirent tout à coup le palais de son père. Avec les agents marchait un commissaire de police; le commissaire était accompagné de gendarmes. La comtesse aperçut cette formidable escorte avant que les premiers n'eussent pénétré dans les appartements; mais déjà il était trop tard pour faire un mouvement, et le comte prit le parti de demeurer au lit comme s'il ne courait aucun danger.

— Monsieur le comte, dit le commissaire, je suis chargé par le gouvernement de visiter vos papiers.

— Monsieur, répliqua le comte un peu rassuré, je vais m'habiller et vous diriger moi-même dans vos perquisitions.

La comtesse était une femme d'une présence d'esprit et d'un courage remarquables. Elle ne fit qu'un signe à son mari; mais ce fut assez pour qu'il comprît que tout espoir était perdu. En effet, une voiture, gardée par des agents de police, stationnait à la porte du palais; il ne s'agissait pas d'une perquisition, mais d'une arrestation. Le comte répondit au regard de sa femme par un adieu plein de tendresse, bien que muet et concentré.

— Veuillez m'accompagner, messieurs, dit-il au commissaire et aux gendarmes.

Ceux-ci n'en demandaient pas davantage. Ils sortent de l'appartement avec le comte, qui dès lors est leur prisonnier, et cela sans scandale, sans larmes, comme il convient pour toute expédition bien dirigée.

— C'est dans ce cabinet que je veux m'habiller, dit le comte. Soutenez-moi par le bras, messieurs, car je suis si faible, la fièvre m'a tellement abattu, que je ne saurais faire un pas.

Les gendarmes et le commissaire bénissaient la bonne fortune qui leur présentait tant de facilités pour l'arrestation d'un conspirateur si redoutable. On arriva au cabinet de toilette, puis à la chambre à coucher.

— Asseyez-vous donc, messieurs, dit le comte, tandis que ses gardiens jetaient un coup d'œil dans la chambre et s'applaudissaient de ne voir qu'une alcôve sans issue. Le prisonnier n'eût pas été mieux enfermé dans une cage.

Tout à coup Confalonieri, qui s'habillait dans l'alcôve, pousse le ressort de la porte secrète, s'élance dehors avec toute la vigueur que peuvent recouvrer ses membres affaiblis ; il se trouve dans un corridor au bout duquel une échelle, qu'il a fait placer là depuis quelque temps, se dresse et aboutit à une trappe donnant sur les combles du palais. Le comte escalade rapidement les échelons ; mais un gendarme a observé la porte, poussé le ressort à son tour, et se précipite dans le corridor à la poursuite du fugitif.

Confalonieri entend le pas et les imprécations de cet homme ; il le sent agiter l'échelle, puis en gravir lui-même les échelons. Cependant le comte a soulevé la trappe ; il est dans le grenier. Au moment où le gendarme croit en faire autant, la lourde trappe retombe d'aplomb sur sa tête, l'assomme et le rejette à demi mort dans le corridor Aussitôt Confalonieri court à une lucarne qu'il a explorée quelques jours avant et dont la grille doit lui livrer passage dans un palais voisin. Il va être sauvé.

Malheur ! la grille est fermée.

Le comte cherche aux environs la clef que ses amis doivent avoir déposée près de là. Pas de clef! Il ébranle la grille, il cherche à enfoncer la serrure ; vains efforts. Le sang jaillit de ses mains, ses ongles sont usés par le frottement, la grille résiste et le temps s'écoule.

Alors le malheureux essaye de faire un trou dans les tuiles du toit. Pour réussir il faudrait des outils, du temps, du calme et des forces; le comte n'a que son désespoir. Il commence cependant; mais aux premières tuiles qui tombent, il aperçoit des agents placés en sentinelle sur le toit, des agents au bas des degrés, des agents dans les combles ; ils ont forcé la trappe et attendent avec des rires ironiques que la fatigue ou la pusillanimité leur livre une victime plus facile à saisir.

Pendant toute cette lutte, la comtesse, calme et heureuse dans son appartement, croyait le malheureux évadé par la porte secrète. Soudain elle le voit apparaître, pâle et sanglant, au milieu des soldats. Elle reçut ses derniers adieux; depuis elle ne le revit qu'une fois : c'était sur la place publique, où ce martyr de la liberté italienne venait entendre lire la sentence prononcée contre lui.

Les commissaires nommés par l'empereur avaient condamné à mort le comte Confalonieri ; mais sa majesté très-clémente avait daigné changer la mort en une réclusion perpétuelle dans les galères du Spielberg.

Le voyage du comte et de ses compagnons d'infortune à travers la Carinthie et la Styrie fut une longue agonie de ce malheureux prisonnier. Il faillit succomber aux attaques réitérées d'une maladie nerveuse, aggravée par les chagrins et la souffrance physique d'un voyage pénible. Il fut aidé, soutenu par le courage et la tendre affection d'un prisonnier français, victime également de l'inquisition autrichienne, M. Andryane, dont les mémoires ont révélé à l'Europe toute ce dernier acte de la révolution méditée par les patriotes italiens.

M. Andryane avait été arrêté aussi à Milan, porteur de papiers importants qui le signalaient comme un des fauteurs principaux du mouvement insurrectionnel prêt à éclater dans la Lombardie. Après une prison de deux ans, ce Français fut condamné, avec le comte Confalonieri, à la peine capitale, également commuée en emprisonnement perpétuel au Spielberg. Le 4 février 1824, Confalonieri, Andryane, Pietro Borsieri, Palavicini, Castillia, furent extraits de la prison de Milan pour être conduits au Spielberg dans des fourgons couverts et escortés d'une troupe de vingt gendarmes et de cinquante fusiliers.

Avant le départ on leur avait rivé aux chevilles des fers d'un poids considérable. A leur arrivée au Spielberg on les débarrassa de ces fers; mais ce fut pour leur en remettre d'autres plus lourds encore. On leur fit quitter les habits qu'ils portaient pour les revêtir de l'uniforme des galériens. Mais, puisque nous avons à étudier l'intérieur de ce sombre château, procédons par ordre et respectons les lois de la topographie.

Après la petite porte dont nous avons parlé, s'étend un long corridor au bout duquel le commandant du Spielberg, installé dans un antre comme le Cerbère de ce nouvel enfer, écrivit les noms des prisonniers sur le registre d'écrou, entre les noms des bandits galériens, désormais leurs voisins et leurs hôtes.

— Vous savez, messieurs, leur dit-il, que vous êtes condamnés au *carcere duro* seulement.

Seulement! Ce mot fit du bien aux prisonniers. Il y avait donc des degrés de souffrance dans ces abîmes, et l'empereur aurait donc pu être plus sévère?

— Rien que le *carcere duro*, se dirent-ils; qu'est-ce que c'est donc que ce régime?

— Vous l'allez voir, messieurs, fut-il répondu.

Une fois inscrits, les prisonniers reçurent l'ordre de se dire adieu les uns aux autres. On les conduisit chacun au cachot qui l'attendait. On pourrait dire que tous les cachots construits par les despotes se ressemblent, et ont été bâtis sur le même modèle. En effet, dans tous les pays, et d'après tous les ordres d'architecture, un cachot est toujours un puits de pierre, avec le moins de jour et d'air possibles. Ils varient entre eux par le plus ou le moins d'humidité, de ténèbres, et d'insectes ou de reptiles hideux; mais fer et pierre, voilà les deux éléments; terreur, froid et ténèbres, voilà les résultats.

Les cachots du Spielberg ont de huit à dix pieds de longueur sur cinq à six de largeur. Le jour glisse d'en haut par une lucarne étroite, à laquelle le prisonnier ne peut jamais atteindre, attaché qu'il est par une chaîne. Le mobilier se compose d'un lit de planches, d'une cruche et d'un baquet.

Cette planche est le seul lit qu'on accorde aux prisonniers du *carcere duro*. Quelques-uns des condamnés, frémissant à l'idée de s'étendre sur cette couche si dure, demandèrent un changement.

— Que serait-ce donc si vous étiez mis au *carcere durissimo!* leur dit-on.

Ils n'osèrent rien demander de plus. Bientôt leur nourriture leur fut apportée. Deux plats de fer, dont l'un contenait une soupe au suif; l'autre des haricots cuits à l'eau; le tout exhalant une de ces odeurs fétides qui soulèvent le cœur. Un pain de munition doit durer deux jours. La faim qui succède aux premiers dégoûts finit par faire accepter aux malheureux cette nourriture que refuseraient les animaux les plus immondes.

Jusque-là les prisonniers avaient joui en Italie, et même pendant le voyage, des douceurs que procurent aux hommes leur argent et leur crédit; devant les règlements du Spielberg, toute considération s'évanouit. L'égalité commence là ainsi que devant la mort. Le malade agonisant, le jeune homme plein de force et d'appétit, sont mis à la ration de l'enfant ou du vieillard.

— Il ne fallait pas déplaire à l'empereur, est-il répondu à ceux qui se plaignent.

Les prisonniers, après avoir été enchaînés par le serrurier de la maison, reçurent la visite d'un forçat élevé au rang de maître tailleur. Il leur prit mesure d'un habit pareil au sien; savoir : un pantalon d'étoffe grossière, dont le côté droit est gris, le côté gauche marron clair; un justaucorps aussi miparti, un gilet pareil. Les bas sont d'une laine rude, et roide comme un cuir; la chemise, faite d'étoupes, renferme mille pailles ou épines qui entrent douloureusement dans les chairs; un triangle de toile pareille sert de cravate, et ronge le cou du patient; la chaussure est composée d'une paire de brodequins d'un cuir de bœuf graissé de suif, et garni d'énormes clous. Le chapeau est de feutre gris; il affecte une forme conique, comme ceux des pierrots du carnaval. Ainsi vêtu, le galérien du Spielberg ne peut manquer d'être reconnu d'une lieue à la ronde.

Les fers rivés aux pieds commencent par retomber sur les chevilles, et par broyer les os ou couper les chairs. Mais l'ingénieuse prévoyance des guichetiers sauve le prisonnier de ce martyre. Tout galérien est muni de courroies qu'il peut attacher au-dessus du genou, en les faisant passer par les bracelets de la chaîne, en sorte que les anneaux en sont contenus de façon à ne pas entamer le cou-de-pied. Les courroies viennent s'attacher à une ceinture de cuir fournie avec le costume.

Tel était le *carcere duro* pour les prisonniers politiques. Il faut ajouter que chaque prisonnier recevait trois fois par jour la visite des inspecteurs et du commandant. On fouillait chaque coin de la prison avec une minutie extrême, puis on sondait les fers à coups de marteau; enfin on procédait à des interrogatoires.

Ceux-là seulement qui avaient fait preuve de docilité, ou les malades inquiétants pour la responsabilité du médecin du Spielberg, obtenaient de sortir une demi-heure par jour, afin de renouveler l'air de leur cachot. Si faible que fût cette distraction, elle devenait un tel besoin pour les prisonniers, qu'on pourrait croire cette faveur accordée par les geôliers dans le seul but de créer des punitions terribles pour les galériens. En effet, la promenade est supprimée au moindre motif; de là naissent des chagrins et des privations indicibles, habilement exploités par les chefs pour assouplir la volonté du prisonnier récalcitrant.

La promenade a lieu sur une plate-forme longue de dix pas, large de huit, d'où l'œil découvre un des plus magnifiques horizons que puisse admirer l'œil, non pas d'un prisonnier, mais d'un voyageur blasé sur le pittoresque. Hâtons-nous de dire que cette distraction parut trop douce au gouvernement autrichien, et l'on verra comment un jour les prisonniers eurent la douleur inexprimable de voir s'élever entre eux et cette vue si belle un énorme mur destiné à la leur intercepter. Ils rentrèrent dans la réalité de leur tombe, en maudissant les tyrans si raffinés dans leur vengeance.

Si sourds que fussent les cachots, si solidement construites qu'en fussent les murailles, les prisonniers trouvèrent moyen d'entamer des relations. Ils se parlaient d'un cabanon à l'autre par les lucarnes. C'était parfois une chanson du pays, dont un couplet appelait l'autre. Alors, malgré l'impérieux *still!* (silence!) des sentinelles, un compatriote pouvait reconnaître à l'accent, à l'intonation, son ami, prisonnier à quelques pas de lui.

Ce fut ainsi que Confalonieri reconnut Sylvio Pellico dans un cachot voisin. Ainsi ce dernier avait-il reconnu le comte Oroboni, martyr comme lui de la liberté italienne.

Sylvio Pellico avait précédé au Spielberg Confalonieri, Andryane et les autres. Cet homme d'une force d'âme si remarquable, d'une patience si intrépide, avait trouvé moyen d'envoyer par un galérien, employé au service des chambres, plusieurs lettres dans les chambres voisines; et malgré la grossièreté du papier fabriqué avec du chiffon, malgré la blancheur de l'encre fabriquée avec de la suie et de l'eau, on lisait, on dévorait les lettres sublimes du poëte captif. C'était une touchante réunion que celle des prisonniers politiques de l'Italie. Hommes doux et bons, ils se firent pleurer des geôliers eux-

SILVIO PELLICO AU SPIELBERG.

mêmes, avec lesquels jamais ils n'eurent de querelles. Le geôlier en chef, Schiller, vieillard de soixante-quatorze ans, ancien grenadier de Marie-Thérèse, avait senti son cœur s'attendrir à la vue de tant d'infortunes imméritées. Voilà un écueil contre lequel se briseront toujours les plus sanguinaires projets des despotes. L'homme n'abdique jamais complètement son humanité. Soit bonté naturelle, soit sympathie particulière, il favorise un prisonnier sur cent, et ce prisonnier-là, du milieu de ses fers, devient le maître des geôliers; il commande, il se crée des droits.

Dans aucune histoire de prisonnier célèbre, il ne manque un geôlier sensible : il y a, Dieu merci! des cœurs plus faciles à émouvoir, comme il y a des pierres moins dures à entamer.

Une fois les relations nouées, une fois le geôlier en chef rangé du parti des prisonniers, la prison changea de face pour quelques galériens. Ils reçurent des livres; parfois, pour tromper la faim mal assouvie par la ration insuffisante, Andryane et Sylvio Pellico virent entrer le geôlier, muni d'un pain moins noir, ou d'une assiette de fruits.

Mais ces bienfaits, une main les retirait sitôt qu'une main les avait offerts. Andryane se vit enlever ses livres, par ordre supérieur, et fut réduit à copier de sa main, en les écrivant avec un clou sur la muraille, tous les mots d'un dictionnaire allemand, dans lequel il étudiait cette langue. Il réussit à accomplir cette tâche longue et pénible. C'était toute joie quand on pouvait vivre seul dans le cabanon, au lieu de subir la présence d'un compagnon odieux par son cynisme ou ses importunités. On voit pourtant quelques exemples au Spielberg d'associations autorisées de deux amis dans le même cachot. Ainsi, Andryane habita avec Confalonieri, Sylvio Pellico avec Maroncelli.

Oroboni s'éteignait en prison. C'était un jeune homme plein de vigueur et de beauté lorsqu'il entra au Spielberg. Sa prison était si voisine de celle de Sylvio que les gémissements et la toux du moribond arrivaient aux oreilles de ses amis, sans qu'il leur fût permis de rien faire pour le soigner et le sauver, ce à quoi leur sollicitude éclairée fût parvenue sans aucun doute.

« Après avoir souffert beaucoup l'hiver et le printemps de 1822, dit Sylvio, Oroboni se trouva plus mal dans l'été. Il crachait le sang et tomba en hydropisie : je laisse à penser quelle douleur fût la nôtre de le savoir s'éteignant si près, sans pouvoir renverser ce mur affreux qui nous empêchait de le voir.

» Schiller nous apportait de ses nouvelles. Il mourut le jour de la fête de son patron, le 13 juin 1823 ; quelques heures avant d'expirer il parla de son père octogénaire, s'attendrit et pleura. Puis il se reprit en disant :

» — Pourquoi déplorerais-je le sort du plus heureux de ceux que j'aime? Lui aussi ne tardera pas à me rejoindre dans le séjour de la paix éternelle. »

Ses amis entendirent les voix et les pas de ceux qui venaient enlever le cadavre, et se hissant près de la lucarne, ils aperçurent le char funèbre sur lequel on le traînait au cimetière. Deux galériens tiraient ce chariot, à peine couvert d'un drap misérable. On le vit tourner autour des glacis de la citadelle, et entrer enfin dans le petit cimetière de Brünn, qu'on découvrait au premier plan des fenêtres de la forteresse.

Souvent, lorsque, pour causer le soir d'une prison à l'autre, les prisonniers venaient se placer à leur lucarne, tolérés par quelque sentinelle moins sévère, souvent le comte Oroboni avait dit à Sylvio :

— Voyez-vous le cimetière? Il faut pourtant que je m'accoutume à l'idée d'aller pourrir là-bas! Cette idée me fait frissonner... On doit mal dormir sous cette lourde terre, quand on a espéré reposer sous les gazons fleuris de notre chère patrie.

Et à ces tristes mots succédait un silence entrecoupé de soupirs. Tels étaient les tourments ajoutés au tourment déjà insupportable de la captivité.

Dieu, qui est si bon, a toujours su placer quelque consolation dans le plus lugubre moment des douleurs humaines. Cette consolation vient du moral même du patient, ou de la nature extérieure, ou des autres hommes. Après avoir perdu leur ami Oroboni, Sylvio et Maroncelli croyaient n'avoir plus qu'à mourir eux-mêmes; tout à coup Maroncelli fut distrait de ses chagrins par l'affection toute imprévue que lui témoigna une femme hongroise, femme d'un caporal de la garnison. Cette excellente créature put voir les prisonniers, leur donner de l'espérance, et rappeler encore une fois à ce cœur flétri qu'un prisonnier n'était pas tout à fait un cadavre. Mais après trop de secousses douloureuses, celui qui regrettait une patrie, une famille, une existence perdues, ne trouva pas de sympathie pour l'affection dévouée de la femme étrangère, il ne la devina pas; cette fleur bien humble; mais que d'autres eussent trouvée précieuse, fut dédaignée par le philosophe captif. — Maroncelli s'étant heurté au genou à l'angle d'un mur, une tumeur se déclara, puis la gangrène, et il fallut couper cette jambe, que le règlement n'avait pas consenti à délivrer de ses fers. L'opération fut pratiquée avec succès; Maroncelli la supporta en homme de courage, et guérit.

Tandis que ces malheureux portaient ainsi leur croix douloureuse, Confalonieri continuait à souffrir et à languir dans son cachot. Un soir qu'il dormait, brisé par des douleurs aiguës, sur le plancher de chêne, son compagnon vit entrer dans le cachot un geôlier qu'ils affectionnaient pour sa douceur et sa charité. Cet homme avait le visage blême et les mains tremblantes...

— Comment se porte notre ami Borsieri? dit le prisonnier.

— Bien, signor, bien.

— Et Villa... Cet Hercule... il défie le Spielberg, celui-là.

— Mais pas trop, signor, il est tombé malade... Oh! bien malade.

Villa était un homme robuste, accoutumé à une vie opulente. Jamais cet infortuné ne put être rassasié après ses horribles repas du Spielberg. Son estomac, dégradé par ces jeûnes réitérés, n'eut plus la force de soutenir la nourriture, quand les médecins s'aperçurent trop tard qu'il expirait d'inanition. Cependant, à défaut de pain, Villa demandait au moins de l'air, pour ramener la circulation dans ses poumons jadis si vigoureux, d'où s'échappaient la vie et la puissance.

L'infortuné! quitter une maison riche et une épouse adorée, passer de son bonheur savamment arrangé aux horreurs de la persécution autrichienne; mourir de faim, lui! le magnifique, le sybarite! Villa tomba dans un désespoir affreux en se croyant ainsi entraîné par la mort.

— Vous dites que Villa est malade; mais ce ne peut être dangereux, ajouta le prisonnier... avec une semblable constitution.

— Hélas ! monsieur, il y a longtemps que vous n'avez vu ce pauvre homme, répliqua le geôlier... Vous ne le reconnaîtriez pas. Il est si voûté, si maigre, si pâle... Il va mourir.

— Mourir ! s'écria Confalonieri en s'éveillant... Qui a parlé de mourir ?

Le comte semblait sortir d'un songe pénible. Sur son front ruisselant de sueur s'étaient collés ses cheveux blanchis avant l'âge.

— Je viens de voir la mort, dit-il, et aussitôt que mon oreille s'ouvre j'en entends parler ! Est-ce un pressentiment ?

— Quelle idée ! répliqua son compagnon.

— Ah ! messieurs, continua le geôlier avec effroi... Malheur à celui qui en douterait, la mort est sur le Spielberg; j'en suis sûr... la mort qui fait verser des larmes.

— Comment cela ? demandèrent les deux captifs, expliquez-vous, mon ami.

— Oui, mes pauvres messieurs, il y aura bientôt dans ce fort une mort ou une nouvelle de mort qui fera verser beaucoup de larmes, car la victime sera regrettable par ses vertus ou son mérite.

— Êtes-vous donc prophète, et prophète de malheur ?

— Non, messieurs; mais j'ai ma certitude; j'ai l'oracle qui ne trompe jamais...

Les deux amis s'interrogèrent du regard avec une nuance d'incrédulité qui n'échappa point au geôlier.

— Il faut donc vous le dire, s'écria-t-il d'une voix altérée, j'ai vu...

— Qu'avez-vous donc vu d'effrayant ?... Parlez.

Le geôlier rassembla toutes ses forces, prit les deux amis

chacun par une main, et baissant la voix comme s'il eût redouté l'explosion de ses propres paroles :

— J'ai vu le lièvre blanc! murmura-t-il.

Confalonieri et Andryane témoignèrent leur surprise et leur inintelligence par un geste non équivoque.

— Qu'est-ce que le lièvre blanc? demanda le comte.

— Quoi! vous ignorez la signification de cette apparition? vous ne connaissez pas la tradition du Spielberg?...

— Ma foi, non! répondirent les deux prisonniers, dont le cœur se serra involontairement, malgré toute leur philosophie.

— Mes pauvres messieurs, le lièvre blanc apparaît au Spielberg toutes les fois que la mort vient frapper un hôte estimable du château. Quand la victime est un des bandits que nous tenons sous les verrous, le lièvre qui apparaît est noir.

— Permettez, permettez, dit le comte, ce sont là des superstitions, mon cher ami, et non des traditions. Vous qui faites l'effaré, vous voulez un peu rire à nos dépens, n'est-ce pas, avec ce fantôme d'un lièvre?

— Oh! rire de cela! s'écria le bon Allemand avec des signes de croix... Rire du lièvre, et du blanc encore! Oh! messieurs! C'était hier soir après la dernière ronde, je regardais du côté des bastions. Voilà que tout à coup entre le cimetière et le bastion des Étudiants (ce bastion a été nommé ainsi depuis que dans la guerre de trente ans les étudiants de Brünn défendirent cette fortification avec succès contre les Suédois), voilà, dis-je, qu'entre le cimetière et ce bastion, je vis dans l'ombre passer le lièvre blanc, qui tournait la tête fréquemment du côté du Spielberg... Hélas! me suis-je dit, il va donc nous mourir quelque personne recommandable...

— Visions ! superstitions ! dit encore le comte.

— Non, non, monsieur, car ce que je vous dis c'est l'expérience qui me pousse à le dire... La veille du jour où le pauvre comte Oroboni mourut dans la chambre voisine... le lièvre blanc passa devant mes yeux au bout d'un corridor... Je n'invente pas, comme vous voyez !

Le comte et son ami devinrent rêveurs. Un prisonnier est bien plus impressionnable qu'un enfant; car avec toutes les ressources d'une imagination développée, il est sans cesse enchaîné dans l'exercice de son jugement, et est paralysé par les inquiétudes.

— Mais ce bruit, cette tradition, ont-ils un fondement quelconque?... Pourquoi ce lièvre blanc? pourquoi ce lièvre noir? Sont-ce là des génies de caractères opposés, l'Oromaze et Arimane de la Moravie...

— Mon cher monsieur, ce sont des emblèmes ou plutôt des esprits dont l'un est effrayant, l'autre lamentable. Le spectre noir, c'est le fameux colonel des pandours, le terrible baron de Trenck, dont vous aurez sans doute ouï parler.

— Le baron de Trenck ! s'écrièrent à la fois les deux prisonniers.

— Oui, messieurs... un ancien prisonnier de cette forteresse. Il habita le cachot qui est au-dessous du vôtre, et parfois, quand je suis près de vous et que j'entends des bruits sourds sous mes pieds, il me pousse un frisson ; je crois entendre le redoutable chef secouer ses chaînes et essayer d'enfoncer la muraille avec ses robustes épaules.

— Quoi ! le baron de Trenck habita si près de l'endroit où nous sommes?

— Oui, répliqua le geôlier ; oui, c'est l'effroi de tous les gardiens du château. Vous connaissez donc son histoire ?

— Vaguement, comme on connaît les grands mystères qui ont effrayé le monde.

— Ne le confondez pas avec le baron de Trenck son cousin, honnête et digne guerrier prussien qui a peut-être fait autant de mal à l'humanité en sa qualité de soldat, car c'était aussi un sabreur terrible, mais qui ne fut ni un pillard ni un égorgeur. D'ailleurs, prisonnier aussi célèbre que votre Latude, le baron Frédéric de Trenck, victime des rigueurs de Frédéric le Grand, qu'il avait servi en sujet loyal, Frédéric de Trenck passa dix ans dans les cachots de Magdebourg, et fit pour sa liberté des actions qui eussent jadis élevé un homme au rang des demi-dieux.

— Mais l'autre, l'autre, l'habitant de ce sinistre Spielberg ?

— M'y voici, messieurs : c'était en 1749 environ... Les gardiens du château virent arriver un soir un chariot fermé avec soin et entouré d'une escorte formidable. On en fit sortir une espèce de géant dont les chaînes étaient si lourdes, qu'il pouvait à peine les soutenir ; son visage, couvert de cicatrices et de rides profondes, était affreux à voir ; deux grands yeux ronds y brillaient d'un éclat insupportable ; ses cheveux noirs, hérissés sous la peau de renard qui les couvrait, contrastaient avec son épaisse moustache rouge. Quand les gardiens apprirent qu'il faudrait surveiller et garder cet homme, ils maudirent leur destinée, et vous verrez que ce n'était pas sans raison.

On le jeta dans le cachot dont je vous ai parlé. D'abord il ne fit pas de résistance ; mais comme on l'entendait aller et venir en ce cachot sans entendre aussi le bruit des fers qui nous révèle tous les mouvements des prisonniers, on se décida à entrer pour voir Trenck. Il se promenait à grands pas, les bras libres, les jambes débarrassées.

— Et vos fers? lui dit-on.

Il montra un tas de chaînes gisant dans un coin.

— Je les ai mis là, dit-il.

— Qui vous en a délivré? est-ce vous? Des chaînes si solides! Où sont les limes dont vous vous êtes servi?

— Le diable a-t-il besoin de limes pour briser des chaînes? répliqua-t-il.

En effet, nul homme n'eût été capable de briser des fers de cette force. Satan avait dû aider le baron de Trenck.

— Oh! oh! interrompirent les deux prisonniers à qui le geôlier racontait cette histoire, ne mettons pas le diable en cette affaire.

— Incrédules! s'écria le geôlier; mais vous allez voir... Le diable dont il parlait existait bien, messieurs, quand ce n'eût été que Trenck lui-même. Il faut bien vous accorder cela, puisque vous ne croyez pas à l'autre diable. Il arriva donc qu'on voulut enchaîner de nouveau le prisonnier.

— Ceux qui m'approcheront, leur dit-il, je les étranglerai, ou, s'ils le préfèrent, je les assommerai avec les chaînes que voici.

Vous comprenez que nul ne se hasarda. Cependant il y avait un geôlier chef plus hardi que les autres et auquel le commandant reprochait plus vivement sa pusillanimité. Cet homme prit un sabre et entra chez le baron de Trenck pour le forcer à se laisser enchaîner. Le baron sauta sur lui comme un loup sur un agneau, il le saisit à la gorge et lui brisa la colonne vertébrale aussi facilement que vous tordriez une paille. Ce fut un effroi si grand dans tout le château, que l'on supplia l'impératrice Marie-Thérèse de vouloir bien faire tuer à coups de fusil ce baron assassin. Mais Marie-Thérèse répondit :

— Il est assez puni par la captivité. Celui qui avait l'habitude d'une vie errante et vagabonde, celui qui pillait les trésors, violait les femmes et faisait trembler des milliers d'hommes, doit se trouver suffisamment à la gêne entre les murs de mon Spielberg. Je ne veux pas oublier que Trenck a fait plus de six mille Prussiens prisonniers dans le temps qu'il a passé à mon service.

En effet, messieurs, c'était un bien terrible capitaine au service de l'Autriche, que le baron de Trenck. Il avait déjà été condamné à mort pour avoir souffleté et cravaché un de ses chefs; mais au moment d'être exécuté, voyant l'ennemi à quelque distance :

— Si je vous rapportais, moi seul, trois têtes de ces Tartares qui escarmouchent là-bas, dit-il au maréchal de Munich, me feriez-vous grâce?

— Oui, dit le maréchal, parce que j'aime mieux vous voir périr les armes à la main qu'attaché au poteau d'infamie. Allez donc vous faire tuer à l'avant-poste.

Trenck sauta sur un cheval, prit son sabre et revint une demi-heure après avec quatre têtes de Tartares pendues à l'arçon de sa selle. On lui fit grâce et il passa major dans un autre régiment.

Une autre fois, son colonel lui ayant refusé la permission d'attaquer un jour de bataille, il souffleta aussi ce colonel, et fut encore condamné à mort; sa peine fut commuée en la détention perpétuelle dans les mines de Sibérie, puis en un simple exil. Trenck, pour s'occuper dans cet exil, imagina de détruire tous les brigands qui désolaient l'Esclavonie, contrée dans laquelle étaient situées ses terres.

Ces redoutables partisans, commandés par de bons chefs, obéissaient à une discipline qui, en les maintenant eux-mêmes, assurait leur triomphe sur les paysans, par la terreur qu'ils inspiraient. Tout délinquant était étranglé, mais aussi toute victime des paysans était vengée par l'extermination du pays entier. Un brigand devait venger son chef; ce chef devait venger la bande. Un bandit tué causait souvent la mort de cent hommes. Si toute la bande succombait, une autre lui succédait, tuant jusqu'aux petits enfants de ceux qui avaient vaincu leurs prédécesseurs. Les chefs de ces bandits s'appelaient harumbachas; ils étaient choisis par les bandits eux-mêmes.

Pour détruire ces bandes, Trenck leva un corps de pandours qui étaient ses vassaux, et comme il avait proposé à la cour de Vienne cette expédition contre les brigands, on lui accorda le commandement d'un corps de troupes réglées. Alors il put massacrer à son aise. Trenck était sur pied nuit et jour, faisant de cette guerre une partie de chasse, et toujours les pieds et les mains dans le sang.

Quelque chose peut rehausser le caractère de Trenck à propos de ces expéditions. Il n'agissait pas précisément en tyran souverain qui décime à son gré, sans craindre de représailles. Le baron commandait ses pandours, gens de sac et de corde, qui n'eussent pas balancé le moins du monde à livrer leur maître pour de l'argent ou par caprice. De bandits à pandours il n'y avait réellement que la longueur d'une bourse un peu garnie. Vous allez voir si Trenck dut parfois avoir peur des harumbachas.

Après une expédition dont le résultat avait été la victoire pour Trenck, c'est-à-dire un massacre complet, le colonel des pandours faisait une patrouille le long d'une rivière pour surveiller les derniers restes de la tribu anéantie. Voilà qu'à l'autre bord de la rivière qu'il côtoyait, il aperçoit au clair de la lune le fils d'un harumbacha qu'il avait fait empaler dans la journée.

Il ne faisait pas assez clair pour que des hommes se reconnussent; cependant on distinguait parfaitement deux troupes, l'une en deçà, l'autre en delà. Trenck, n'ignorant pas qu'il avait affaire à des ennemis, commanda le feu.

— Un moment, cria une voix mâle à l'autre bord; je te reconnais bien, Trenck l'égorgeur; c'est ta voix qui a ordonné le feu. Trenck, tu es là, n'est-ce pas?

— Ma foi, oui, répondit le colonel. Qui es-tu donc, toi qui m'interpelles avec cette assurance?

— Je suis le fils d'un homme que tu as fait empaler ce matin. Cela ne te suffit pas, il te faut encore le sang des fils lorsque tu as tué le père.

— Ah! tu es le fils de l'harumbacha de ce matin... Eh bien, que me veux-tu?

— Je voudrais que tu eusses du cœur, et qu'au lieu de marcher contre des braves avec dix fois plus de troupes qu'il ne t'en faut; au lieu de te faire aider par une police et d'appeler la ruse à ton aide, tu vinsses en face d'un homme qui ne te craint pas, sans ton fusil, sans autre arme que ton sabre. Alors, si tu m'étendais par terre, je dirais : Trenck est réellement brave, et il a bien fait ce qu'il a fait.

— Ah! c'est ainsi? répliqua le colonel... rien de plus facile. Éloignez-vous, mes compagnons, emportez mon fusil, et laissez-moi terminer l'affaire avec ce brave... Tu me jures que tu n'as qu'un sabre?

— Je le jure, dit le brigand; tu sais que notre parole est sacrée.

— Puisqu'il en est ainsi, je vais à toi, mon ami, dit Trenck, cachant sous sa veste un pistolet. Puis il passa le ruisseau et vint droit à son adversaire. Ils dégaînèrent; mais alors le baron fit sauter la cervelle au jeune homme, lui coupa la tête et la rapporta aux siens pour qu'ils l'attachassent à un poteau.

— Lequel était le brigand des deux? s'écria Confalonieri.

— Ce n'est pas tout, poursuivit le geôlier, toujours fasciné par la terreur qu'inspirait encore ce nom maudit : vous allez entendre une plus abominable trahison.

Trenck courait le pays, lorsqu'un jour, affamé, fatigué, il entendit de la musique dans une maison située au milieu des bois; c'était l'habitation d'un de ses vassaux. Il entre. Le vassal mariait sa fille et célébrait les noces. Trenck s'assied à table sans façon et fait honneur au festin.

Soudain entrent dans la salle deux harumbachas signalés depuis longtemps à Trenck pour leur force athlétique, leur courage indomptable et cette sorte de générosité chevaleresque qu'on s'étonne de trouver dans une race si longtemps et si cruellement persécutée. Trenck les voit et pâlit. C'était une position désespérée. Le fusil du colonel était à six pas de lui, les deux chefs s'appuyaient sur les leurs et lui coupaient la retraite.

— Ne crains rien, Trenck, lui dit l'un des harumbachas; certainement nous pourrions te tuer; mais tu le sais, nous ne t'avons jamais offensé, toi ni tes vassaux; cependant tu nous poursuis avec une férocité qui te déshonore. Combien de gens nous approuveraient de tirer vengeance d'un égorgeur tel que toi! Rassure-toi, nous sommes vraiment braves, nous autres que tu appelles des brigands. Dîne tranquillement, reprends des forces, affermis ta main, et quand tu seras prêt nous croiserons le sabre avec toi chacun notre tour, afin qu'on voie de quel côté est la bonne cause, de quel côté est la véritable valeur.

Trenck ne savait comment se tirer d'affaire. Les harumbachas, sans s'inquiéter autrement de ce qu'ils venaient de dire, se placèrent à table aux côtés du baron, lui versèrent longtemps à boire et s'entretinrent amicalement avec lui. Tandis qu'ils buvaient et mangeaient, le colonel sortit doucement de ses poches deux pistolets, qu'il arma et appuya sous la table contre le ventre des deux chefs, puis il fit feu des deux mains à la fois, renversa la table, et sautant sur un des fusils placés dans la salle, il gagna la porte. Un des harumbachas était tombé baigné dans son sang; l'autre, se relevant, poursuivit le colonel, qui l'attendit, lui déchargea son fusil dans la poitrine, lui coupa la tête et revint ainsi chez lui.

C'était, on le voit, un misérable coquin que ce Trenck, et la façon dont il entendait la bravoure ne fait pas honneur à un homme. Cependant, soit terreur de ses coups, soit admiration de ses ruses, les bandits capitulèrent et beaucoup vinrent s'engager dans les pandours de Trenck. La plupart avaient six pieds de haut; c'étaient des chasseurs endurcis à toutes les fatigues. Tout bandits qu'ils fussent, ils améliorèrent singulièrement la troupe des pandours par leur exactitude à remplir les devoirs de la discipline, par leur obéissance passive et leur indomptable valeur. Cependant il trouva moyen de les pousser à la révolte par sa sévérité exagérée.

C'était en 1741. Un jour d'exercice Trenck, passant devant le front d'une compagnie, les quatre-vingts hommes firent feu à balle sur leur chef et lui tuèrent son cheval. Furieux, le colonel tire son sabre et saute dans les rangs. Un, deux, trois, quatre, s'écrie-t-il, et d'un revers il fait voler la tête de ce quatrième homme; puis, recommençant, un, deux, trois, quatre, il abat une seconde tête, une troisième. Un harumbacha sort des rangs: — J'ai voulu te tuer, dit-il à Trenck; essaye donc de me tuer aussi; et il croise le sabre avec son colonel, qui, plus adroit, lui fend la tête. Alors il se remet à sa sanglante besogne; mais tout le régiment prend les armes et le couche en joue. Un autre se fût laissé tuer; le baron fond tête baissée sur eux, coupe, taille, écrase, perce, avec des yeux si terribles, des hurlements si diaboliques, que la frayeur s'empare des soldats; ils tombent à genoux en criant grâce! grâce! arrête, colonel! Alors il s'apaisa, en embrassa quelques-uns, tança vertement les autres, et la révolte finit là.

Il fallait voir les pandours à l'œuvre un jour de bataille. Ces sortes de bandits ne se battaient que pour tuer, ne tuaient que pour piller. Le fer, le viol, la dévastation de tout genre, voilà leur tactique. Cent pandours épouvantaient une contrée plus que dix mille hommes de troupes ordinaires. On cite le sac de la ville de Cham en Bavière, où les soldats de Trenck se surpassèrent eux-mêmes. Ils mirent le feu aux quatre coins de la ville, et jetèrent les hommes dans ce feu. Quant aux femmes et aux enfants, ils les faisaient passer sur un pont, où deux pandours les fouillaient, les déshabillaient, puis les jetaient dans l'eau. La fête fut complète.

Le manteau rouge d'un pandour était si bien l'épouvantail

même des gens de guerre, que Trenck voulant prendre la ville de Deckendorf, et n'ayant pas sa troupe avec lui, fit jeter des manteaux rouges sur des mannequins de paille placés en guise de sentinelles. Les défenseurs de la ville s'empressèrent de capituler. On s'aperçut ensuite qu'on s'était rendu à huit hommes, qui étaient le colonel, son adjudant, et six bas officiers.

Sa figure était effroyable à voir, et voici la cause de cette laideur. Au sac d'une ville, ses espions vinrent lui dire que certain apothicaire avait caché dans un baril vingt mille florins. Trenck se réserva cette proie assurée, se munit d'une chandelle, et chercha dans la cave. Par malheur, ou par bonheur, selon qu'on admirera plus ou moins ce bandit, au lieu de florins il trouva dans un baril quelques livres de poudre, qu'une mèche de sa chandelle enflamma. Il sauta jusqu'aux voûtes, et retomba grillé par terre ; ses pandours le sauvèrent du feu et le guérirent; mais son visage porta à jamais les traces de cette fâcheuse méprise.

Trenck était fort riche. A ses biens patrimoniaux il avait ajouté ses pillages, et la Bavière est féconde pour des chercheurs de trésors aussi intelligents que Trenck. Ces richesses lui firent des ennemis ; ces ennemis lui suscitèrent des procès. Marie-Thérèse, dont Trenck avait servi si activement les intérêts, prêta l'oreille aux accusations qui, de toutes parts, arrivaient à Vienne, contre les abus, les exactions, les atroces cruautés du baron. On reprochait à Trenck, entre autres griefs, d'avoir été corrompu par le roi Frédéric de Prusse, lors de la bataille de Sorau. Trenck étant tombé sur le camp du roi pendant une diversion très-habile de ce prince, et s'étant emparé de sa vaisselle, de son argent, de son lit, les ennemis prétendirent qu'il n'avait tenu qu'à lui de faire prisonnier Frédéric, dont le lit fut trouvé tout chaud encore. C'était un simple crime de haute trahison, puisqu'en ne prenant pas le roi, il l'avait laissé gagner la bataille et ruiner les affaires de l'Autriche.

Il est bien difficile de dire jusqu'à quel point ces accusations peuvent être fondées. Un homme du caractère de Trenck ne trouve pas de défenseurs sérieux, puisque, n'ayant jamais pris que ses passions et ses intérêts pour guides, il a heurté de front tous les préjugés honorables qu'on appelle la foi humaine et la probité. Trenck fut donc mis en jugement; mais il était toujours libre, et gardait seulement les arrêts dans ses terres.

Un soir, il apprend que le comte de Gossau, l'un de ses accusateurs, est au théâtre de Vienne. Il fait atteler les chevaux à son plus riche carrosse, et, bravant l'ordre qui le consigne chez lui, il arrive avec fracas dans la salle, court à la loge du comte, se jette sur lui, et veut le précipiter dans le parterre. Gossau dégaîne; Trenck empoigne l'épée, et se coupe les doigts. Alors on accourt, on dégage Gossau, que le baron assommait à coups de poing, et le chef des pandours retourne chez lui, écumant de colère, mais sans autre inquiétude sur les suites de l'affaire.

L'impératrice n'envisagea pas cette escapade avec la même indifférence. Trenck fut gardé à vue; on nomma pour présider le tribunal chargé de le juger, son plus cruel ennemi, le général Lowendald, et l'on publia que tous ceux qui auraient plainte à porter contre François de Trenck pouvaient se présenter, et recevraient un ducat par séance. Cinquante-quatre témoins, ou plutôt accusateurs, comparurent, et il leur fut adjugé en quatre mois quinze mille florins tirés de la caisse de Trenck.

Lowendald était décidé à condamner le colonel. Il lui reprocha la perte de la bataille de Sorau. Trenck fournit une lettre du prince Charles, qui déclarait avoir autorisé le colonel à agir comme il avait agi. Le président furieux se met à déblatérer contre le prince Charles. Trenck, dont le prince était le protecteur, entra en fureur à son tour, se leva, courut au président, et l'enlevant par le col, essaya de le jeter par une fenêtre qu'il avait déjà ouverte. Cette fois, il se perdit avec ces violences. On l'enferma dans la maison de discipline militaire, et il fut enchaîné par un pied.

Mais le principal grief fourni contre le baron, c'était la violence exercée par lui contre une jeune fille que beaucoup connaissaient, que personne ne pouvait retrouver. On espérait le ruiner par cette accusation dans l'esprit de l'impératrice, rigoureuse sur les mœurs. Trenck, voyant qu'on ne prouvait rien, nia; un doute amena d'autres doutes; le bandit fut jugé de nouveau, et presque absous. On le transféra dans une chambre commode de l'arsenal; on lui donna un avocat, on lui permit de voir son cousin, Frédéric de Trenck (1).

Comment reconnut-il le dévouement de ce dernier? Frédéric de Trenck, officier du roi Frédéric, venait de s'évader des prisons de Glatz, dans lesquelles le sévère grand capitaine l'avait consigné indéfiniment. Frédéric de Trenck apprend que son cousin est sous le coup d'une condamnation capitale; il va le trouver, lui donne le conseil et le plan d'une évasion. François accepte; puis, pour se faire un mérite de sa résignation aux ordres de l'impératrice, il révèle le tout à ses geôliers, accusant son cousin d'avoir voulu le porter au mal. Ce ne fut pas tout : sachant que ce cousin, auquel il devait l'heureux changement de ses affaires, savait la plupart de ses secrets, il paya des hommes pour l'assassiner. Voilà le pandour dans tout son lustre. Mais revenons à la jeune fille.

Cette complication pouvait se représenter. Lorsque le cousin Frédéric, dégoûté de servir un si ingrat parent, l'eut abandonné à ses ennemis; lorsque, devenu avare en une occasion où il fallait prodiguer l'or, le colonel eut lésiné sur le prix d'une corruption des juges, tout fut perdu. Le viol, la trahison, parurent vraisemblables et vrais; Trenck fut condamné à une détention perpétuelle. Ses biens séquestrés ne lui furent pas enlevés, puisqu'il en garda les titres et l'administration, à ce point que ses receveurs lui envoyaient leurs comptes à Spielberg.

Vous connaissez bien maintenant ce farouche géant qui hurla si longtemps sous la dalle que vous foulez aux pieds; vous savez comment il fut conduit dans son cachot. Écoutez comment il essaya d'en sortir.

Ce monstre à figure hideuse avait fasciné une jeune fille d'une rare beauté. Quelques-uns prétendent que c'était toujours la même, cette jolie fille violée par le pandour. Toujours est-il qu'une femme lui apporta des cordes et des armes dans son cachot, corrompit les geôliers, fixa un jour pour l'évasion de Trenck, et tout cela pour l'accompagner partout où il voudrait vivre; car elle était, dit l'histoire, éprise jusqu'à la folie de ce brigand.

Malheureusement, la jeune fille n'avait pas assez d'argent pour acheter toutes les sentinelles. Trenck, comptant sur sa bonne étoile, négligea ou refusa de débourser quelques florins de plus. Le jour fixé, au moment où le colonel allait sortir de son cachot, la jeune fille fut arrêtée aux gardes avancées. Convaincue de complot et de corruption, elle fut pendue. Trenck apprit l'exécution, et put voir la potence du fond de son cachot. Ce fut le premier remords que cette âme eût encore éprouvé. Mais vous allez juger si le diable était à ses ordres.

L'impératrice entra dans une grande colère lorsqu'elle apprit le plan d'évasion de Trenck. Elle ordonna qu'il fût jeté au plus profond des souterrains sous les casemates, et chargé d'un poids si considérable de chaînes qu'il ne pût les soulever. Alors Trenck se mit à appeler le diable du matin au soir. Une nuit, le diable arriva.

Ce fut un bruit épouvantable. Le pandour se tordait avec des hurlements épouvantables. Satan faisait ses conditions, et profitait de la mauvaise position du colonel pour les faire dures; en sorte que le malheureux, qui n'avait jamais voulu baisser la tête, même dans la mauvaise fortune, tint tête au diable avec acharnement. Ils se disputèrent d'abord, puis finirent par se battre, et je crois, si vous le permettez, que Trenck, avec son sabre, eût certainement tué le diable; mais on ne laisse pas de sabre aux prisonniers, heureusement, comme vous allez voir.

Les geôliers entendaient bien le sabbat; mais ils n'avaient garde d'aller se mêler des affaires de Satan. Trenck fut abandonné au visiteur, dont il avait tant sollicité la présence, et quand, au point du jour, le bruit eut cessé, on se hasarda, du consentement du gouverneur, à pénétrer dans le cachot. Une odeur de soufre se répandit autour des arrivants, et donna les premiers indices de ce que je vous ai raconté; mais la véritable preuve fut le corps roide et disloqué du colonel de pandours, gisant sur la dalle infectée d'un sang noir. Trenck avait le col tordu, l'épine dorsale brisée, les membres roussis; sur ses bras, sur ses cuisses, des empreintes quasi-sanglantes annonçaient une lutte effroyable; ses yeux sortaient de leur orbite; sa gorge était sillonnée de raies rouges, comme si le feu y eût passé.

Évidemment, le diable n'avait pas voulu le sauver; Trenck avait voulu s'attacher au diable pour l'empêcher de partir, et Satan, qui est moins fort que Dieu, mais plus fort qu'un homme, avait étranglé le colonel.

Depuis ce temps, l'âme du farouche pandour court au devant des âmes de scélérats qui vont sortir du Spielberg, de même que l'âme de la jeune fille victime de ce brigand vient aider à sortir de la forteresse les âmes pures des honnêtes gens, hélas! si rares, qui meurent dans nos murs.

Tel fut le récit du geôlier. Il le couronna d'un nombre respectable de signes de croix. Les deux captifs avaient écouté comme des enfants naïfs la curieuse tradition des superstitions moraves, et plus d'une fois ce mélange de vérités et de fables les avait émus. N'était-ce pas sous leurs pieds qu'avait eu lieu le dénouement merveilleux ou non, mais sinistre, mais réel, de la vie du célèbre colonel des pandours?

— Eh bien! messieurs les incrédules, que dites-vous de cela? ajouta le geôlier avec un certain air de triomphe. Comment expliqueriez-vous la mort étrange, épouvantable, de Trenck le pandour?

— Fort simplement, dit Confalonieri; c'est l'histoire ellemême qui me fournit cette explication. Je me rappelle l'avoir lue dans les mémoires laissés par ce Frédéric de Trenck, cousin du brigand mort au Spielberg.

Le geôlier secoua la tête avec dédain.

— Il raconte, dit-il, mais nous autres, nos pères ont vu..... Enfin, comme il faut s'instruire, racontez toujours.

— Trenck le pandour, ajouta le prisonnier, furieux de se voir emprisonné indéfiniment, et d'avoir manqué une occasion si bien ménagée, tomba dans le désespoir en voyant qu'on ne s'occuperait plus de lui. La jeune fille, sa dernière amie, était morte; il s'était déjà blasé sur le remords, croyez-le bien; seulement il se voyait seul et oublié : c'était son plus grand mal.

Il se portait à merveille. Cependant, un matin, il pria le commandant de lui faire venir un confesseur, auquel il voulait donner plusieurs commissions pour Vienne.

— Saint François, mon patron, disait-il, m'est apparu, et m'a déclaré que dans trois jours, vers midi, il viendrait me prendre pour me conduire à la félicité éternelle.

Le commandant se mit à rire, mais manda un capucin. Trenck reçut fort bien ce religieux, lui donna ses commissions pour Vienne, et lui fit ses adieux. Le lendemain,

— Commandant, dit-il, me voilà bien sûr de partir le 4 octobre, jour de ma fête; car ce n'est plus seulement saint François qui m'est apparu, c'est le bon capucin que vous m'aviez envoyé. Il est mort, et, m'apparaissant, m'a recommandé de me tenir prêt pour le 4, à midi.

On le crut fou. Cependant on apprit qu'effectivement le capucin était mort. Trenck, profitant de la surprise générale, demanda à être visité par les officiers de la garnison de Brünn, les entretint de son lit, sur lequel il était couché, tonsuré comme un capucin. Puis il se leva à onze heures...

— Encore une heure, dit-il, et je verrai saint François.

Cela dit, il regarda attentivement sa montre, sans se fâcher de ce qu'on se moquait de lui. Mais on remarqua qu'il pâlissait du côté gauche. Il s'assit à table, appuya sa tête sur ses mains, et resta immobile, les yeux ouverts. Midi sonna, il ne bougea pas; on lui parla, il était mort.

— Eh bien, s'écria le geôlier, blême de ce plaisir que donnent aux enfants et aux femmes les contes effrayants, le diable en est, quoi que vous disiez.

— Attendez la fin, mon cher ami. Savez-vous ce que c'est que l'*aqua tofana?*

— Non, dit le geôlier.

— C'est un poison très-actif ou très-lent, comme on veut; il tue à des époques déterminées par celui qui l'emploie; tout dépend de la dose. Trenck avait le secret de ce poison, et s'en était procuré, soit par l'entremise de la jeune fille, son amie, soit par ses gardiens, dont une partie avaient été gagnés. Fatigué d'une vie qu'il ne pouvait pas diriger à sa guise, avide de jouer un dernier tour à l'humanité en prenant congé d'elle, Trenck se consola de mourir pourvu qu'il mystifiât encore une fois, puisqu'il ne pouvait plus ni tuer ni piller. Il choisit pour thème de cette plaisanterie la canonisation. C'était l'antipode du sens commun : Trenck changé en saint et adoré comme tel, une pareille énormité flatta l'imagination du colonel des pandours.

Il débuta par faire venir le capucin, lui administra la dose suffisante d'aqua tofana pour que le malheureux vécût juste un jour et demi ; il le chargea de ses commissions, restitutions et legs, puis le dirigea sur Vienne. Le capucin mourut au jour et à l'heure fixés, miracle dont les assistants firent le plus grand honneur au saint futur. Puis, cette barbarie accomplie, Trenck but lui-même assez de poison pour mourir deux jours après, le 4 octobre, jour de sa fête. Cette explication du miracle prouve que le véritable diable n'étrangla pas, mais empoisonna Trenck le pandoure. Ce diable n'était autre que lui-même, croyez-le bien. Les marques rouges qu'on vit sur sa gorge étaient les taches que laisse le poison quand on en boit une dose assez forte; ses mains crispées, ses yeux hagards, tout, jusqu'à l'odeur du soufre, s'explique par l'emploi de l'aqua tofana. Il en résulte que si on a placé Trenck dans les litanies de Spielberg, vous pourrez, mon cher porte-clefs, le rayer des vôtres quand la chose vous répugnera.

— Fort bien, repartit le geôlier un peu ébranlé; mais les deux lièvres, allez-vous les expliquer aussi par l'aqua tofana? Je vous le dis cependant, j'ai vu le blanc passer la veille de la mort du pauvre comte Oroboni. C'était là-bas, tenez, en avant des bastions... et... regardez!

La nuit tombait, son premier brouillard noyait d'une teinte grise l'angle immense du grand mur de Spielberg; au delà serpentait une ligne plus pâle, celle des palissades du cimetière. Les deux prisonniers, qui avaient machinalement suivi le doigt du geôlier, poussèrent un petit cri d'effroi : ils venaient, eux aussi, de voir passer avec la rapidité de l'éclair une forme blanchâtre qui alla se confondre avec les pierres des tombeaux.

— Là, niez encore, murmura le geôlier; niez, incrédules.

— Nous ne nions pas avoir vu quelque chose de blanc, répondit le prisonnier français ; mais ce rapport de l'apparition avec une sinistre nouvelle...

A ce moment une cloche tinta lugubrement dans l'espace; une seconde fois elle vibra plus aiguë et plus déchirante ; enfin le troisième coup alla mourir derrière les bois qui couronnent la montagne.

— Messieurs, dit le geôlier en éloignant de la fenêtre Confalonieri et son compagnon, ne riez jamais avec les traditions du Spielberg, car réellement il vient de mourir ici quelqu'un de vous !

Et il sortit en refermant les lourdes portes, dont le bruit menaçant acheva de porter la désolation dans le cœur des malheureux prisonniers.

Il y a une chapelle à Spielberg; elle est isolée au milieu d'une plate-forme qui avoisine la poudrière. Le dimanche on y conduit les prisonniers, galériens et galériennes, et les prisonniers d'état. A un signal donné les geôliers rassemblent dans chaque corridor les captifs dont ils ont charge, et, par la plate-forme, les mènent à une tribune grillée ou à une tribune découverte, près de l'orgue. C'est là que s'épanchent, avec larmes, dans le sein de Dieu, tous ces cœurs brisés par d'injustes souffrances; c'est là que les grands coupables, secouant leurs chaînes, remercient quelquefois le ciel de leur avoir laissé la vie, car la vie est douce encore à quelques-uns, même au Spielberg. De cette tribune à l'autre les prisonniers peuvent échanger un regard, examiner les ravages que la réclusion, le chagrin, la faim, ont graduellement exercés sur les traits de leurs compagnons, auxquels ils offrent le même spectacle. L'église et la promenade sur la plate-forme, voilà tout le plaisir du captif. Une fois mort, le condamné entre encore une fois dans cette église; mais nul ne pleure sur lui; un prêtre que personne ne connaît marmotte quelques mots latins sur la dépouille du défunt; à la porte attend le tombereau commun aux forçats et aux prisonniers politiques. Le linceul du mort, c'est son habit de forçat; deux galériens sont désignés pour creuser la fosse; un soldat du fort est là, non pour escorter le cadavre, mais pour surveiller ceux qui l'enterrent. Plus de prêtre, plus de chrétiens agenouillés pour prier Dieu.

Ainsi les deux prisonniers virent-ils jeter dans sa fosse le malheureux Villa, dont la cloche avait sonné la dernière heure. Quel affreux rapprochement de cette destinée, ainsi brisée, avec la fin probable de leur vie! Condamnés à une prison perpétuelle, ne devaient-ils pas songer qu'un jour viendrait où leur corps passerait ainsi devant le bastion, dans ce hideux tombereau, suivi peut-être des mêmes fossoyeurs et du même garde-chiourme?

Avec Confalonieri et Andryane, plusieurs autres Italiens expiaient au Spielberg, à cette époque, le crime d'avoir songé à la liberté de leur pays. Un prêtre, Marco Fortini, chargé par Villa de garder dans sa sacristie quelques papiers dont il ne connaissait pas la valeur, fut arrêté après Villa dans son presbytère. En vain protesta-t-il de son innocence, de son ignorance; la commission voyait un délit et n'avait pas mission d'en apprécier les causes. Marco Fortini, après une longue et douloureuse prison en Italie, fut condamné à mort pour avoir recélé les papiers de Villa. Bien plus, oui, bien plus, car ce surcroît de supplice est d'une barbarie sans égale, il tue le moral après avoir tué la vie, Marco, ce bon et digne prêtre qui était pur de toute faute, fut condamné à être dégradé par le patriarche de Venise. On exécuta la sentence avec un luxe d'ignominie qui fut plus cruel à Fortini que le glaive du bourreau n'eût pu être. On rasa sa tête pour effacer toute trace de la couronne cléricale; on gratta ses doigts avec du verre, parce qu'il avait touché aux choses saintes. L'inquisition politique avait emprunté ses formes raffinées à l'inquisition ecclésiastique. Le martyre fut complet moralement; il n'y manquait que l'échafaud; mais l'empereur fut clément : il accorda Spielberg à celui qui désirait la mort.

Mais ce que Dieu prescrit à ses ministres avant toute cérémonie d'invention humaine, le véritable caractère du prêtre, Marco Fortini le conserva toujours. L'empereur d'Autriche pouvait bien lui enlever la robe et les insignes; il fut forcé de lui laisser sa charité, sa douceur, sa patience, sa foi. Ce fut lui qui rendit Spielberg supportable à ses compatriotes, lui qui les aida quelquefois à mourir sans désespérer.

Un vieillard à cheveux blancs, un savant milanais nommé Monari, portait aussi, à cette époque, l'ignoble habit des galériens de Spielberg; il était condamné à vingt ans de travaux forcés et avait passé sa soixantième année. Il y avait aussi le brave colonel Moretti, vieillard aussi; mais si plein d'énergie ou d'espoir, qu'il ne cessait de répéter : Mes juges iniques peuvent trembler; je suis condamné à quinze ans de Spielberg et j'en ai soixante; mais je sortirai de prison assez fort pour leur faire expier leur forfait.

Nous avons dit que les prisonniers d'état avaient trouvé une âme compatissante dans le geôlier en chef Schiller. Cette fortune devait leur être enlevée : Schiller, trop vieux, trop bon, devint suspect et on le remplaça. Peut-on concevoir des douleurs pareilles à celle qui frappa les malheureux condamnés? Schiller représentait pour eux le repos, il leur épargnait les coups et la faim. Ce bon vieillard fermait les yeux sur mille infractions que commettaient les prisonniers aux règlements féroces du Spielberg. Les livres entraient dans leurs cachots; on pouvait causer d'une cellule à l'autre en se penchant sur les grilles des fenêtres, et, pourvu qu'on ne parlât pas trop haut, les sentinelles ne criaient pas trop fort. Schiller avait poussé l'obligeance et la charité jusqu'à permettre à certains condamnés de rédiger leurs mémoires, et un jour de visite il avait consenti à emporter chez lui le dangereux cahier que la police eût trouvé. Une fois Schiller parti, les douces habitudes furent brisées. Les prisonniers durent appeler à leur aide les ruses et les industries secrètes, traditions de la prison d'état. Pour correspondre entre eux, ils fabriquèrent de l'encre avec de la suie, du papier avec de la pâte ou du linge; cette suie leur était fournie par un galérien chargé du service de l'intérieur. Sylvio Pellico avait trouvé moyen de séduire cet homme par sa persuasive et touchante parole; d'autres séductions, il n'en avait pas à son service. Mais la suie manqua bientôt, le papier manqua aussi, et les correspondances allaient être interrompues, lorsque le prisonnier français Andryane reçut des mains du galérien, messager commun, un rouleau de papier blanc que s'était procuré Pellico, plus une petite feuille contenant une liqueur rouge avec laquelle il avait tracé ces paroles :

« C'est avec mon sang que je t'écris, c'est avec mon sang que je te prie de nous répondre; tant qu'il en restera dans mes veines je te le donnerai. Que ne puis-je alimenter avec ce sang notre lampe qui servirait à lire ce que tu nous envoies! Reprends ta plume, et songe qu'en refusant ma fraternelle offrande tu commettrais une ingratitude envers Sylvio, et, ce qui serait pis encore, envers celui d'où nous viennent les bonnes pensées. »

Si bien fermée que soit une prison, l'air et le bruit y pénètrent. C'est ce que les tyrans ignorent, sans quoi ils se garderaient bien d'épuiser leur imagination et leurs trésors à soudoyer des gardiens ou à multiplier les grilles et les oubliettes. Jamais un prisonnier n'a manqué de nouvelles quand il a été assez industrieux pour exciter la compassion de ses geôliers ou attirer l'attention de ses compagnons de captivité. Les habitants de Spielberg apprirent la mort de lord Byron, la maladie de l'empereur d'Autriche; ils apprirent que leurs amis vivaient et les pleuraient.

Les communications officielles étaient faites de la façon suivante : quand un condamné avait obtenu la faveur insigne de recevoir des nouvelles de sa famille, on le faisait appeler au greffe. Le surintendant du fort ou le directeur de la police de Moravie apparaissait l'œil ouvert, le geste triomphant.

— Félicitez-vous, disait-on au prisonnier; vous commencez à entrer dans les bonnes grâces de l'empereur; sa majesté a permis à votre famille de vous écrire.

Exclamation joyeuse, délirante du prisonnier; une lettre! quelle ivresse! c'est presque une visite, c'est presque une voix qui caresse et qui console.

— Cette lettre où est-elle, monsieur? dit le prisonnier; est-elle arrivée?... l'avez-vous?

— La voici, dit le délégué de l'empereur en montrant la lettre qu'il tire de son portefeuille.

Le prisonnier tend une main tremblante; il ne peut croire à tant de bonheur. On a donc bien supplié l'empereur, on a donc usé de protecteurs bien puissants... Il serait tenté, ce malheureux, de bénir le despote qui le retient dans les fers. Donc, il étend sa main en sollicitant cette lettre.

— Monsieur, lui répond le directeur, vous ne pouvez vous-même prendre connaissance de cette lettre; mais je vais, s'il vous plaît, vous en donner lecture.

Certes c'est une grande privation qu'impose cette rigueur du règlement; mais enfin voici la lettre et on va l'entendre lire. Le prisonnier couve du regard ces caractères qui de loin tourbillonnent vaguement à ses yeux, et il écoute, non pas avec ses oreilles, mais avec son âme. Alors le directeur, levant les yeux sur l'objet d'une si grande faveur :

— Monsieur, lui dit-il, monsieur votre père (ou tout autre parent) vous annonce qu'il est en parfaite santé.

— Oh! tant mieux! merci! Mais... la lettre...

Le directeur replie le papier et le serre dans son portefeuille.

— Monsieur, monsieur! par pitié! il y en a quatre pages!... je l'ai vu.

— Monsieur le règlement est positif à cet égard. Sa majesté vous permet de recevoir des nouvelles de votre famille; vous en avez; donc, vous devez être satisfait... Vous seriez bien ingrat...

— Monsieur, rien qu'une phrase, rien qu'un mot; que je reconnaisse la pensée de mon père. Oh! je vous en supplie!

— Impossible... vous savez tout ce que vous devez savoir.

— Laissez-moi du moins voir la signature de ce père chéri ; laissez-moi considérer le caractère.

— Le règlement s'y oppose.

— Au nom du ciel ! faites seulement que je baise le papier qui vient de mon pays et sur lequel s'est posée la main de mon père. Monsieur, au nom du ciel !

— Vous n'êtes pas raisonnable, monsieur ; vous voulez abuser des bienfaits de sa majesté. Prenez garde que l'empereur ne se repente d'avoir été si miséricordieux à votre égard.

— Oui, monsieur, oui, répond l'infortuné, suffoqué par les sanglots et qui tend les bras vers cette ombre de bonheur un moment apparue.

Voilà le Spielberg et la prison étrangère décrite en quelques lignes.

Écoutons le récit fait par un prisonnier d'une perquisition opérée en cette prison.

— J'avais eu à peine le temps de m'asseoir sur le bord de mon lit, que le guichet tourna bruyamment sur ses gonds, et donna passage au directeur de la police, au surintendant du Spielberg, et à six autres individus, qui pouvaient à peine tenir dans notre étroite prison.

— Messieurs, nous dit le directeur d'un air embarrassé, Sa Majesté veut..... Cela est pénible..... Mais je dois vous faire visiter.

Alors s'avança près de moi un monsieur fort bien vêtu, qui fouilla dans mes poches, tâta les doublures, palpa toutes les parties de mon corps, tandis que plusieurs gardiens enlevaient ma paillasse, et démontaient les planches de mon lit, qu'ils apportaient une à une au directeur de la police. Celui-ci, après les avoir soigneusement examinées, s'approcha des traverses et des pieds qui les supportaient, les regarda de près, les toucha de ses mains, ne laissant aucune fente, aucune inégalité, aucun rebord, sans les avoir soumis à la plus scrupuleuse recherche. Il en fit autant de ma couverture et de la paillasse, aidé du monsieur dont les blanches mains et la tournure n'étaient guère en harmonie avec un semblable métier.

Quand ils eurent achevé cette *sbirienne* opération, que je les regardais faire avec un sentiment de surprise, de dégoût et de pitié, le directeur se tourna vers moi, et me dit :

— Maintenant, il faut vous déshabiller.

— Mais il fait froid !...

— C'est l'ordre.

Je me dépouillai donc de mes habits de galérien, que l'on étiquetait à mesure. Il fallut ôter les souliers, les bas et la chemise.

Je rougis, et sentant la patience près de m'échapper : Regardez, monsieur, lui dis-je, mes pieds, mes mains, meurtris par les fers; puis-je dans cet état soustraire quelque chose à vos perquisitions?

Le directeur répondit par un mouvement d'épaules qui signifiait : Que voulez-vous? je n'y suis pour rien. Mais il donna ordre qu'on me remît seulement ma chemise, et fit transporter dehors paillasse, couverture, habits.

— Comment! m'écriai-je, rester nu, ainsi... par ce froid, devant ce monde !

— C'est l'ordre.

La perquisition semblait terminée, et déjà plusieurs gardiens avaient quitté la prison, lorsque le strict directeur de la police se fit apporter pour les visiter non-seulement la cruche d'eau et le baquet où nous faisions nos ablutions, mais l'infect et mal couvert récipient, d'où s'échappaient des miasmes d'autant plus fétides qu'on ne les vidait qu'une fois toutes les vingt-quatre heures. Ne s'en rapportant qu'à lui de ce dégoûtant examen, ce haut fonctionnaire baissa la tête, contempla, fit agiter ce qu'un garde-chiourme n'aurait pas eu le courage d'inspecter, dans la crainte de passer aux yeux de ses compagnons pour le dernier des hommes.

Cette abjection d'un fonctionnaire si haut placé fit une telle impression de pitié sur le prisonnier, qu'il ne put s'empêcher de répondre aux excuses que faisait le directeur :

— Ah! monsieur, je vous trouve plus à plaindre que moi-même (2).

Il y avait sur la plate-forme, promenade des prisonniers, trois petits rosiers qui leur représentaient avec leur couleur et leur parfum, toute la nature dont ils étaient séquestrés si cruellement. Un inspecteur envoyé par Sa Majesté se courrouça fort de ce qu'on avait souffert cette infraction aux règlements. Cet homme-là eût certainement aussi écrasé l'araignée de Pélisson. En lisant ce trait dans l'histoire du Spielberg, nous avons été presque heureux de voir que les geôliers ne sont pas plus féroces en France qu'en Autriche et ailleurs.

Les prisonniers avaient une autre récréation bien douce, il est vrai, c'était la vue du magnifique pays qu'on découvrait de quelques cabanons du Spielberg, et que l'on apercevait toujours de la plate-forme pendant l'heure de la promenade. Un jour, les malheureux virent des tombereaux apporter des pierres, et des ouvriers préparer du ciment. Les pierres furent alignées et entassées, un rideau livide et opaque leur voila toute la perspective du ciel et des champs.

Alors ils demandèrent, puisque leur peine était *les travaux forcés*, qu'on les fît travailler à quelque chose, au lieu de les laisser se miner lentement dans les demi-ténèbres et dans les larmes. Il fallut bien du temps avant que le directeur permît à cette demande de franchir les portes de Spielberg. Cependant elle arriva au pied du trône impérial.

— Messieurs, dit un jour aux condamnés le surintendant de la forteresse, réjouissez-vous, c'est aujourd'hui jour de bonheur : une grande faveur vous a été accordée. Sa majesté fait droit à votre requête, et vous allez avoir du travail.

Il fallait voir la joie de ces malheureux. Nous allons donc remuer les bras et les jambes, se disaient-ils; nous bêcherons la terre, nous aspirerons à satiété le bon air, l'air pur des champs, enchaînés, mais libres de nous mouvoir : nous allons retrouver la santé, l'appétit... Le pain noir, l'eau bourbeuse du Spielberg nous paraîtront des mets savoureux. Voyons, dirent-ils au gouverneur, est-ce le métier de terrassier ou celui de maçon que l'empereur nous va faire apprendre?

Le commandant surpris ne savait plus comment se tirer de sa commission.

— Non, messieurs, non, dit-il, éprouvant lui-même quelque pitié à briser ainsi l'espérance de ces infortunés : Sa Majesté vous ordonne de travailler, mais non pas comme vous l'entendez...

— Que ferons-nous donc?

— De la charpie.

— De la charpie! Mais notre exercice... notre air?...

— Tel est l'ordre de l'empereur. Vous recevrez chaque jour une certaine quantité pesée de linge que vous rendrez, à poids égal, en charpie.

— C'est un surcroît de supplice alors, et non une faveur, dirent les prisonniers consternés... Ils n'étaient cependant pas au bout des clémences de l'empereur. Les chiffons qu'on leur fournissait étaient d'une malpropreté qui soulevait le cœur. Ils s'informèrent d'où l'on tirait ces vilenies...

— Du grand hôpital, messieurs.

— Alors nous refusons; puisque c'est une faveur, nous avons droit de ne pas l'accepter... ou de n'en pas profiter.

— Non, messieurs, vous n'êtes pas libres de refuser les faveurs du souverain.

Et, en effet, ils furent forcés à ce dégoûtant travail. Il fallut implorer de nouveau avec non moins d'instances pour se faire supprimer la faveur de l'empereur François. Il est vrai que Sa Majesté leur en accorda bientôt une autre. Ils avaient sollicité des livres, et notamment la Bible... — Oh! non pas, répondit l'empereur; j'ai bien pensé à ce que demandent ces prisonniers, c'est fort délicat... la Bible!... c'est une lecture dangereuse. J'ai consulté mon chapelain, et l'ai chargé de choisir quelque bon livre pour distraire ces condamnés. Il l'a fait, et voici trois volumes que je leur accorde :

C'étaient des prières pour chaque jour de l'année, par le père Chapuis, de la Compagnie de Jésus. Fénélon et Bossuet avaient paru révolutionnaires et immoraux à l'empereur d'Autriche.

— Ah! j'oubliais... ajouta sa clémente majesté... On ne donnera qu'un volume à la fois à chaque prisonnier! Qu'ils usent, mais qu'ils n'abusent pas.

Lorsque les prisonniers italiens eurent appris ainsi la mort de leur compatriote Villa, et que la tradition du Spielberg eut été justifiée encore une fois, ce fut une lugubre existence pour ces malheureux que la réclusion aggravée par des souvenirs comme ceux du colonel de pandours. Avoir sous les yeux un cimetière déjà peuplé d'amis, fouler un sol tout palpitant de souffrances humaines, c'est doublement payer sa dette à la prison. Certains lieux paraissent plus horribles à l'imagination qu'à la vue. Il était naturel à des jeunes gens courageux et avides de liberté comme l'étaient les prisonniers d'état de chercher à fuir un pareil séjour. Mais comment descendre d'une fenêtre fermée par d'épais barreaux, sur la terrasse inférieure située à plus de soixante pieds? Comment de cette terrasse elle-même sauter deux cents pieds plus bas, à pic, pour arriver aux bords de la petite rivière qui baigne la montagne?

Les prisonniers avouèrent de bonne grâce au compatissant geôlier leurs folles idées, et l'impossibilité de les mettre à exécution.

— On ne s'est jamais évadé de Spielberg, dit le geôlier.

— C'est donc, répliqua le prisonnier français, que vous n'avez jamais eu ici que des détenus allemands ou italiens; ces peuples sont mélancoliques et trop patients; non pas qu'ils manquent de courage; mais ils n'aiguisent pas leur colère comme les Français, de façon à percer les murailles et à s'enfuir. Latude, dont vous nous parliez, se fût enfui du Spielberg comme il s'est enfui de la Bastille et de Vincennes.

Le vieux geôlier secoua la tête.

— Eh! répliqua le prisonnier français, prêtez-moi un bon clou, donnez-moi un compagnon fort et résolu, je vous promets d'occuper toute la garnison à réparer les brèches que j'aurai faites dans vos murs. Je vous le répète, on voit que vous n'êtes pas accoutumé à garder des prisonniers de mon pays.

— Vous vous trompez, répondit froidement le vieillard : nous avons eu à Spielberg des prisonniers français, des hommes de fer, et ils ne se sont pas enfuis... Tenez, quand vous aurez votre lumière, cherchez bien sur les murs de votre cachot, vous y lirez des noms qui peut-être vous rappelleront quelques souvenirs. Quand vous aurez trouvé ces noms, je vous raconterai l'histoire des Français au Spielberg.

Le vieillard, après ces paroles qui laissaient soupçonner tant d'autres infortunes secrètes, partit visiter ses galériens. Les prisonniers se mirent à explorer les murailles hachées par tant de noms, par tant d'inscriptions allemandes, anglaises, italiennes et latines, que l'esprit restait confondu devant le registre ouvert de la nécropole autrichienne. Vers le milieu de la nuit, ils parvinrent à déchiffrer un mot français, celui-ci : *République.*

Autour de ce mot, d'autres s'étaient groupés; mais tant de trous, de badigeons et de fumée, avaient confondu les surfaces et les couleurs, qu'il fallut une heure d'études pour reconstruire cette phrase : *Drouet souffre ici pour la république française une et indivisible.*

— Cherchez encore, dit le geôlier toujours impassible quand on lui eut déchiffré cette inscription. Il y a d'autres noms; car dans les cachots de cet étage ils ont passé presque tous.

— Presque tous, dites-vous? il y a eu donc beaucoup de Français emprisonnés?

— Beaucoup, non, mais quatre.

Le lendemain, à force de chercher, les prisonniers avaient découvert les noms de Lamarque, Quinette, Foucauld.

— Voilà bien leurs noms, dit le geôlier en rappelant ses souvenirs, et c'étaient je crois des illustres parmi vos compatriotes les révolutionnaires.

— Assurément, répondit le Français. Tous quatre étaient des membres de la Convention française..... Drouet, surtout célèbre par l'arrestation de Louis XVI à Varennes, est le maître de poste qui reconnut le roi fugitif et l'arrêta.

— Ia, Ia. Eh bien! voilà leur histoire, vous la savez aussi bien que moi.

— Mais, mon bon Schiller, dites-nous pourquoi ils étaient ici prisonniers. Qui donc les avait envoyés au Spielberg?

— Un Français.

— C'est vrai! Je me souviens... Le traître Dumouriez, n'est-ce pas?...

— Ia... le général Dumouriez, leur compatriote...

— Oh! voyons, bon Schiller, encore cette histoire... Il y a quelque chose de vague dans ma mémoire, concernant une évasion méditée par l'un d'eux; mais ce souvenir est presque effacé...

— Tant mieux! tant mieux! dit l'Autrichien. Si vous vous rappeliez cette histoire, il serait inutile que je vous la racontasse; si vous l'avez oubliée, je me garderai bien de vous la dire. Un geôlier ne conte pas de ces choses-là aux détenus!

— Hélas ! ce n'est pas dans les pensées du Père Chapuis que je trouverai cela, dit le Français avec douleur.

Cette histoire dramatique des représentants du peuple Quinette, Lamarque, Foucauld et Drouet, nous la devons aux lecteurs du Spielberg.

Les plus graves soupçons pesaient sur l'administration du général Dumouriez. La Convention, inquiète de ces bruits de trahison qui pouvaient fortifier si dangereusement les conspirateurs de l'intérieur, manda le général à sa barre, le 30 mars 1793, et nomma quatre de ses membres pour aller lui signifier le secret, comme aussi pour apposer les scellés sur ses papiers; mais comme l'armée ne pouvait rester sans chef, le pouvoir exécutif envoya le ministre de la guerre, Beurnonville, pour accompagner les commissaires et remplacer le général.

Dumouriez avait son quartier général au bourg des Boues de Saint-Amand. Il reçoit les commissaires et les laisse expliquer le but de leur mission. La salle où Dumouriez leur donna audience était pleine d'officiers. Quand les conventionnels ont parlé, le général fait entrer vingt-cinq hussards du régiment de Berchigny et leur ordonne de s'assurer des représentants.

Deux heures après ce coup de main, l'aide de camp de Dumouriez vint enlever leurs armes aux conventionnels; cependant le ministre et son aide de camp déclarèrent qu'ils se feraient tuer avant de rendre leurs sabres. On craignit un éclat trop scandaleux, et ils ne furent pas désarmés.

Les quatre commissaires furent enlevés la nuit dans des voitures escortées par deux cents hussards de Berchigny. La voiture du ministre Beurnonville ouvrait la marche. Ils demandèrent où on les conduisait. « Que vous importe? » fut-il répondu.

Beurnonville se doutait de quelque trahison; il profite d'un moment où on l'épiait moins rigoureusement, et levant la glace de sa voiture, demande au postillon quelle route on suivait. Celui-ci répond naïvement : —Je vais à Rumigies.

Beurnonville comprend que Dumouriez va passer à l'ennemi; il s'élance hors de sa voiture avec son aide de camp et tombe à coups de sabre sur l'officier commandant l'escorte; mais cette lutte inégale est bientôt terminée : Beurnonville, blessé à la cuisse, est réintégré dans son carrosse; les chevaux partent plus rapidement que jamais.

Enfin sur la chaussée de Tournay on rencontra les dragons de la Tour, Autrichiens, dont l'état-major se mit à parlementer avec deux aides de camp de Dumouriez. Les hussards de Berchigny livrèrent les cinq représentants aux dragons autrichiens, qui prirent la conduite des voitures. Voilà comment Dumouriez traita des compatriotes, des mandataires de ses concitoyens.

Ceux-ci, indignés, se plaignirent au général autrichien Clairfayt de cette violence infâme.

— Quoi! dirent-ils, vous vous déshonoreriez en acceptant les prisonniers que vous vend un traître? Songez au vaillant Romain Camille.

— Camille, répondit Clairfayt, a commis une faute en refusant le bien qu'on voulait lui faire. Nous, qui avons son exemple, nous accepterons le présent de M. Dumouriez.

Dès ce moment, traités en prisonniers, les conventionnels se virent enlever leurs papiers, leur argent, leurs effets; on les parquait dans une seule chambre, sur de la paille ; on leur enlevait leurs rasoirs et leurs ciseaux. Lorsqu'ils se plaignaient à quelque officier, disant qu'ils étaient députés français et officiers aussi :

— Vous? répondait quelque major autrichien au ton froid, au maintien roide, vous êtes des conspirateurs qui avez assassiné votre bon roi Louis XVI. Sa majesté autrichienne vous punira, puisque les princes français vous ont épargnés.

Toutes vexations qui eussent été bien ridicules, si elles n'eussent été cruelles. C'est ainsi que les Autrichiens traduisaient la république française. Le temps approchait où les boulets républicains allaient rétablir le véritable sens de cette révolution.

Transférés de cachots en cachots dans le parcours de cette longue route, les conventionnels arrivèrent enfin à Égra, frontière du territoire autrichien. Ils crurent que là se termineraient leurs voyages, et qu'ils habiteraient ensemble la forteresse. Mais un ordre vint de conduire le conventionnel Camus et Villemur, secrétaire de Beurnonville, à Kœnigratz, dans la Bohême orientale; Lamarque, Quinette et Foucauld, au Spielberg. Beurnonville, malade, était resté à Wurtzbourg.

Arrivés au Spielberg, les trois conventionnels furent traités comme des galériens ordinaires le sont aujourd'hui. Il leur sembla qu'on avait ressuscité pour eux la Bastille. Ils avaient chacun pour logement un cachot dont les vitres étaient enduites de vernis, pour leur ôter la vue de l'extérieur. Lamarque était malade à son arrivée; il n'obtint qu'au bout de neuf mois la permission de sortir trois heures par semaine dans le premier retranchement de la citadelle, et à condition qu'il aurait toujours à ses côtés un officier de garde, et derrière, un soldat armé. Cette faveur lui fut bientôt enlevée, parce que, disait le commandant, un prisonnier détenu dans une forteresse voisine, à Olmutz, avait profité de ce moment de liberté pour essayer de briser ses fers. Ce prisonnier d'Olmütz était le général Lafayette.

Les trois nouveaux hôtes de Spielberg demandèrent d'écrire à Vienne pour obtenir une prison plus salubre. Il leur fut répondu qu'au Spielberg les plumes et le papier n'entraient jamais ; que les commandants eux-mêmes n'ayant pas le droit de parler des détenus, on priait ceux-ci de ne plus parler eux-mêmes, ce qui serait inutile.

— Mais, dirent-ils, si le papier n'entre pas ici, si les commandants n'écoutent pas les prisonniers, comment ceux-ci peuvent-ils se faire entendre? et pourquoi comptent-ils dans l'humanité?

— Les détenus sont des numéros, répondit le commandant. On ne correspond pas avec un chiffre.

— Mais nous souffrons, nous sommes malades, nous avons besoin de distractions, de livres.

Les officiers se consultèrent, et bientôt on apporta aux prisonniers une brochure imprimée à Vienne. C'était la liste des conventionnels qui avaient signé la mort du roi Louis XVI. Quinette et Lamarque virent leurs noms marqués d'une croix rouge et accompagnés d'une accolade avec cette remarque : *N. B. Ce sont ceux qui sont au pouvoir de notre empereur.*

Lamarque paraissait être celui des trois représentants sur lequel se concentrait plus activement la surveillance. Se défiait-on de sa maladie comme d'une feinte? avait-on reçu des ordres plus précis à son égard ? toujours est-il que sa prison était affreuse. Le malheureux souffrait de la fièvre et n'avait d'autre moyen d'aspirer un peu d'air que de coller son visage aux barreaux de la fenêtre, le soir, à l'heure où les sentinelles distinguent moins aisément. Un chant vint frapper ses oreilles; mais il n'avait pu reconnaître que le commencement de l'air; le *still* (silence) de la sentinelle interrompit aussitôt le chanteur. Cependant Lamarque avait senti comme un mouvement de joie aux premières notes de cette chanson. Pendant plusieurs jours il n'entendit plus rien. Pour tromper son ennui, il avait écrit quelques lignes à l'aide d'un clou sur les pages d'un livre qu'il supposait devoir être prêté tour à tour aux prisonniers de Spielberg. Lamarque remit ce volume, après l'avoir lu, à un des officiers de garde, et il tremblait que son stratagème ne fût découvert. Quelle fut sa surprise lorsque, dans le premier livre qui lui fut apporté en remplacement du volume déjà lu, il trouva ces mots, écrits avec l'ongle du prisonnier :

« J'ai reçu ton message, citoyen; ne crains rien; nous ne mourrons pas chez les Autrichiens; nous reverrons ensemble patrie et famille. Notre destinée est de vivre libres. »

C'était Quinette qui avait le premier lu le fameux livre. Bientôt il passa aux mains de Foucauld, qui écrivit à son tour. La correspondance dura ainsi quelque temps. Une dent de peigne en faisait les frais. Jamais les officiers de Spielberg ne découvrirent ce secret. Ce fut l'un des prisonniers qui, craignant de soulever des défiances et d'attirer quelques mauvais traitements sur ses compagnons, proposa de rompre ces relations dangereuses.

Alors Lamarque, tout entier à ses douleurs, essaya d'entendre la voix qui, un soir, l'avait tant charmé. Il s'approcha de la grille de sa fenêtre et murmura très-bas, de façon à ne pas appeler l'attention de la sentinelle, un couplet patriotique. Aussitôt une voix vibrante entonne à côté la Marseillaise, et voilà Lamarque qui fait chorus.

— Bon! s'écrie la voix, un Français! un républicain!

— Lamarque, répond le premier.

— Drouet, riposte le chanteur inconnu.

Lamarque laisse échapper un cri de surprise... Drouet au Spielberg!... toi! Tous les représentants du peuple sont donc en prison? Dumouriez nous a donc tous livrés?

— Ce n'est pas Dumouriez qui m'a vendu, réplique Drouet; je suis ici par la faute de mon cheval... Mais voilà que nous causons d'affaires... Vois-tu venir la sentinelle?

—Non; elle cause au bout du glacis. Parle bas et vite. Nous avons le temps de savoir des nouvelles... Par quel hasard?...

— Voici l'histoire : j'étais à Maubeuge en qualité de représentant. Les Autrichiens investissent sur-le-champ la ville, et tu sais, la république n'est pas riche; nous n'avions ni vivres ni munitions; ce n'était pas tenable. Cependant la place est importante, il s'agit de la conserver à la république. Un seul moyen se présente... Il faut prévenir la Convention du péril où l'armée se trouve; mais comment passer au milieu des Autrichiens?... C'est un dévouement à accepter.

— Prends garde! voici la sentinelle.

Le narrateur s'interrompit; le pas du soldat recommençait à s'éloigner.

—Je me décidai, dit Drouet : j'appelle à moi cent braves gens, des dragons, et je leur propose de traverser toutes les lignes ennemies. On monte à cheval vers onze heures du soir, dans une obscurité favorable. C'était le 2 octobre 93. Nous voilà partis. A peine arrivons-nous devant un camp d'infanterie, que les sentinelles, à qui nous n'avions pas répondu, donnent l'alarme.

— Alarme! cria Lamarque; voici notre sentinelle à nous... Elle passe; continuez.

— Nous essuyons un millier de coups de fusil, qui abattent plusieurs des nôtres; cependant nous passons au galop. Soudain un fossé se trouve là; vingt dragons s'y engloutissent, et moi à la tête. Les uns restent tués ou pris sous leurs chevaux; les autres se relèvent, cherchent un cheval quelconque et repartent. J'avais saisi, moi, un cheval à ma gauche, lorsque j'entends crier : « C'est mon cheval! ne m'abandonnez pas au milieu des Autrichiens!... la croupe... par pitié!... » Obéissant à un sentiment d'humanité, je m'arrête, et un dragon saute en croupe derrière moi. Mais ces minutes d'étourdissement, d'hésitation, avaient suffi à mes hommes pour disparaître. Je regarde, plus de dragons... Je lance notre cheval; mais deux hommes lui brisaient les reins; il culbute encore une fois ses cavaliers, dont un seul parvient à le reprendre : c'était moi. Les deux éperons n'y suffisaient pas; j'arpentais comme un daim, sentant à mes trousses une vingtaine de hussards montés sur des chevaux frais. J'eusse échappé; mais un second fossé se présente : le cheval roule au fond et me renverse; je sens le cœur me manquer, ma cervelle tourne, je m'évanouis.

Quand je revins à moi, j'étais couvert de sang, d'atroces douleurs me brûlaient par tout le corps. Je regarde mes bras hachés, mes jambes affaiblies; j'étais au milieu des hussards ennemis, qui, me voyant tomber, étaient venus me massacrer à terre à coups de sabre.

— Qui es-tu? me demande un officier assez brutalement.

— Officier français... et toi?

— Ton maître, car tu es prisonnier... Tu te dis officier, mais tu n'as ni l'épaulette ni l'uniforme.

Je serais lâche, me dis-je, de cacher mon nom à un Autrichien...

— Tu ne me crois pas, officier? lui répondis-je; tu as raison : je suis mieux que cela... je suis représentant du peuple, et plus qu'un représentant ordinaire, entends-tu, car je m'appelle Drouet; c'est moi qui ai fait arrêter Louis XVI à Varennes. Vive la république!

A peine eus-je prononcé ces paroles, que toute la bande autrichienne me saisit, m'attacha aux ridelles d'une charrette, sur un peu de paille, et me voilà promené en spectacle dans le camp. Du camp, je passai dans trois prisons successives; puis on m'a enfermé à Spielberg; mais je n'y resterai pas, je m'y ennuie.

Lamarque ne put s'empêcher de pousser un bruyant éclat de rire. Il voyait ces murs à pics, cette rivière au fond, reluisante comme une lame au fond d'un précipice; il connaissait les murs, les verrous et les sentinelles si vigilantes.

Il se mit donc à rire si bruyamment, que le factionnaire, furieux, vint à coups de crosse de fusil heurter à sa porte en lui commandant de se taire. La conversation finit là.

Le lendemain, comme il chantonnait la carmagnole au grillage, Drouet toussa légèrement, et lui dit à mi-voix :

—Eh bien! adieu, Lamarque; adieu, cher ami; je m'en vais.

— Quoi! on le délivre? pensa Lamarque; est-il heureux... Quand sera-ce mon tour?

Vers les trois heures du matin, Lamarque entendit du bruit dans le corridor. On allait, on revenait; des voix confuses, dont les unes menaçaient et les autres s'excusaient, lui apprirent qu'il s'était passé quelque chose de nouveau. Il n'avait pu encore former de conjectures, quand la porte de son cachot s'ouvrit, et une rigoureuse perquisition y fut faite. Lamarque eut beau questionner, épier, il n'apprit que plusieurs années après la cause de toutes ces rumeurs.

Voici ce qui s'était passé. Cette courte histoire offrira un portrait de plus pour cette galerie d'intrépides Français éclos au soleil de 1789.

Drouet avait dit la vérité à Lamarque; il s'ennuyait à Spielberg. Privé d'exercice, de lecture, de plumes et d'encre, il en fut réduit à cette dévorante activité de l'homme oisif, qui tourne sa pensée uniquement vers les rêves de liberté. Sa chambre contenait une vingtaine de pieds en carré; elle était fermée d'une porte de chêne massif garnie de trois serrures, et gardée au dehors par deux sentinelles; au midi, deux fenêtres éclairaient cette chambre; mais bien grillées et barricadées; elles donnaient sur une terrasse qui entourait le fort, et dont la hauteur au-dessus du niveau de la terre est de deux cents pieds. Au bas de cette terrasse coule la rivière Schwartz, qui se jette dans le Danube (3).

Donc Drouet s'ennuyait. L'idée lui vint de s'enfuir, et si difficile que fût une évasion, elle ne parut pas impossible à cet homme audacieux. Le premier point était de desceller les grilles de fer, soutenues par huit crampons énormes. Drouet n'avait ni une épingle, ni un clou, ni un couteau. On ne lui laissait pas même de fourchette; mais on avait placé des rideaux à ses fenêtres pour le garantir du soleil, et ces rideaux pendaient d'une tringle attachée à la muraille. Drouet réussit à arracher l'une des tringles sans qu'on le vît, et avec la tringle il troua le mur pour en extirper les crampons des fenêtres. Il les cassa tout près de la muraille, en les replaçant avec assez de soin pour que nul ne s'en aperçût; quant aux dégradations, avec de la poudre à coiffer dont il recouvrait ses maçonneries, il dissimula tout le ravage. Les grilles descellées, il ne restait plus qu'à sortir de la citadelle, c'est-à-dire à faire une descente de deux cents pieds sans cordes ni échelles. En outre, il fallait éviter les sentinelles qui, de deux cents pas en deux cents pas, se promenaient nuit et jour au bas de la terrasse.

Drouet se rappela Dédale enfermé dans sa tour, et imagina de se faire des ailes. Il supposa qu'en construisant une sorte de cerf-volant capable de le soutenir, il arriverait mollement à terre. Les sentinelles, pensa-t-il, seraient tellement épouvantées de voir tomber près d'elles un oiseau monstrueux, qu'elles prendraient la fuite. Alors, il gagnerait le bord de la rivière, où depuis longtemps déjà il voyait un petit bateau amarré. Il se laisserait aller au courant du Danube rapide, gagnerait la Turquie, et une fois là aviserait.

Mais il faut quelques outils pour fabriquer un cerf-volant. Il faut aussi des matériaux. Drouet prit les draps de son lit, d'une mouchette se fit un couteau, d'une arête de carpe une alène, de ses bas du fil et des cordes. Il arracha des éclats de bois à ses portes, aux solives, et malgré les trois visites quotidiennes des gardiens, acheva sa machine sans avoir donné le moindre soupçon. Le travail achevé, il voulut essayer son invention, et se précipita d'une corniche de huit pieds de haut qui régnait autour de sa chambre. Le parachute fonctionna à merveille, et Drouet conclut que dans l'air, avec plus de résistance, il fonctionnerait mieux encore.

Le soir même du jour où il avait parlé à Lamarque, c'était en juillet 1794, du 5 au 6, Drouet détache ses barreaux de fer, préparés à l'avance, comme on a vu. De sa fenêtre, il se jette avec ses instruments sur une petite terrasse située à quelques pieds seulement; c'est de là qu'il donnera le grand élan. Il fait ses préparatifs: rien ne le trouble; le parachute est ouvert, reste à faire le saut périlleux. Drouet plonge un regard effaré dans l'abîme noir. L'instinct de la conservation l'arrête deux fois sur le bord; à la troisième, il impose silence aux mouvements si naturels de son cœur, s'attache au parachute, et, prenant du champ, fermant les yeux, il se précipite dans le gouffre.

Il croyait tomber mollement; mais il s'était chargé d'un paquet de provisions et d'effets. Ce poids assez considérable atténua l'effet de son parachute, et accéléra la chute. En matière de chute, toute vitesse finit par décupler les pesanteurs. Drouet pesait cinq cents livres en touchant la terre, il s'y brisa. La douleur fut telle qu'il perdit connaissance. Cependant, ranimé par la fraîcheur de la nuit, il essaye de se lever pour franchir la muraille qui le sépare de la rivière; alors seulement il s'aperçoit de son malheur; il s'était fracassé le pied, et au moindre mouvement souffrait d'inexprimables angoisses. Il ne put bouger de place. Tour à tour évanoui, ranimé, il passa ainsi le reste de la nuit. Quant aux sentinelles, il avait deviné juste. Voyant fondre du haut des airs ce monstrueux volatile, sentant la terre trembler de sa chute, les Autrichiens s'étaient sauvés demi-morts de peur au fond du corps de garde. Drouet eut beau crier, appeler même, ils ne sortirent qu'au jour. Mais alors ils reconnurent le transfuge, le portèrent inanimé dans son cachot, et le croyant mort ou près de mourir, ils ne s'en inquiétèrent plus.

Voilà ce qu'avait tenté pour recouvrer sa liberté un homme sans ressources, sans connaissances pratiques. Le génie brille autant que le courage dans ce trait vraiment incroyable. Drouet garda le lit trois mois, et dut se servir un an de béquilles.

Ni lui ni ses compagnons de captivité ne recevaient de nouvelles de France. Seulement, ils s'aperçurent d'une amélioration dans le régime de Spielberg. C'était d'un augure bien favorable. Eux qui s'étaient toujours attendus à l'échafaud des représailles; eux d'autant plus humiliés qu'ils s'honoraient plus du titre de représentants de la foule révolutionnaire, ils en conclurent avec infiniment de sagacité que les armées françaises faisaient des progrès en Europe, que la paix viendrait les délivrer, si la guerre elle-même ne les arrachait violemment de Spielberg. En effet, une transaction devait produire cet heureux résultat.

Au commencement de mai 1795, Drouet reçut pour la première fois des nouvelles de sa femme et de ses enfants. Ce relâchement de sévérité équivalait, pour Drouet, à l'envoi du bulletin de quelque victoire remportée par les Français. La joie rétablit en peu de temps sa santé et ses forces.

Le 7 novembre on le transporta de Spielberg à Fribourg en Brisgaw, avec ses collègues Lamarque, Foucauld et Quinette, qu'il n'avait pu entrevoir une seconde, depuis deux ans et demi, bien qu'ils fussent renfermés seulement à quelques pieds de lui.

Ces conventionnels et le ministre Beurnonville n'étaient pas les seuls prisonniers livrés à l'Autriche, beaucoup d'autres fonctionnaires ou officiers, des ambassadeurs, étaient retenus depuis deux ans dans les prisons de l'empire. Tous ces captifs furent dirigés sur Fribourg, dès que le gouvernement français eut commencé à négocier l'échange de ses citoyens prisonniers contre Marie-Thérèse, fille de Louis XVI. Singulier caprice du destin, c'était la jeune fille que Drouet avait fait arrêter à Varennes qui devenait la cause de sa délivrance.

A Fribourg, les prisonniers furent encore enfermés et traités avec rigueur. On leur faisait croire à des défaites réitérées, essuyées par l'armée française. L'espoir, un moment rallumé dans leurs âmes, allait s'éteindre de nouveau, lorsqu'on apprit le 4 nivôse (25 décembre) que Marie-Thérèse venait d'arriver à Huningue. Aussitôt les prisonniers reçurent la visite de l'agent militaire supérieur, qui leur annonçait officiellement leur départ pour le lendemain.

Le lendemain, en effet, à huit heures du soir, la ratification de l'échange était opérée à Richen, et les conventionnels furent mis en liberté.

Voilà ce que signifiait ce seul nom *Drouet*, inscrit sur les murs du cachot de Spielberg.

Certes, de pareilles aventures doivent encore exciter l'admiration des vieux grenadiers autrichiens, lorsqu'au corps de garde, le soir, ils se les racontent, mais à voix basse, pour n'être pas entendus des malheureux prisonniers, à qui ces miraculeux efforts donneraient l'espoir et l'idée de briser leurs fers. Et si quelque chose pouvait excuser la rigueur barbare avec laquelle les Autrichiens traitèrent nos compatriotes vendus par Dumouriez, ce serait l'audace même de ces prisonniers, enfants d'une époque où l'on ne vivait que d'exagération, en bien et en mal, époque de merveilles et de héros.

Quant aux prisonniers italiens dont nous avons raconté les misères, la plupart sont sortis de Spielberg, les uns par la porte qui mène au cimetière de Brünn, les autres graciés par l'empereur d'Autriche, lorsque leur santé ruinée, leur jeunesse éteinte, leur âme brisée, rassurèrent César sur la conduite à venir de ses *enfants égarés;* car c'est ainsi que les appelait ce bon père de famille.

Sylvio Pellico et Maroncelli obtinrent leur liberté après dix ans de captivité, dont huit ans et demi de *carcere duro*. C'était le 1er août 1830 que leur parvint cette bonne nouvelle. Les prisonniers ne reçurent pas cette faveur avec toute la joie qu'on s'attendait à voir éclater; ils pensaient à leurs parents morts sans doute depuis tant d'années de séparation; ils songeaient à ce monde, parmi lequel ils ne trouveraient plus peut-être que des étrangers, des indifférents.

Ce fut le soir qu'on tira Sylvio, Maroncelli et Tonelli, de Spielberg. On les couvrit d'un manteau de soldat, un béret remplaça l'ignoble coiffure des galériens, dont ils portaient encore l'habit; seulement on avait délivré chacun d'eux de ses fers. Un commissaire impérial les reconduisit dans leur patrie.

Andryane et Confalonieri furent délivrés aussi, sous condition expresse de ne jamais remettre les pieds sur le territoire italien, ni dans les états de l'empereur. On peut croire que le Français accepta sans regret la condition.

Spielberg renferme, nous l'avons dit, des galériens des

deux sexes. Le régime pour quelques-uns est le *carcere durissimo*, c'est-à-dire des fers énormes qui entravent chaque pas du captif, et le rivent souvent à la muraille par un cercle de fer. Le pain et l'eau, voilà le règlement du régime alimentaire. Quant aux punitions, elles sont cruelles; battus par les gardiens, ces malheureux sont astreints à des travaux que cependant plus d'un prisonnier d'État laissé oisif a dû envier, malgré leur rigueur.

Somme toute, le château de Spielberg est un lieu de détention à l'usage, non pas de la société qui réprime, mais du souverain qui se venge; c'est une de ces prisons absurdes et barbares dont l'humanité fera justice le jour où l'on s'apercevra que le système pénitentiaire d'un peuple honnête et intelligent doit corriger le coupable en le punissant, mais non le tuer ou le pousser au désespoir, par des aggravations incalculables de pénitence. Il est horrible de penser qu'en Autriche, dans un pays chrétien, la prison de Sylvio Pellico fut la même qu'elle avait été pour le féroce colonel des pandours, sous Marie-Thérèse.

1830 ou 1750, le dix-huitième siècle ou le douzième, le jour ou la nuit, qu'importe aux gouvernements despotiques! Le cachot ne change point, quand les lois demeurent les mêmes; et les mœurs ne s'améliorent jamais là où un homme prétend se mettre, par la grâce de Dieu, au-dessus des lois humaines.

PRISONS DE TURQUIE.

LE CHATEAU DES SEPT-TOURS.

I

La justice en Turquie. — Prisons du sérail. — Prisons d'État. — Représailles pour les ambassadeurs. — Ressemblance de la Bastille et du château des Sept-Tours. — Origine du château. — Porte dorée. — Prédiction. — Mahomet II. — Description du château des Sept-Tours. — David Comnène et sa famille. — Leur emprisonnement. — Leur supplice. — Le puits de sang. — Le prince Mustapha. — Il enlève une femme de force. — Son père le fait étrangler. — Selim Ier. — Les deux frères. — Il envoie pour faire tuer leurs enfants. — Le grand vizir les fait prévenir. — Il est mis à mort. — Ferhad. — Mahomet III. — Ses dix-neuf frères étranglés. — Dix odalisques précipitées à la mer. — Disgrâce de Ferhad. — Il veut être vengé. — Serment de son fils. — Le cordon. — Ali-Assan. — Les spahis. — Les janissaires. — Révolte des spahis. — Houssein et Mamouth la commandent. — Têtes de deux eunuques. — On demande celle d'Ali-Assan. — Retour de ce dernier. — Il triomphe des spahis. — Nombreuses victimes aux Sept-Tours. — Le Bostangi. — Les sceaux de l'État. — Houssein venge son père. — La tête d'Ali-Assan apaise la révolte.

Les prisons d'un empire sont le reflet de sa justice et de la tyrannie des souverains. Celles de la Turquie ont surtout ce dernier cachet, qui, par une dérogation toute particulière, s'applique aux mœurs ottomanes. En effet, les lois de la Turquie, écrites dans le Koran, évangile des musulmans, sont justes, équitables et tendent toutes à la répression du crime, sans distinction de personnes et de rang. Ces lois sages, appliquées par les fetfas des Muphtis et des autres Ulémas, chefs de la religion, forment une justice sévère et si promptement exécutée, qu'elle fait encore proverbe dans le reste de l'Europe. Nul peuple n'a montré plus de respect pour ses lois que celui de Turquie; nuls juges ne les ont plus sévèrement appliquées; et cependant de là sont nés l'arbitraire, la tyrannie et ce despotisme sanglant et capricieux qui ont fait si longtemps considérer les Turcs comme des barbares. C'est que le vice n'est pas dans la loi elle-même, mais dans son application.

« L'application des lois turques, dit Élias Abasi, dans l'ouvrage le plus complet que nous ait donné l'Angleterre sur cette matière, au lieu de maintenir la justice et l'équité, tend uniquement à maintenir les trois principaux objets de la politique ottomane, qui sont : le pouvoir absolu du prince, l'oppression du peuple et l'augmentation du trésor impérial.

» Toutes les lois relatives à la procédure se réduisent aux dépositions des témoins; aucune autre preuve n'étant admise, on achète celle-ci et on la trouve à tout prix. Le gouvernement ne se dissimule pas que cette méthode est subversive de toute justice; mais il sait aussi qu'elle est parfaitement adaptée au soutien de l'autorité illimitée, à faire respecter les caprices du souverain et de ses ministres. Le juge est toujours le maître de déclarer quels sont les vrais et les faux témoins. Cela ouvre la porte à l'intérêt particulier, car les meilleurs témoignages sont toujours en faveur de celui qui a pu faire les plus riches présents aux juges. Quand la partialité et l'oppression de ces derniers ont rempli leurs coffres, le peuple est excité par des agents secrets à porter ses plaintes au pied du trône. Le souverain, empressé de punir, daigne consentir d'ouvrir le trésor impérial pour recevoir les richesses que leur ont procurées les jugements injustes. Il nomme ensuite de nouveaux juges, dont la vénalité égalera celle de leurs prédécesseurs, et qui seront déplacés de même quand ils auront accumulés les fruits de leur iniquité. Heureusement pour ceux que l'on renvoie, qu'ils appartiennent à un corps redouté des sultans ; c'est par cette raison qu'ils conservent leurs têtes, qu'ils ont l'avantage de porter obscurément pendant le reste de leur vie. »

Ces lignes, écrites à Londres en 1790, marquaient l'état actuel de la justice ordinaire dans l'empire ottoman, et cependant le premier sultan réformateur, Sélim III, était sur le trône et posait déjà les larges jalons qui, suivis par ses successeurs, font compter aujourd'hui la Turquie au nombre des peuples civilisés. On peut par cela se faire une idée de ce qu'étaient, en Turquie, la justice et les prisons dans les premiers siècles de cet empire.

Mais à côté de ces prisons légales, il en existait plusieurs qui n'étaient que l'expression de l'arbitraire et du despotisme des grands ; c'étaient celles des divers châteaux des Dardanelles et celles qu'on avait creusées jusque dans le sein du sérail.

Celles du sérail renfermaient spécialement les sultanes validés, c'est-à-dire les mères des sultans qui avaient régné et qui étaient morts ou détrônés. Dans ce dernier cas, les sultans étaient captifs aux mêmes lieux, et expiaient dans un dur esclavage le bonheur de l'usurpation d'un parent. Un grand nombre de drames sanglants se sont passés sous ces voûtes sombres. Dans le principe, il entrait dans la politique des sultans, pour mieux assurer le trône à leur descendance, de faire mettre à mort leurs propres frères. D'innombrables fratricides se sont accomplis. Ceux qui étaient détrônés, s'ils avaient échappé à la vengeance du peuple, des janissaires ou des grands, n'échappaient pas à celle de l'empereur qui les avait remplacés. Enfin il y en a eu, et c'est le petit nombre, que des vizirs ambitieux, et prévoyant leur perte, sont allés chercher au sein de leurs cachots pour les mettre à la place de leurs maîtres. Ces princes, oubliés dans leurs prisons, au lieu de la mort qu'ils attendaient d'heure en heure, recevaient le sabre d'Othman, signe de leur puissance, et avaient rarement la peine de se défaire de l'homme qu'ils remplaçaient, car ceux qui les avaient appelés à la couronne étaient intéressés à les prévenir. Mais l'histoire de ces prisons est trop spéciale pour que nous la tracions dans tous ses détails. C'est la prison de famille; c'est l'égout du sang impérial, et cela ne saurait se rattacher à notre histoire.

Il est une prison, parmi celles que nous avons mentionnées, qui est le type de toutes les prisons de la Turquie, comme la Bastille était le type de toutes les prisons de la France, c'est le château des Sept-Tours. C'est à cette prison que les empereurs envoyaient les vizirs et les grands qu'ils avaient condamnés; tous y ont trouvé la mort; mais c'est aussi à cette prison que les janissaires traînaient les empereurs qu'ils précipitaient du trône; c'est aussi dans cette prison qu'ils les immolaient et jetaient leurs têtes dans le *puits de sang*, où tant d'autres têtes avaient roulé par leurs ordres. La colère impériale et la colère populaire ont tour à tour ensanglanté ces murs et en ont décoré les créneaux de milliers de trophées humains que la justice ou le despotisme avait frappés.

Au milieu de ces sanglantes exécutions apparaît quelquefois la captivité douloureuse de Français ou d'autres membres des nations européennes; c'étaient pour la plupart des chevaliers de Malte, retenus comme prisonniers de guerre, excepté lors de la guerre d'Égypte par Bonaparte, où nous trouverons nos compatriotes. Enfin, le dernier aspect sous lequel nous apparaît le château des Sept-Tours est comme prison spéciale des ambassadeurs.

Le divan reconnaissait autrefois dans les ambassadeurs deux caractères, celui de représentant de son souverain et celui de sa personne. Celui de représentant lui paraissait inviolable et sacré tant qu'il ne traitait que des affaires de monarque à monarque ou de pays à pays; mais dès l'instant qu'il menaçait d'une rupture, qu'il déclarait la guerre, ce caractère disparaissait pour faire place à l'homme, et on le gardait comme otage. C'est en vertu de ce sophisme, auquel le divan a donné mainte fois une extension perfide, comme nous le verrons, que le peuple ottoman a violé si longtemps le droit des gens.

Une seule fois les rois de l'Europe ont usé de représailles. En 1689, Soliman II, parvenu au trône à la place de Mahomet IV, déposé par le peuple, envoya auprès de l'empereur d'Autriche Léopold des ambassadeurs pour demander la paix. Léopold proposa des conditions que Mauro Cordato, le chef de l'ambassade, repoussa avec indignation. Léopold, qui avait consenti à la suspension des hostilités, ordonna alors de les reprendre, et considérant à son tour les ambassadeurs turcs comme des otages, les fit renfermer dans le château de Puttendorff, où ils furent traités, du reste, avec toutes sortes d'égards et eurent la faculté de correspondre librement avec le divan.

La première réflexion qui frappe un écrivain français en s'occupant des Sept-Tours est la ressemblance qui existe dans l'histoire entre ce château et celui de la Bastille.

Comme la Bastille, ce château a formé la porte d'une capitale pour en défendre l'entrée ; comme pour elle, aucune pensée de despotisme n'a présidé à son édification, et sur ses murs comme sur ceux du château, quatre tours d'abord ont été élevées ; plus tard, à la Bastille, comme au château, des souverains ont fait ajouter plusieurs tours et ont choisi ce lieu pour y renfermer leurs trésors ; plus tard enfin, ils y ont enfermé leurs victimes. Des prisonniers de toute espèce, de toutes classes, de toutes conditions, ont gémi dans ces deux terribles prisons. Au château des Sept-Tours on renfermait des ambassadeurs et des étrangers, en violation du droit des gens ; à la Bastille aussi le droit des gens a été souvent en violation flagrante, et sous le règne de monarques civilisés. On appelait barbare le peuple turc et sa justice expéditive ; un nombre immense de victimes a teint de son sang les pavés des Sept-Tours ; un nombre plus immense encore a été privé d'air, de soleil, de liberté, dans les murs de la Bastille. Les sultans étaient pitoyables, ils tuaient sur l'heure aux Sept-Tours ; les rois de France étaient cruels, ils faisaient souffrir longtemps à la Bastille. Les uns buvaient du sang, les autres buvaient des larmes ; les Sept-Tours étaient l'effroi de l'Asie ; la Bastille était l'effroi de l'Europe. Le peuple français a rasé, dans sa colère, malgré ses souverains, cet instrument de despotisme et de tyrannie ; un monarque ottoman a fermé lui-même les portes des Sept-Tours comme prison d'état. De l'empereur de Turquie ou du roi de France, lequel était le despote? lequel était le barbare?

En l'an 1000, Zénon posa la première pierre d'une porte de Constantinople, à l'extrémité orientale de la Propontide ou mer de Marmara. Cet édifice fut entièrement achevé en 1182, par l'empereur Emmanuel Comnène, qui fit élever quatre tours au sein de cette forteresse. La forteresse prit le nom de Cyclobion, et la porte celui de porte dorée; c'était tant à cause des dorures dont étincelait en effet cette porte, que de celles qu'on remarquait, en entrant, sur l'arc de triomphe de Constantin, qui frappait le premier la vue. A dater de ce jour, cette porte devint la principale de la ville, celle par où entraient les monarques et les princes; celle où avaient lieu toutes les cérémonies et fêtes magnifiques de ces temps-là.

C'est par cette porte que le pape Jean, premier du nom, fit son entrée à Constantinople, lorsqu'il s'y rendit pour arranger avec l'empereur Justin le Vieux les différends qui s'élevaient entre les ariens et les catholiques. Au premier pas qu'il fit sous la porte dorée, il vit devant lui un aveugle qui entrait aussi à Constantinople, et il opéra le miracle de lui rendre la vue sur l'heure. Le peuple, transporté, franchit alors la haie des gardes, porta le pape en triomphe et baisa ses habits. Mais du sein de la foule s'éleva tout à coup une voix sinistre et inspirée qui s'écria:

— Insensés! au lieu d'adorer un homme, adorez Dieu, car en vérité je vous le dis, c'est par cette porte qu'entreront un jour les barbares qui chasseront de Constantinople les enfants de vos enfants, et règneront à leur place.

Ces paroles terrifièrent le peuple, qui s'arrêta, cherchant celui qui les avait prononcées; mais il ne put le découvrir, et ce fatal présage passa de génération en génération, jusqu'à l'époque où la grande capitale fut assiégée par les troupes de Mahomet II. C'était dans les premiers jours d'avril 1453.

Cette prédiction semblait alors sur le point de s'accomplir. Vainement Constantin chercha-t-il à la combattre par une autre qui annonçait l'arrivée d'un ange défenseur de la ville ; le peuple et les soldats sentaient l'effroi descendre dans leurs âmes quand on leur répétait tout bas les paroles que nous venons de rapporter. Les musulmans, au contraire, étaient pleins d'espérance, parce qu'ils s'appuyaient sur une autre prédiction de leur prophète, qui avait dit :

« Ils prendront Constantinople; le meilleur prince est celui qui fera cette conquête, et la meilleure armée sera la sienne. »

Ayant connaissance de la croyance superstitieuse du peuple de Constantin, Mahomet concentra ses forces sur la porte Dorée, et commanda en personne l'assaut de ce côté. Constantin s'y rendit aussi, et cet endroit devint le point important de la journée. Le combat fut long et meurtrier; les Turcs y avaient déjà, dit-on, perdu douze mille hommes et sentaient leur courage faiblir, lorsque, frappé d'un coup mortel, l'empereur Constantin tomba sur la brèche. Cette mort jeta le découragement parmi les soldats et le peuple, qui s'enfuirent dans la vaste église de Sainte-Sophie, parce que, d'après la prédiction contraire, c'était du dôme de cette basilique que devait descendre l'ange qui venait pour sauver la ville. Pendant ce temps, Mahomet ayant fait briser la porte Dorée, passait au galop de son cheval sous ses voûtes, et se rendait au palais impérial, qu'il trouva désert. C'est alors qu'il prononça ce distique persan que ses guerriers entendirent avec surprise :

« L'araignée a filé sa toile dans le palais des Césars; la chouette fait retentir la voûte d'Efrasiad de son chant nocturne. »

Ces vers déclamés au milieu de la solitude de ces vastes et riches appartements, autrefois si pleins et si animés, semblaient annoncer le monarque philosophe qui cherchait à ne pas être ébloui par l'éclat de la victoire, qui voulait puiser dans l'infortune de Constantin une leçon utile pour lui-même. Il n'en fut rien pourtant. Loin de craindre les revers, de fuir les dangers et les commotions des empires, Mahomet, conquérant ambitieux et téméraire, porta ses armes partout où sa politique, l'amour d'une vaine gloire et son caprice, le poussèrent. Cruel et généreux à la fois, perfide et loyal, guerrier et poëte, héros et tyran, il eut un de ces règnes flottant constamment entre les grandes actions et les grands crimes, ne suivant en cela que l'impulsion des passions qui le brûlaient, qui le poussèrent tantôt au bien, tantôt au mal, et qu'il ne tenta jamais de vaincre. Il fut maudit par les uns, admiré par les autres.

Mahomet inscrivit son nom en lettres de sang sur le château dont nous faisons l'histoire. Il en devint le véritable fondateur.

Le lendemain de son entrée triomphale à Constantinople, il se rendit de nouveau à cette porte Dorée par laquelle il était entré d'abord incognito, réalisant en cela la prédiction antique. Au bout d'un pilier qu'il fit élever à l'instant, il plaça la tête de l'empereur Constantin. Ensuite il entra dans la forteresse, et la visita tout entière. Il s'aperçut de l'importance de ce point pour défendre la ville, et aux quatre tours déjà existantes il en fit ajouter trois autres; ainsi fut construit ce fameux château des Sept-Tours, en langage turc " *Yedde Kule* " nom qu'il a conservé jusqu'à nos jours.

La surface du château des Sept-Tours était de deux mille cinq cents toises carrées, et formait un vaste pentagone. Le plus long côté, qui s'étendait du nord au midi, avait quatre tours liées ensemble par des murs de soixante pieds d'élévation, couronnés d'une terrasse de vingt-cinq pieds de large. Le côté opposé était de même, sauf qu'il n'avait que trois tours. La distribution des tours, malgré l'inégalité du nombre, était ainsi faite qu'il y en avait une à chaque angle de la forteresse.

Parmi les quatre tours qu'on remarquait sur le côté du nord au midi, on en voyait deux, hautes de quatre-vingt-dix à cent pieds, entièrement construites en marbre. Au milieu était enclavé l'arc de triomphe de Constantin, auquel aboutissait la porte Dorée. L'extérieur des murs était entouré de larges fossés, et l'intérieur se divisait en plusieurs enceintes, dont nous aurons souvent occasion de parler, et qui ont suivi toutes les modifications apportées par le besoin des temps et les goûts des époques. Dans ces diverses enceintes étaient plusieurs logements, cours, jardins, et une mosquée. Les cachots et les prisons étaient dans les Sept-Tours. Nous aurons aussi l'occasion de les visiter à mesure. Nous nous bornons pour l'instant à présenter la masse de ce vaste édifice. Zénon et ses successeurs n'avaient voulu faire qu'une porte de ville défendant l'entrée de Constantinople; Mahomet compléta l'enceinte en faisant élever trois autres tours, et les fermant d'un mur, de manière à ce que la citadelle menaçât aussi bien la ville que ses approches. C'était l'idée de la Bastille de Paris. Il garnit les murs et les plates-formes des tours d'armes de guerre tournées des deux côtés, et il considéra ce lieu comme assez sûr pour y renfermer ses trésors et ceux de ses successeurs. Quelques tours, en effet, continrent d'abord leurs richesses, et on désigne encore à ce château, comme on désignait à la Bastille, *la tour du Trésor*. Mais Mahomet ne s'en tint pas là, et peu de temps après l'entière construction du château des Sept-Tours, il inaugura la prison de la manière que nous allons raconter.

Mahomet avait abattu la puissance de Constantin, et avait fait publier que désormais Constantinople serait la capitale de l'empire turc et sa propre résidence. Mais il se rappela qu'en 1204, lorsqu'on divisa l'empire d'Orient, les princes de la maison de Comnène étaient allés établir un nouveau trône impérial à Trébizonde. Mahomet voulut que ce dernier fragment de l'antique empire, qui seul lui manquait, devînt aussi sa conquête.

Il menaça d'abord Uzum Assan, roi des Perses, dont il craignait les secours envers David Comnène, empereur de Trébizonde. Mais Uzum lui ayant promis de rester neutre, Mahomet fut mettre le siége devant cette capitale, et l'investit par terre et par mer. C'était l'année 1461. L'effroi de ses armes, plus que le nombre de ses soldats, terrifia ses ennemis. Toutefois David Comnène soutint un siége de trente jours, au bout desquels il livra sa capitale et son empire à Mahomet, sous la promesse d'avoir la vie sauve, lui, sa famille, ses sujets, et de voir sa fille devenir l'épouse du sultan. Mahomet jura solennellement ce traité, emmena avec lui la plupart des familles grecques de

Trébizonde pour repeupler Constantinople, et partit pour cette dernière ville avec David Comnène, son épouse et ses neuf enfants. Il les installa d'abord dans le beau palais impérial qu'il avait fait bâtir, et qui est connu aujourd'hui sous le nom de Vieux Sérail. Il les entoura des égards et des honneurs dus à sa propre famille, et promit à Comnène la souveraineté d'une province, lors de son mariage avec sa fille. Mais Mahomet n'eut jamais l'intention de tenir ce qu'il promettait.

Un matin il se présenta devant l'empereur déchu, la colère sur le front, et l'accusa d'intrigues avec les ambassadeurs d'Uzum Assan, roi de Perse. Comnène nia avec force; mais Mahomet persista, et donna l'ordre à ses janissaires d'emmener David Comnène et sa famille prisonniers au château des Sept-Tours. Cet ordre s'exécuta sur-le-champ; les neuf enfants et le père traversèrent en plein jour les rues de Constantinople, liés et garrottés au milieu des gardes, et insultés par le peuple, chez lequel on avait répandu le bruit de la trahison.

Arrivés au château des Sept-Tours, ils trouvèrent le grand vizir qui les attendait. Celui-ci indiqua de la main la seconde tour de marbre, où tout était préparé d'avance pour recevoir les prisonniers.

On ouvrit une première porte en bois, qui donna passage sur un corridor de douze pieds de long sur quatre de large. Derrière la porte étaient deux cappigis ou geôliers, portant des torches, pour éclairer ce lieu entièrement privé de lumière. David Comnène recula d'abord; mais, brutalement poussé sur un signe du grand vizir, il entra dans ce corridor, tenant par la main le plus jeune de ses enfants. Au bout étaient deux marches, au-dessus desquelles s'élevait une lourde porte en fer. A un coup frappé par les deux cappigis, la porte roula sur ses gonds, et deux autres hommes à figure sinistre se présentèrent, portant encore des flambeaux. La galerie obscure qu'ils parcouraient était à demi circulaire; au fond était une troisième porte en fer. La même cérémonie fut répétée; deux autres cappigis se présentèrent, et après avoir fait dix à douze pas, ils s'arrêtèrent devant une quatrième porte très-basse, construite avec de larges poutres. Ils laissèrent cette porte à leur droite, prirent un escalier à gauche, montèrent cinquante marches, ouvrirent une dernière porte en fer, et la lumière du jour apparut. Elle pénétrait dans la prison, où ils se trouvaient alors, par quatre meurtrières étroites, taillées dans l'épaisseur du mur (1). Cette prison était vaste; des meubles grossiers la garnissaient, et un repas était servi.

— Prenez des forces, dit le grand vizir Mehemet, qui était entré dans la prison. Bientôt vous en aurez besoin.

— Que veut donc faire de nous l'empereur? dit Comnène.

— Ce qu'on fait des traîtres.

— Je ne suis pas un traître; les intrigues qu'on me reproche avec les ministres du roi de Perse n'ont jamais existé; Mahomet le sait bien. Je lui ai cédé mon empire, confiant dans sa parole. Sur la foi jurée de son respect pour ma famille et pour moi, de son mariage avec ma fille, je suis venu à Constantinople; il craint maintenant de violer au grand jour la sainteté du serment, et il m'accuse d'un crime imaginaire. Honte et anathème sur lui, qui trahit la foi jurée à la face de Dieu, et fait égorger un monarque pour jouir plus paisiblement de son trône!

— Mahomet ne suit que ton exemple en cela. N'avais-tu pas toi-même fait égorger un enfant pour régner à sa place?

— Comme Mahomet a tué ses deux frères pour leur ravir le trône.

— Silence, chien. Je suis venu ici pour te donner les ordres de mon maître et non pour discuter avec toi. Par dernière clémence et pour que la race des Comnène ne faiblisse pas en recevant la mort, il veut bien vous accorder une heure pour vous y préparer. Employez-la bien, car au bout de cette heure vous marcherez tous au supplice.

— Tous!... tous!... quoi! ces enfants aussi?... quoi! celle qui a dû partager sa couche?... Mais s'il y a quelqu'un de coupable ici, c'est moi, c'est moi seul; ces enfants ne peuvent l'être, et Mahomet ne saurait...

— Mahomet a adopté pour maxime cet adage que tu connais bien aussi : un trône n'est solidement cimenté que lorsqu'il est assis sur le tombeau du dernier fils de la race régnante. Il te reste une heure. Adieu.

Et le grand vizir sortit de la prison.

David Comnène, resté seul avec ses enfants, se livra à une douleur qui tenait du délire. Ses enfants eux-mêmes, s'embrassant entre eux, ne firent entendre que des sanglots et des cris. Seule, à l'écart, muette et immobile, celle qui devait devenir l'épouse du sultan les regardait d'un œil sec; mais sur son beau visage éclatait toute la majesté de la douleur empreinte de fermeté et de courage. Elle contempla quelque temps en silence ce spectacle; puis, prenant tout à coup la parole, elle s'écria d'une voix ferme et accentuée :

— Assez, assez pleurer, fils de Comnène. L'heure approche où nos têtes vont rouler sous le cimeterre des infidèles; il est temps de les relever vers le ciel.

A ces mots, tous la regardèrent avec suprise; elle continua en ces termes :

— Il manque quelqu'un à cette mort de famille, c'est l'impératrice notre mère. Puisqu'elle est absente, à moi, sa fille unique, à la remplacer; à moi, qui ai son cœur, son âme, son courage, à vous dire ce qu'elle vous dirait si elle était ici : empereur de Trébizonde, c'est le seul moment de votre vie marqué par le ciel pour secouer votre faiblesse. Bénissez-le de la grâce qu'il vous accorde, et que la fermeté de votre mort fasse dire à vos bourreaux : Il était digne de commander aux autres. Enfants de l'empereur, vous seriez esclaves d'un barbare; acceptez avec joie cette mort qui vous fait libres !

Déjà les larmes étaient séchées sur tous les visages. Cet empereur qui avait consenti à se laisser dépouiller de sa couronne presque sans résistance, qui, au temps de sa puissance, n'avait pas eu la force de mourir à la tête de son armée, déchu maintenant et en face d'une mort obscure, trouvait tout à coup le courage dans son infortune. Ces enfants qui, à l'aurore de la vie, allaient quitter ce monde par le plus honteux supplice, voyant l'air calme et résigné de leur père et de leur sœur, levaient la tête et annonçaient par leurs regards qu'ils étaient prêts à subir une mort qui les délivrait d'un humiliant esclavage. Ils s'envisageaient tous en silence, car aucune parole ne leur paraissait assez éloquente pour traduire la pensée qui bourdonnait au fond de leur âme. Puis, par un mouvement électrique, s'étant tous rapprochés et formant la chaîne, ils s'embrassèrent étroitement, mais cette fois ce fut sans pleurer.

Ils étaient dans cette position quand les portes s'ouvrirent. Le grand vizir parut avec des gardes et leur ordonna de les suivre.

Ils descendirent deux à deux, se tenant enlacés l'un à l'autre. David Comnène ouvrait la marche avec l'aîné de ses fils; la princesse la fermait avec le plus jeune de ses frères. Ils descendirent les cinquante marches et se trouvèrent en face de la porte de bois devant laquelle ils étaient passés une heure auparavant. Cette porte était ouverte et laissait voir un noir cachot sans aucune ouverture pour recevoir l'air et le soleil, et dont les voûtes s'élevaient à un point que l'œil ne pouvait suivre. Au milieu de ce cachot était un puits profond dont la gueule béante semblait attendre les victimes. Sur quatre bancs en pierre étaient assis quatre hommes tenant des torches, dont la lueur vacillante et sombre éclairait seule ce lieu d'horreur. C'étaient quatre muets. La clarté des torches se reflétait bizarrement sur un large cimeterre que tenait sur son épaule un homme de haute taille, couvert de vêtements couleur de sang. C'était le bourreau.

Le cortége pénétra dans ce lieu sinistre, et, sur un signe du grand visir, se rangea autour du puits et se mit à genoux.

— Le grand Mahomet, leur dit-il, vous accorde la faveur de faire votre prière.

Chacun alors, courbant la tête, se frappa la poitrine. Mais le bourreau, qui était derrière le cercle, commença aussitôt son sanglant office avec l'adresse et la rapidité si renommées chez les peuples d'Orient. Dans moins d'une demi-minute, dit l'histoire, neuf têtes furent abattues, et le bourreau levait le glaive pour la dixième, lorsqu'une voix, sortie du groupe des soldats, s'écria : Arrête!

Cette voix avait seule troublé le silence de mort qui avait régné pendant cette atroce exécution. La princesse, qui était la dixième qu'on allait frapper, tressaillit, et, regardant autour d'elle, vit pour la première fois les têtes de son père et de ses frères qui jonchaient le sol, et ses vêtements souillés de leur sang. Un mouvement involontaire d'horreur passa sur son visage; mais, se remettant rapidement, elle s'écria d'une voix ferme :

— Et moi?

— Toi, je te fais grâce, dit en s'avançant Mahomet, qui sortait du milieu des soldats. Tu as dû entrer dans ma couche, tu dois être sacrée pour moi. Je t'accorde la vie; tu iras dans mon sérail avec mes autres femmes.

— Infâme! s'écria la princesse; moi, ton esclave? moi, ta maîtresse? De quel droit me condamnes-tu à vivre? pourquoi cette cruauté envers moi seule, tandis que tu es si clément envers les autres? car ta clémence, c'est la mort qui délivre de tes lois, de ton règne, de la honte de vivre et de ne pas te tuer.

— Emmenez cette femme au sérail. Quand Mahomet a dit une chose, elle doit s'accomplir sur l'heure; sa parole est immuable comme celle du prophète dont il porte le nom. Sois esclave au même rang que mes autres femmes; je le veux, cela sera.

— Cela ne sera pas pour longtemps, répondit la princesse. Je cède à la force et je te maudis.

Puis, s'inclinant vers la tête de son père, elle la baisa respectueusement, se laissa mettre le voile qui couvrait les femmes de cette époque, et suivit d'un pas lent les janissaires, qui la conduisirent au sérail.

Mahomet se tournant alors vers le bourreau, lui dit :

— Jette ces neuf têtes dans le puits, et fermes-en l'ouverture jusqu'à ce que je t'ordonne de la rouvrir pour une nouvelle exécution. C'est désormais dans ce cachot que je ferai périr tous ceux que ma colère doit atteindre et que je dévoue à une mort obscure. Leurs têtes seront jetées au fond de ce puits, afin que Dieu, moi et toi, soyons seuls dans le secret de ma justice. Ces corps seront jetés à la voirie, hors des murs de la ville; et peine de mort pour quiconque leur donnera la sépulture.

Le bourreau piqua de son cimeterre les neuf têtes des Comnènes et les jeta dans le puits. Chaque tête, en tombant, produisit un bruit sourd, dont chaque écho excita un sourire sur les lèvres du bourreau et de son maître. Puis les muets, s'étant approchés, soulevèrent les larges pierres qui étaient adaptées à l'ouverture de l'abîme, et dansèrent dessus pour les mieux unir. Le bourreau s'écria :

— C'est le puits de sang!

Ce nom est resté jusqu'à nos jours.

Ainsi fut inauguré, par Mahomet II, le fameux château des Sept-Tours.

Les cadavres des Comnènes furent jetés à la voirie, ainsi qu'il avait été dit. La nuit même on vit une femme occupée, avec deux esclaves, à les laver et à les revêtir; elle aidait ensuite à les transporter vers une fosse qu'elle avait creusée de ses propres mains, et les recouvrait de terre, au-dessus de laquelle elle s'agenouillait pour prier. Cette femme était l'impératrice; elle était au bain au moment où on vint arrêter son mari et ses enfants. Prévenue de la catastrophe, elle s'était d'abord enfuie sans que personne pensât à l'arrêter; puis, revenue sur ses pas, elle allait toutes les nuits donner la sépulture à un de ses enfants, au risque de sa vie. Mahomet, prévenu de cet acte de courage, s'écria :

— C'est la digne épouse d'un empereur, c'est une digne mère de princes; et il ordonna de ne pas la troubler dans son travail pieux.

Il ne restait plus à l'impératrice qu'un cadavre à enterrer, lorsqu'elle se rendit sous les murs de Constantinople pour accomplir ce devoir; elle en trouva deux; le second était celui de la princesse. Une large blessure près du cœur attestait la cause de sa mort. La princesse, en qualité de fiancée du sultan, avait réclamé le poignard qu'elle avait droit de porter. On le lui avait remis, et dès le second jour, ayant attendu vainement Mahomet, auquel elle avait fait demander un rendez-vous, sans doute dans l'intention de lui ôter la vie, elle s'était donné la mort en répétant contre lui les malédictions qu'elle avait déjà prononcées.

Cependant il n'avait pas suffi à Mahomet d'inaugurer le fameux cachot par les neuf têtes impériales qu'il avait fait rouler; il donna à ce puits sinistre le baptême du propre sang d'un de ses fils.

Indigné de l'exécution des Comnènes, Uzum Assan, roi de Perse, qui en avait été le prétexte, ne craignit pas de déclarer la guerre à Mahomet.

Uzum Assan était un digne adversaire. Conquérant comme l'empereur turc, il avait vaincu les petits-fils de Tamerlan, qui occupaient son trône, et dépossédé quatre monarques qui s'étaient partagé ses états. Jaloux de la gloire de Mahomet, il avait fait à toutes les puissances de la chrétienté un appel, auquel elles avaient répondu par l'envoi de secours considérables. Cette levée de boucliers était dangereuse pour le sultan; mais il n'en fut ni étonné ni effrayé.

Ce prince extraordinaire, occupé alors à faire creuser un nouveau port à Constantinople, à semer la ville de magnifiques monuments qui existent encore, abandonna à regret ces nobles travaux pour se mettre à la tête de son armée. Il laissa Zizim, le dernier de ses fils, à Constantinople, pour continuer son ouvrage, emmena avec lui Bajazet, le second, et courut, à marches forcées, à la rencontre de l'ennemi. Mais si prompt que fût son voyage, il arriva trop tard pour gagner la première bataille. L'invasion d'Uzum commença par la Caramanie. Cette province était gouvernée alors par Mustapha, fils aîné de Mahomet, son successeur présomptif au trône. Mustapha, loin de se laisser surprendre, courut au-devant d'Uzum, lui livra bataille, et remporta une entière victoire. Son père arriva pour entendre chanter les louanges de son fils et être témoin de l'amour que lui portait son armée. Ce spectacle assombrit son âme; pourtant il n'en manifesta rien, et continua la campagne, après avoir associé Mustapha au commandement de l'armée. Mahomet triompha d'Uzum; mais toutes les victoires furent attribuées à Mustapha, dont le brillant courage fut célébré dans tout l'empire. Après la guerre Mustapha s'attendait à rester gouverneur de la Caramanie; son père lui enleva le commandement de cette province, et l'emmena avec lui à Constantinople, où il le condamna à une insupportable oisiveté. Mustapha avait tout le caractère de son père : ardent et impétueux comme lui, sa tête et son cœur avaient besoin d'être occupés par une grande chose ou par une passion bizarre. Il traînait lentement sa vie à Constantinople, dans les fêtes de ce palais impérial, qui lui devenaient importunes. Vingt fois il s'adressa à son père, le supplia de le mettre à la tête de ses armées, commandées alors par le grand vizir, Jiesik Achmet; le sultan refusa. Il revendiqua l'humble honneur d'aller sur les champs de bataille comme simple soldat; le sultan refusa encore. L'enthousiasme et l'amour que les soldats et le peuple avaient manifestés pour le fils avaient humilié le père et l'avaient rendu jaloux. Mustapha était d'une trempe à se faire remarquer dans quelque carrière qu'on lui fît entreprendre. Mahomet voulut l'annihiler complétement. Il craignait que tant d'exemples donnés par lui-même, que cette cruauté barbare dont il avait fait la base de sa conduite, ne fussent suivis par le fils contre le père; il vit dans Mustapha un usurpateur de sa propre couronne. Dès ce jour sa mort fut résolue; il n'en attendait que l'occasion.

Un jour, Mustapha promenait par les rues de Constantinople sa mélancolie et son ennui; une femme suivie de quatre eunuques vint à passer devant lui pour aller au bain, car à cette époque, excepté le sultan, aucun grand de l'empire n'avait encore des bains dans son palais. Cette femme était entièrement voilée, comme c'était l'usage; mais sa taille, sa tournure, firent penser au prince qu'elle devait être belle. Un instinct surnaturel le poussa à la suivre. Il se mit derrière les eunuques, et marcha avec eux. Arrivée sur le seuil des bains publics, cette femme, qui avait sans doute remarqué la persévérance de Mustapha à la suivre, se retourna vers lui pour lui lancer un dernier regard; mais dans ce mouvement son voile se dérangea, et, soit hasard, soit exprès, il tomba à ses pieds. Mustapha vit alors le plus beau visage qui se fût offert à sa vue. Enflammé d'un amour subit à cet aspect, il voulut suivre cette femme et pénétrer dans les bains. La porte lui en fut refusée. Il insista, et, suivi des gens de son escorte, pénétra de force, saisit la belle inconnue, l'enleva, et l'emmena dans son harem. C'était une des épouses du grand vizir Jiesik Achmet.

Ce trait de violence mit en rumeur tout Constantinople. La loi du prophète avait été violée. On attendit la justice de l'empereur, que personne cependant n'osa solliciter; mais l'empereur garda le silence, et laissa son fils paisible possesseur de la femme de son grand vizir.

Celui-ci était à l'armée, comme nous l'avons dit. A la nouvelle de ce qui s'était passé, furieux, et le désespoir dans le cœur, il en quitta le commandement, et courut à Constantinople demander justice à Mahomet. Celui-ci accueillit son grand vizir d'un front sévère, et lui demanda pourquoi il avait quitté son armée sans ses ordres.

— Hautesse, répondit le grand vizir, pendant que je versais mon sang pour votre gloire, mon honneur domestique, que j'avais laissé sous la garde de nos saintes lois et sous la vôtre, a été violé. Le prince Mustapha, votre fils, a enlevé de force une de mes épouses, et en a fait sa concubine.

— Toi et ta femme, n'êtes-vous pas mes esclaves? répondit Mahomet avec une fierté barbare; n'êtes-vous pas trop heureux de contribuer aux plaisirs de mes enfants?

— Mais cependant les lois du saint prophète...

— Les lois du saint prophète me disent de punir deux coupables: toi, pour avoir osé te plaindre et douter de ma justice; Mustapha, pour avoir commis une violence sacrilége. Voici la punition que je t'inflige. Tu vas retourner sur l'heure à mon armée, sans entrer dans ton palais, sans voir personne. De là tu écriras à Mustapha que tes biens, ta vie, tes femmes, sont à lui, parce que les biens, la vie, les femmes d'un esclave appartiennent à l'empereur et à ses enfants. Tu apprendras plus tard le sort que je destine à Mustapha dans ma justice. Pars.

Le grand vizir, pénétré de douleur et de crainte, se prosterna aux pieds de Mahomet, sortit du palais, et reprit le chemin de l'armée.

Mahomet manda sur-le-champ Mustapha. Quand il fut devant lui, il lui reprocha en termes sévères et violents l'acte qu'il avait commis, et lui ordonna de le réparer en faisant reconduire l'épouse de son grand vizir chez elle. Le prince, sous le poids de l'ardent amour qu'elle lui avait inspiré, refusa d'abord d'obéir à son père, et en vint ensuite à lui peindre la position de son âme.

— L'oisiveté me tue lentement, lui dit-il; la gloire pourrait remplacer l'amour dans mon âme, vous me refusez l'occasion d'en acquérir. La politique, les soins du gouvernement, l'ambition d'attacher mon nom à ces monuments dont vous dotez Constantinople, pourraient occuper ma vie et me distraire d'une passion qui me brûle; vous me refusez encore. Par pitié, mon père, écoutez-moi... Je suis prêt à obéir à vos ordres souverains; mais ne me laissez pas la solitude de l'âme. Mieux que personne, vous devez me comprendre, et si vous voulez que je renonce à cette femme, si vous m'arrachez l'une de mes illusions, remplacez-la par l'autre.

— Ni l'une ni l'autre, répondit durement Mahomet. Je vous donne trois jours pour renvoyer l'épouse du grand vizir. Au bout de ce temps, rien n'arrêtera plus ma colère.

Le prince voulut parler encore; mais Mahomet d'un signe lui imposa silence et le força de sortir.

Rentré chez lui, le désespoir et la rage au cœur, Mustapha

fit appeler sa maîtresse, et lui confia tout cet entretien. Celle-ci, qui l'aimait aussi d'une folle passion, versa d'abondantes larmes, mais lui conseilla de se soumettre et d'obéir à son père. Mustapha, trompé par ce langage, qui était l'expression d'un sacrifice, ressentit les atteintes de la jalousie. Dans son délire, il vomit des imprécations contre le grand vizir, et se plaignit amèrement de la dureté de Mahomet. Ces paroles furent rapportées à l'empereur. Il dissimula la crainte qu'elles excitaient en lui, et attendit dans un sombre silence le terme marqué à son fils pour qu'il lui obéît.

Les trois jours écoulés, la belle esclave était toujours dans le harem de Mustapha.

Le matin, dès le point du jour, un *serdar*, ou commandant des janissaires, se présenta devant le prince et le somma de le suivre au nom de l'empereur.

— J'obéis, répondit Mustapha, qui s'attendait qu'on allait le conduire à son père. Il s'habilla, descendit à la hâte de ses appartements, et monta dans une litière hermétiquement fermée de tous côtés. On se mit en marche, et le chemin parut long à Mustapha, qui ne pouvait deviner où on le conduisait. Vingt fois pendant la route, il essaya d'ouvrir les portières ou de regarder au travers des fentes; il ne put y parvenir. Le bruit seul des passants l'avertissait qu'il était dans les rues de Constantinople. La litière s'arrêta un instant; il crut qu'on allait l'en tirer, il se trompa. On continua d'avancer; alors il entendit moins de bruit autour de lui. Bientôt les pas mesurés de ses gardes retentirent comme s'ils passaient sous des voûtes. La litière s'arrêta de nouveau; cette fois on l'ouvrit, Mustapha en sortit, et se trouva dans le cachot de sang, dont le puits était tout ouvert. Deux muets du sérail étaient contre la porte. A peine Mustapha eut-il mis pied à terre, que, sans lui donner le temps de se reconnaître, les muets, avec une adresse et une rapidité extrêmes, lui passèrent au cou le lacet de soie, et dans l'instant il fut étranglé. Son corps fut aussitôt précipité dans le puits de sang, où il fut rejoindre les têtes des Comnènes. Puis on referma ce puits des deux pierres, et les muets dansèrent dessus, comme avait fait le bourreau.

Mahomet voulut qu'on lui rendît compte de cette exécution devant ses deux autres enfants, et devant le divan. Il écouta le récit de la mort de son fils sans pâlir, et dit ces paroles :

« Ainsi périssent tous les héritiers du trône qui veulent être plus grands que celui qui l'occupe, et qui méconnaissent ses ordres souverains. Je n'ai pas reculé devant le sang de mon propre fils, pour qu'on juge combien ma volonté est entière. J'ai imposé au grand vizir une humiliation complète, ajouta-t-il en montrant la lettre qu'il venait de recevoir, afin que vous sachiez bien tous depuis le premier jusqu'au dernier que vous n'êtes que mes esclaves, que tout m'appartient dans cet empire, et que je suis seul l'arbitre de vos destinées et le principe de toute justice. »

Tels sont les deux événements qui inaugurèrent le château des Sept-Tours et le cachot de sang sous le règne de Mahomet. Une foule de victimes y périrent par la suite, ou y furent renfermées. L'histoire de chacune d'elles, si nous la retrouvions dans les archives sanglantes de la Turquie, nous entraînerait trop loin. Nous allons nous borner à tracer rapidement celle des principales, et avant d'en arriver à une détention qui ne manque pas d'intérêt, nous allons parler de trois grands vizirs qui perdirent la vie dans les Sept-Tours, chacun par un motif différent.

C'était en 1512. Sélim Ier venait de monter sur le trône de Turquie. Son père, Bajazet II, déposé par les janissaires, dont il avait tenté la destruction, après avoir résigné le sceptre entre les mains de son fils, était mort empoisonné par ses ordres. Il restait à Sélim deux frères, Acmeth et Korcut. Achmeth était l'aîné de Sélim, mais de même que Korcut, il avait renoncé à toute prétention sur l'héritage de son père, et tous deux, s'étant déclarés ses premiers sujets, l'avaient accompagné à Constantinople lorsqu'il y fit son entrée en qualité d'empereur, pour cimenter aux yeux du peuple leur entière soumission. Mais cela ne pouvait suffire à Sélim. Usurpateur violent, il craignait à chaque instant les entreprises de ses frères. En vain son grand vizir Mustapha cherchait à le rassurer, et à ramener son âme à des sentiments convenables; Sélim, qui n'avait pas reculé devant la mort presque inutile de son père, cherchait à se persuader que celle de ses frères était aussi nécessaire à son repos. Il répétait sans cesse à son grand vizir qu'il ne concevait pas qu'on pût volontairement renoncer au trône, et que pour régner avec plaisir il fallait régner sans crainte; et malgré les représentations de Mustapha, il méditait la perte de ses frères.

Prévenus par des amis qu'ils avaient à la cour, les deux frères quittèrent Constantinople. Achmet gagna les montagnes de l'Arménie, et de là sollicita des secours des souverains de ce pays, et même du roi de Perse, pour se défendre contre les atteintes de Sélim. Moins fougueux et plus indifférent, Korcut cachait son existence obscure, errant de caverne en caverne, et prenant peu de soins de sa personne. Sélim n'eut pas de peine à le découvrir, et le fit aussitôt étrangler. A ce premier meurtre, le grand vizir se permit envers son maître quelques observations qui furent mal reçues, et il vit avec douleur ce dernier marcher contre Achmet, dont il réclamait la personne aux princes qui voulaient la défendre.

Mais avant d'en venir là, Sélim envoya des émissaires à Amasie, pour s'emparer des deux fils d'Achmet, encore dans l'enfance, qui résidaient dans cette ville, confiés aux soins d'un gouverneur. A cette nouvelle, Mustapha, saisi de compassion pour ces enfants, envoya de son côté secrètement prévenir le gouverneur de prendre la fuite et d'emmener les jeunes princes. Celui-ci n'en eut pas le temps; mais il eut celui de se mettre sur ses gardes. Il appela à lui plusieurs serviteurs du père, et quand le pacha qui était chargé de cette triste exécution arriva, au lieu de surprendre il fut surpris et mis à mort. Sélim apprit ce résultat; il entra dans une terrible colère; il devina la trahison, s'informa, prodigua l'or, et découvrit la vérité. Il manda aussitôt le grand vizir Mustapha, qui ne nia pas ce qu'il avait fait, et Sélim ordonna qu'on le conduisît aux Sept-Tours. Mustapha y resta une journée. Au milieu de la nuit, les gardes vinrent le prendre, et le conduisirent dans la première enceinte. Là il trouva le bourreau et les muets. Les muets l'étranglèrent. Le bourreau sépara ensuite la tête du tronc. Cette tête fut aussitôt portée sur le rempart donnant du côté de la ville, avec cette inscription : *Supplice d'un traître*. Après être restée durant huit jours exposée aux regards du peuple, elle fut jetée dans le puits de sang.

Selon l'usage, toutes les richesses du grand vizir furent confisquées au profit du trésor du sérail. Les sultans se sont toujours enrichis de cette manière.

Ferhad avait été deux fois grand vizir sous le règne d'Amurat III. A la mort de ce prince, arrivée en 1595, il était bostangi bachi, c'est-à-dire gouverneur du palais et du sérail, et commandant des gardes du grand seigneur, ce qui est une des quatre grandes dignités de l'empire. Il courut, et arriva le premier apporter à Mahomet III la nouvelle de son élévation au trône. Celui-ci, pour l'en récompenser, le nomma Caïmacan, dignité plus élevée, qui lutte presque en puissance avec celle de grand vizir, car elle comprend le gouvernement de Constantinople, et donne entrée au divan. Ferhad espérait son ancienne place, mais elle fut continuée à Siaüs, son rival, qui l'avait remplacé sous le règne précédent. Ferhad prit patience, et résolut de s'attirer la faveur de son maître en le servant dans tous ses caprices. Déjà pendant ses fonctions sous Amurat III, il avait montré sa souplesse de courtisan envers l'empereur, et sa cruauté envers les rivaux qu'il avait tous fait mourir par le cordon. Mahomet III était lui-même d'un caractère naturellement cruel. Il avait tué une des femmes de son harem, exemple bien rare de sévérité; et dans son palais la moindre faute comme la plus grande était punie d'un seul supplice, la mort. Le nouveau Caïmacan flatta la passion de son maître, qui lui confia tous ses projets; Ferhad ne craignit pas d'en assurer l'exécution. En effet, après que, venant de faire son entrée à Constantinople, Mahomet III eut ceint, avec les cérémonies d'usage, des mains du muphti l'épée consacrée d'Othman, il se transporta au sérail, à la porte duquel l'attendait le Caimacan. Là, ils pénétrèrent ensemble dans une salle,

CRUAUTÉ DE MAHOMET III.

où on avait réuni tous les frères du nouvel empereur. Ils étaient au nombre de dix-neuf. Quinze suçaient encore le lait de leurs mères. Des quatre autres, le plus âgé avait dix-sept ans. Mahomet, nonchalamment appuyé sur l'épaule de Ferhad, les fit tous étrangler sous ses yeux. On trouva dans la poche de Mustapha, l'aîné, un papier qu'on crut avoir trait à une conspiration. On en prit connaissance. C'étaient des vers arabes. Ce jeune prince, pressentant le sort qui lui était réservé, avait chanté sa mort par avance. La barbarie de Mahomet ne s'arrêta pas là. Dix odalisques étaient enceintes des œuvres d'Amurat Elles comparurent à leur tour, furent cousues dans des sacs de cuir, et précipitées dans la mer.

La sultane validé, c'est-à-dire la mère de l'empereur, qui avait approuvé cette atroce exécution, avait pris sur Mahomet un empire absolu. Ferhad devint aussi un de ses courtisans, et comme elle était fort avide, il lui ouvrit les vases remplis de pièces d'or qu'Amurat, dans son avarice, avait amassés sous son règne; mais cette avarice toute personnelle avait été préjudiciable à l'état. Constantinople n'était pas approvisionnée, et bientôt la famine menaça cette immense ville. Ferhad, en qualité de Caïmacan, devait parer à ce désastre; il y parvint heureusement.

Pendant ce temps le grand vizir Siaiüs commandait les armées dans la haute et basse Hongrie. Il n'essuya que des revers dans cette guerre : Varadge, Lippe, Turgowitz et le fort Saint-Georges furent perdus par les Turcs et pris par le comte de Mansfeld, général de l'empereur, et le Vaïvode Sigismond Battori. Les ennemis gagnèrent en outre deux batailles rangées; enfin les Autrichiens s'emparèrent de Vingrade, que Siaiüs ne sut pas conserver. Mahomet, irrité à la nouvelle de ces désastres, rappela son grand vizir à Constantinople. Sa perte était résolue; mais Siaiüs connaissait aussi bien la cour que son rival Ferhad. Il était prêt à faire abandon de sa dignité, pourvu qu'il conservât la vie, ce qui était difficile avec Mahomet. Toutefois il l'essaya et y réussit. Il eut soin de se faire précéder à Constantinople par des présents considérables, que le chef des eunuques blancs offrit de sa part à la sultane validé, en implorant sa protection et lui faisant promettre la moitié de ses richesses si elle parvenait à lui sauver la vie. Celle-ci, flattée dans ses deux passions, l'orgueil et l'avarice, s'interposa auprès de son fils. Elle rejeta tous les revers de la guerre sur les vicissitudes ordinaires des armes, rappela et fit valoir les anciens services de Siaiüs, et obtint enfin qu'on lui laisserait la vie et ses richesses, qu'elle aimait mieux partager avec lui que de les voir englouties dans le trésor du sérail. Mahomet se borna donc à dépouiller Siaiüs de sa dignité, et lui envoya dire de rendre les sceaux, marque de sa charge. Une fois qu'il les eut, Mahomet fit appeler Ferhad, et, du consentement de sa mère, il les lui remit. Ferhad fut donc élevé pour la troisième fois à la dignité de grand vizir, qu'il accepta avec une audace sans pareille.

Le premier ordre de Mahomet fut que Ferhad prît le commandement de l'armée de Hongrie pour venger les revers de son prédécesseur. Le grand vizir se mit en route à la tête de soixante mille hommes et d'une nombreuse artillerie. Il parvint au camp avec des projets de campagne assurés; mais peu de jours après son arrivée, et au moment de continuer sa marche avec son armée au milieu de la nuit, il trouva tous ses canons encloués. On ne put jamais savoir par quels ennemis une chose aussi funeste avait été exécutée. Le lendemain les magasins furent incendiés, et le plus grand péril menaça l'armée. Ferhad se multiplia pour parer à tous ces désastres ; mais le découragement, et, ce qui est pis encore chez les soldats turcs, le pressentiment d'une défaite, s'était emparé d'eux. Le grand vizir tenta en vain le siége de plusieurs places ; le Vaivode le força toujours de s'éloigner. Enfin, poursuivi jusqu'à Néopolis, il perdit la bataille devant cette ville, qui fut prise sous ses yeux et mise à feu et à sang.

Ferhad fut rappelé à son tour à Constantinople ; mais comme son prédécesseur, il ne put acheter la vie par ses richesses. Ses deux disgrâces sous l'autre règne l'avaient soumis à de fortes amendes et avaient réduit de beaucoup ses trésors. Il avait épuisé ceux laissés par Amurat, et la validé ne se rappelait plus qu'elle en avait eu la meilleure part. Au contraire de Ferhad, qui ne possédait pas assez de richesses pour être trouvé innocent, un des grands de la cour, Ali-Assan, en avait assez pour être trouvé très-habile. Son crédit était immense sur le corps des janissaires, qu'il avait longtemps commandé, et ses magnifiques présents persuadèrent facilement la validé qu'il était le seul homme capable d'être grand vizir. Le faible Mahomet, qui passait son temps dans la débauche au fond de son harem, se laissa aussi convaincre, et signa les ordres nécessaires sans les lire, pour retourner plus vite à ses plaisirs.

Ferhad était mollement assis au fond de son palais et se félicitait de l'accueil qu'il avait reçu le matin même de Mahomet. Il avait auprès de lui son ami Mamouth, un des grands officiers de l'empire, et son enfant naturel, Houssein, un des chefs des spahis. Ils étaient tous les trois dans une sécurité parfaite et croyaient l'orage conjuré, lorsqu'une porte secrète s'ouvrit, et un homme pénétra tout à coup dans la pièce où se trouvaient ces trois personnes. Cet homme était haletant, pâle, troublé; on voyait qu'il jouait sa tête. C'était le Jerram-bachi ou premier chirurgien du grand seigneur, qui, en cette qualité, pouvait pénétrer à toute heure chez le grand vizir, auquel il devait les fonctions qu'il remplissait auprès du monarque.

— Vous êtes perdu! lui dit-il d'une voix pressée. Le grand seigneur vient de signer l'ordre de votre déchéance et de votre mort.

Ces mots terrifièrent les trois personnes. Le Jerram-bachi continua :

— C'est à la sollicitude du corps puissant des janissaires, et surtout à celle de la validé, gagnée par les présents d'Ali-Assan, que vous devez votre perte. Fuyez, s'il en est temps encore. Pour moi, je ne puis vous en dire davantage ni rester plus longtemps ici. J'ai acquitté la dette de reconnaissance en vous donnant cet avis. Adieu.

A ces mots il disparut. Resté seul avec son fils et son ami, le grand vizir voulut fuir à l'instant même; mais comme il s'apprêtait à le faire, un de ses officiers se présenta devant lui et lui annonça un messager de l'empereur.

— Déjà! s'écria Ferhad. Hâtons-nous; je pourrai fuir par les jardins.

— La maison est cernée par des troupes, dit l'officier.

— Quelles sont-elles? demanda Houssein.

— Des janissaires.

— Je suis perdu, dit Ferhad. C'est ma faute : j'ai échappé à deux disgrâces; je n'aurais pas dû m'exposer à une troisième. Il faut céder.

— Mon père, je ne vous quitte pas, s'écria Houssein; nous mourrons ensemble s'il le faut.

— Toi, mourir? dit le grand vizir, et qui me vengera d'Ali-Assan, qui cause ma perte?

— Je vivrai, répondit Houssein après un moment de silence. Adieu, mon père; nous nous reverrons là-haut.

— Adieu, Houssein. Mamouth, je vous le recommande. Qu'il me venge, je le veux; mais sans se perdre, je le veux aussi.

— Soyez tranquille, dit Mamouth, je le guiderai.

Mamouth et Houssein sortirent par la même porte que le Jerram-bachi, et Ferhad fit signe à l'officier d'introduire le messager. Pendant ce temps, ayant consulté ses tablettes, le grand vizir dit à haute voix et en se jetant à genoux :

— C'est aujourd'hui l'anniversaire du jour où Mahomet III a ceint l'épée d'Othman; ce jour est celui où je l'ai assisté dans l'exécution de ses dix-neuf frères; ce jour est celui où je devais mourir. Allah! je me résigne: que ta volonté soit faite et que je sois vengé!

L'aga des janissaires se présenta à l'instant devant lui.

— Sa hautesse t'ordonne de me rendre les sceaux.

— Les voilà, dit Ferhad en prenant le coffret d'or qui les contenait. Si c'est toi qui dois les remettre à Ali-Assan, dis-lui de ma part qu'il n'aura pas l'honneur de les recevoir et de les rendre trois fois, comme Ferhad s'en fait gloire.

— Suis-nous.

— A quoi bon? ne puis-je recevoir ici le cordon que l'empereur m'envoie?

— Il t'attend au château des Sept-Tours.

— Marchons.

Et d'un pas ferme Ferhad se mit en route et traversa à pied les rues de Constantinople, en récitant tout haut les versets du Coran qui avaient trait à sa position. Parvenu dans la première enceinte des Sept-Tours, il s'arrêta devant les muets qui lui présentaient le cordon dans un plat d'argent; il se mit à genoux, le baisa respectueusement, et dit :

— Celui qui a fait égorger devant lui ses dix-neuf frères et fait jeter dix femmes enceintes à la mer, devait punir l'homme qui avait assisté à ce cruel spectacle et n'avait pas tué ce bourreau. Voilà mon cou; étranglez-moi. Qu'Allah me reçoive et que ma mort soit vengée.

Sa bouche murmurait encore la dernière syllabe, qu'il expirait dans une affreuse convulsion.

L'instant d'après, Ali-Assan recevait les sceaux des mains de l'aga des janissaires, qui lui répétait les paroles de son prédécesseur. Le nouveau grand vizir en sourit, et, plein d'assurance dans le bonheur de son étoile, se rendit au divan pour tenir le premier conseil. Mahomet lui ordonna d'aller prendre le commandement de l'armée battue déjà sous celui des deux grands vizirs. Avec autant d'adresse que de flatterie, Ali-Assan sut persuader au grand seigneur de venir la commander en personne. Mahomet, ennuyé de la vie du harem et poussé par la validé, y consentit et partit peu de temps après avec Ali. De cette manière le nouveau grand vizir évita le danger auquel avaient succombé ses prédécesseurs. L'empereur fit cette triste campagne, marquée par la bataille d'Agria, aussi funeste aux ennemis qu'à lui-même. La guerre lui déplut, et il se hâta de revenir au sein de son harem chercher la mollesse et les plaisirs; mais pendant ce temps la sultane validé et les eunuques ses favoris, qui avaient gouverné l'empire, avaient excité le mécontentement en tous lieux par leurs exécutions et leurs injustices. Honteux d'obéir à une femme et à des êtres déshérités du nom d'homme, les pachas des provinces se révoltèrent et refusèrent l'impôt. L'un d'eux même, Scrivan, pacha de Caramanie, marcha sur Constantinople. Ali-Assan n'eut que le temps de réunir une armée pour courir à sa rencontre. Au même moment, sur tous les points de l'empire, les pachas imitèrent la conduite de Scrivan, et la guerre de Hongrie continuait toujours. L'empire était en péril. Constantinople était dégarnie de troupes, et il ne restait dans cette ville, pour toute garnison, que deux corps, l'un de spahis, l'autre de janissaires; mais ces derniers étaient beaucoup moins considérables. Ce fut le moment que choisirent Houssein et Mamouth, qui n'avaient pas été étrangers à tout ce qui s'était passé, pour préparer la déposition d'Ali-Assan et venger la mort de Ferhad.

Les spahis étaient le premier corps de cavalerie de l'empire ottoman, et les janissaires le premier corps d'infanterie. Ils étaient quelquefois en lutte, et avaient tour à tour essayé leur crédit et leur influence sur le grand seigneur; mais les janissaires, plus nombreux et jouissant de plus de priviléges, l'avaient emporté. Ils avaient même exigé que l'empereur fût membre-né de leur arme, et en cette qualité il recevait tous les jours la paye de sept janissaires. Ce sont ces deux corps, surtout le dernier, qui amenèrent tant de révolutions dans l'empire turc. Les uns et les autres, divisés par régiments, avaient droit de résider dans Constantinople, et leurs odas ou casernes étaient inviolables.

Il y avait parmi les spahis une classe de cavaliers nommés Timariottes. Le Timar était un fief dont le grand seigneur faisait cadeau aux spahis. Ce fief, plus ou moins considérable, selon les services ou le caprice du monarque qui l'octroyait, soumettait le spahis qui en était doté, à fournir un certain nombre de cavaliers. Tous les officiers avaient des fiefs très-importants. Par suite de la révolte et de l'envahissement dans l'intérieur de l'empire, il arriva que les officiers absents de leurs Timars les virent tomber aux mains des rebelles, qui en percevaient les revenus, tandis qu'eux-mêmes étaient aux armées ou à Constantinople. Ce fut le sujet de révolte à laquelle Houssein poussa les siens, et que fournit sourdement Mamouth. Le Caïmacan Zaadi remplissait les fonctions de grand vizir, en l'absence d'Ali-Assan, ce fut à lui d'abord que les spahis s'adressèrent. Ils se portèrent tous à son palais, et réclamèrent la libre possession de leurs Timars, ou leurs revenus en échange. Le trésor était vide, par suite des troubles et du pillage de la validé et de ses eunuques. Le Caïmacan ne put satisfaire à leurs demandes. Alors cette milice menaça d'une révolte. Effrayé à bon droit, Zaadi se rendit auprès de Mahomet, l'instruisit de tout, et déclara qu'il ne se sentait pas la force de résister à une pareille révolte. Il supplia le sultan de lui permettre de résigner sa charge, et demanda lui-même à être prisonnier jusqu'à ce que cette affaire fût éclaircie. Mahomet n'osa le faire mettre à mort dans cette circonstance, et l'envoya prisonnier aux Sept-Tours. Il nomma sur l'heure Caïmacan, à sa place, Mamouth, qui dans ce moment se trouvait auprès de lui. C'était doubler l'audace de la révolte, c'est ce qui arriva : quelques jours après, les spahis se transportèrent en armes au sérail. Ils avaient appris la prise de la ville de Pruse et de tout son territoire par Scrivan ; ils rejetaient le mauvais succès de la guerre sur Ali-Assan, le mauvais gouvernement sur la validé et les eunuques, qui soutenaient ce ministre; ils demandaient à grands cris les têtes des coupables, de l'or pour compenser les revenus de leurs terres, et voulaient, puisqu'il n'y avait plus d'argent dans le trésor public, qu'on leur ouvrît ceux des mosquées. Ces prétentions paraissaient sacriléges au muphti, chef de la religion musulmane, et s'étant transporté auprès du grand seigneur, il lui conseilla de résister et de faire punir. La sultane validé et les eunuques le pressaient aussi de montrer de la fermeté; Mahomet ordonna à l'aga des janissaires de repousser les spahis. Mais les janissaires, étant en plus petit nombre, déclarèrent qu'ils se borneraient à rester neutres, et refusèrent tout secours. Mahomet se vit réduit pour toute défense à ses Bostangis ou gardes du corps, troupe faible et principalement de parade, qui hésitait déjà.

Pendant ce temps, Houssein, poussant de plus en plus la sédition, demandait que les principaux officiers des spahis fussent admis auprès du sultan, pour exiger justice; et voyant qu'on n'ouvrait aucune porte, qu'on ne répondait pas à ses violentes réclamations, il proposa de mettre le feu au sérail. Ce projet fut adopté avec enthousiasme par tous les spahis; une partie sortit alors pour chercher des torches, et revint en apporter à ceux qui étaient restés. Déjà Houssein approchait la sienne de la porte d'entrée pour donner le signal, lorsque cette même porte s'ouvrit et laissa passage à trente d'entre eux que le grand seigneur consentait à recevoir.

C'était le Caïmacan Mamouth, qui ayant pénétré en secret auprès de Mahomet, l'avait prévenu de tout ce que la révolte avait de sérieux, et Mahomet tremblant avait consenti à écouter les rebelles.

Les trente officiers de spahis, Houssein en tête, furent admis devant sa hautesse. Ils frappèrent respectueusement la terre de leurs fronts, et s'étant relevés, Houssein prit la parole, et en termes fermes et précis, posa les conditions des spahis.

Il commença par un tableau des désordres qui affligeaient en ce moment l'empire, et en accusa principalement le grand vizir, la sultane validé, les eunuques et les vizirs du Banc. Il demanda justice de tous, et finit par restreindre ses conditions à deux choses, la restitution des Timars, ou leur valeur en argent, prise dans les trésors des mosquées: les têtes d'Ali-Assan, des eunuques, et du dernier Caïmacan, qui ayant suivi les instructions du grand vizir, avait causé tant de maux dans l'empire. Houssein termina sa harangue en déclarant que les spahis ne se sépareraient pas qu'on n'eût exposé à leurs yeux les têtes demandées et l'argent qu'ils avaient droit d'exiger. Tremblant et ému, Mahomet ordonna qu'on amenât à l'instant devant lui le dernier Caïmacan Zaadi qui était renfermé aux Sept-Tours. Il espérait en sacrifiant cette victime en être quitte avec la révolte, et c'était la personne à laquelle il tenait le moins. Les Bostangis amenèrent aussitôt Zaadi devant le trône. Mahomet, d'une voix sévère, lui reprocha tous ses actes, et lui dit qu'il allait mourir; mais le prisonnier, plus habile et plus audacieux qu'on ne l'aurait cru, appréciant d'ailleurs le caractère de la révolte, se disculpa en montrant des ordres signés du grand seigneur lui-même, d'Ali-Assan, ou du muphti. A ces déclarations, Mahomet épouvanté ordonna au muphti d'ouvrir les trésors des mosquées. Celui-ci voulut résister. Sa personne, en effet, était inviolable pour le sultan; mais elle ne l'était pas pour la révolte, dont les menaces hautement proférées grondèrent à ses oreilles. Il consentit à tout; il envoya chercher une partie de l'argent des trésors sacrés, et, pendant ce temps, le kislar agasi, chef des eunuques noirs, gouverneur du harem, et le capi agasi, chef des eunuques blancs, gouverneur des pages du grand seigneur, comparurent devant le redoutable tribunal. A toutes les exactions qu'on leur reprocha, ils répondirent par des ordres de la sultane validé. Ces excuses ne furent point admises cette fois, et Mahomet lui-même ayant fait un signe, ces deux eunuques furent étranglés aux pieds du trône. Au même instant l'argent des mosquées fut apporté, et Mahomet ayant demandé aux spahis s'ils se trouvaient satisfaits :

— Pas encore, répondit Houssein; il manque une troisième tête à notre compte, c'est celle d'Ali-Assan, le grand vizir, plus coupable de tous. Qu'il revienne au plus tôt de l'armée, où il n'éprouve que des revers, et nous viendrons te la demander, comme nous sommes venus te demander les autres.

Là s'arrêta la première révolte; mais elle n'était qu'assoupie ou attendait le retour d'Ali-Assan, car on supposait que le sultan allait le rappeler. Ali-Assan accourut de son propre mouvement. Arrivé à Constantinople, il manda l'aga des janissaires, lui fit de violents reproches de son inaction et de celle de ses

soldats. Il lui dit que si ce n'était par attachement pour lui, dans le propre intérêt de son corps, il ne devait pas permettre que celui des spahis usurpât une influence dévolue depuis longtemps aux seuls janissaires, et qu'il revenait pour les rétablir dans leurs droits. En effet, dès le lendemain, ayant revu le grand seigneur et la sultane validé, et s'étant assuré de nouveau de sa faveur, il commença la lutte contre les spahis. Ceux-ci, étonnés de voir l'inaction du sultan, obtinrent du nouveau muphti, tout à la dévotion du Caimacan et d'Houssain, un fetfa, par lequel il demandait au grand seigneur la tête du grand vizir. Mahomet, toujours indécis, montra le fetfa à Ali-Assan; celui-ci eut l'adresse de faire casser le muphti, et d'obtenir l'ordre de mort de Mamouth. Mais cet ordre il ne put l'exécuter. Le Caimacan, prévenu à temps, s'était réfugié auprès d'Houssein, chez les spahis. Cette troupe envahit aussitôt une partie de Constantinople, tandis que les janissaires, renforcés de nouveaux odas, envahissaient l'autre. Les deux partis se dessinèrent franchement, et se trouvèrent face à face.

Ces deux milices se bornèrent à des menaces pour le premier jour. Le second, le grand vizir obtint de Mahomet un firman qui dissolvait les spahis, et leur ordonnait de remettre quatorze de leurs chefs condamnés au supplice. En tête de cette liste étaient Mamouth et Houssein. Les spahis refusèrent de recevoir les députés qu'on leur envoya, et d'obéir au grand seigneur. Alors Ali-Assan fit marcher contre eux les janissaires. A cette vue, une partie des spahis céda aux ordres du sultan sans coup férir; mais la troupe commandée par Houssein et par Mamouth accepta le combat. Il fut sanglant et terrible, au milieu de ces rues populeuses, au travers de ces maisons, de ces monuments dont chaque parti s'était fait un rempart. Des milliers de victimes innocentes succombèrent, et dans sa rage Ali-Assan fit usage de l'artillerie pour déloger les spahis réfugiés dans les maisons. Ces maisons étaient en bois, et les boulets y firent un affreux ravage. Enfin, succombant au nombre, les spahis furent vaincus. On accorda la vie à tous ceux qui s'en remirent à la clémence du vainqueur. Six des principaux, qui furent pris les armes à la main, furent envoyés aux Sept-Tours, décapités, et leurs têtes furent exposées sur les créneaux de ce château.

Houssein et Mamouth combattaient avec la rage du désespoir, et soutinrent presque seuls l'attaque des janissaires. Tout à coup Mamouth tomba aux côtés d'Houssein. Celui-ci, perdant courage alors, s'écria :

— Ils ne m'auront pas vivant!

Et il allait se frapper. Mamouth l'arrêta de sa main défaillante, et lui dit :

— Ton père t'a ordonné de vivre pour le venger d'Ali-Assan. Je meurs, moi, sans avoir pu le faire; à toi de me survivre encore. Tu auras deux morts à venger au lieu d'une.

Puis il expira.

Houssein resta quelques moments à genoux devant le cadavre de son ami; ensuite se relevant, il alla choisir dans la mêlée des morts celui dont la taille ressemblait le plus à la sienne. Il mutila les traits de ce cadavre avec son cimeterre, revêtit son corps de ses habits, et ayant pris les siens, quitta furtivement le champ de bataille, et parvint à échapper à toutes les recherches. Le lendemain, les crieurs publics annonçaient dans Constantinople, au son des trompettes, que le Caimacan Mamouth et le chef des révoltés Houssein avaient été trouvés morts dans les rues.

Cet événement consolida le pouvoir du grand vizir Ali-Assan. Mais sa faveur et son crédit auprès du sultan imbécile l'enivrèrent à tel point, que, trouvant insupportable le joug de la sultane validé auquel il était obligé de se soumettre, il résolut de le briser. Il avait en outre contracté des obligations de reconnaissance envers beaucoup de grands personnages, qui l'avaient aidé à triompher de la révolte des spahis. Cette reconnaissance lui pesait. Il résolut de s'en dégager. Aussi ingrat que cruel, il imagina des crimes contre ceux qui l'avaient si bien servi, et les fit mettre à mort. Les têtes roulèrent dans le puits de sang, depuis celle de Timakchi pacha, visir du banc, un de ses plus dévoués partisans au jour de sa disgrâce imminente, jusqu'à celle de cet aga des janissaires qui lui avait sauvé la vie. Le débauché et insouciant Mahomet voyait ces supplices avec indifférence. Mais sa mère, déjà prévenue des projets du grand vizir, qui maintes fois avait demandé son exil, voulut abattre à la fois un tyran subalterne et un ambitieux ennemi. De son côté, Ali-Assan, préparé à la lutte, avait plus que jamais cherché des appuis dans le corps des janissaires.

Cela ne put le sauver cette fois. La sultane validé l'attaqua de front, et, en femme habile et rusée, le perdit par le moyen qu'il avait choisi pour se sauver. Secondée du muphti, des vizirs du banc, du kislar aga, ennemis du grand vizir, elle persuada à son fils qu'à l'exemple de Scrivan, Ali-Assan voulait se rendre indépendant, et que c'était pour cela qu'il flattait tant les janissaires. Cette déclaration d'indépendance dans Constantinople, à l'aide de ce corps qui faisait et défaisait les empereurs, n'allait à rien moins qu'à usurper le trône impérial et faire périr Mahomet. Pour la première fois de sa vie, l'empereur, au danger qu'on lui annonçait, sortit de son apathie; sa mère, qui connaissait bien son caractère, prit le seul moyen qui existât pour décider les gens faibles et donner du cœur aux timides. Entourée des grands de l'empire, qui pensaient comme elle, elle se rendit chez son fils, et là tous défièrent l'empereur d'oser toucher à son grand vizir par crainte des janissaires. Mahomet sentit son orgueil blessé, et commença à bouder. Sa mère continua ce manége, et lui dit qu'il ne trouverait pas même un serviteur qui oserait enlever les sceaux à Ali-Assan, tant ce ministre s'était rendu plus redoutable que l'empereur lui-même; alors Mahomet appelant le premier Bostangi qu'il vit passer dans les jardins, lui dit :

— Aimes-tu le grand vizir Ali-Assan?

— Je le hais, répondit celui-ci, comme j'aime le prophète.

— Te sens-tu le courage d'aller lui redemander les sceaux en mon nom?

— A l'instant, si vous me l'ordonnez.

— Va.

Le Bostangi partit, et Mahomet, se tournant vers sa mère et ses conseillers, leur dit :

— Vous voyez combien peu je redoute les janissaires; j'ai envoyé un de mes derniers soldats, dont je ne sais pas même le nom, au grand vizir, pour l'humilier davantage.

— Aussi ce soldat, dit la sultane validé, n'accomplira-t-il peut-être pas sa mission.

— La voix de ce soldat tremblait en parlant de sa haine pour Ali-Assan ; c'est pour cela que je l'ai envoyé.

Au bout d'une heure le Bostangi était devant Mahomet. Ses vêtements étaient en désordre et ses mains souillées de sang.

— Que s'est-il passé? demanda le grand seigneur.

— Voilà les sceaux de l'empire, dit le Bostangi en remettan le coffret d'or.

— Il a donc consenti à les rendre?

— Non ; mais je les lui ai pris de force.

— Comment cela?

— Il résistait ; nous étions seuls ; je me suis jeté sur lui, je l'ai lié sur un meuble, je lui ai mis un mouchoir dans la bouche pour étouffer ses cris ; puis j'ai cherché partout et j'ai trouvé le coffret que je rapporte à votre hautesse.

— Mais ce sang, ce désordre?

— Les janissaires, qui, ayant découvert l'état dans lequel j'avais mis Ali-Assan, m'ont couru après et m'ont arrêté. Je suis parvenu à m'échapper de leurs mains.

— Quoi! la révolte commence déjà?...

— Nous la comprimerons, dit le muphti.

— Tu as bien rempli ta mission, ajouta l'empereur au Bostangi ; que veux-tu pour récompense?

— Une seule chose.

— Laquelle?

— La tête d'Ali-Assan.

— Je te la donne.

— Merci.

Et le Bostangi frappa trois fois de son front la poussière du trône.

Mais dans ce moment on vint annoncer que le plus grand tumulte régnait au dehors. Les janissaires, rangés en bataille sur toutes les places, encombraient les abords du palais. Le sultan pâlit; sa mère, qui était auprès de lui, et ses autres officiers, ranimèrent aussitôt son courage. Ils lui rappelèrent la révolte des spahis, où la majesté impériale avait été souillée. A ces paroles le front du Bostangi se rida; mais personne ne s'aperçut de ce mouvement.

— Si vous cédez encore cette fois, dit la validé, c'en est fait de votre trône.

Au même instant le capi-aga et quelques officiers du palais se présentèrent devant le grand seigneur et lui dirent que les odas-pachas, chefs des janissaires, lui envoyaient dire que s'il ne rétablissait pas Ali-Assan, son trône était menacé.

— Répondez-leur que dans trois jours l'empereur fera connaître sa volonté, dit la sultane validé. Et nous, pendant ce temps, ajouta-t-elle, prenons des mesures énergiques.

— Il n'en est qu'une, dit le Bostangi, qui osa prendre la parole; c'est la mort d'Ali-Assan. La cause de la révolte n'existant plus, tout rentrera dans l'ordre.

— Mais, dit Mahomet, si pour venger sa mort ils redoublent de colère?

— Sa tête sanglante à la main, je les ferai tous rentrer dans leurs odas.

— Le Bostangi a raison. Montrez-vous fort et terrible, dit le muphti. Je vais rédiger un fetfa contre le grand vizir.

— Et moi, dit Mahomet vaincu par tous ces conseils, je vais donner un firman.

— Et moi, je vais prendre sa tête, dit le Bostangi, car sa hautesse me l'a donnée.

Trois jours se passèrent dans la plus grande agitation à Constantinople. Les janissaires avaient promis d'attendre ce délai; mais ils campèrent en armes autour du palais, et toutes les nuits ils allumaient des bivouacs.

Le Bostangi, muni du fetfa et du firman, avait quitté le palais, seul, n'ayant, disait-il, besoin du secours de personne, et avait disparu. On n'avait plus entendu parler de lui.

Le matin du troisième jour, une troupe de cavaliers, revêtus de l'uniforme des spahis, traversait au galop les rues de Constantinople; elle menait à sa suite une litière fermée. Cette litière se dirigea vers le château des Sept-Tours. Arrivé à la porte, le chef de l'escorte frappa et présenta à l'aga qui commandait la forteresse un firman devant lequel celui-ci plia les genoux. La litière et l'escorte entrèrent et s'arrêtèrent dans la première enceinte.

— Ici, c'est ici, dit le chef de l'escorte, que doit avoir lieu l'exécution.

On fit sortir Ali-Assan de la litière, et le Bostangi, s'approchant de lui, lui dit ces paroles :

— C'est ici que par tes ordres ont été étranglés tant d'illustres musulmans; c'est à cette même place où tu es que tu as fait tuer le vénérable Ferhad, que tu voulais remplacer; c'est à cette place que tu dois mourir.

— Mais, dit Ali-Assan d'une voix tremblante, je ne vois ni les muets ni le cordon que le grand seigneur m'envoie.

— Le cordon n'est envoyé qu'à ceux dont on ne veut pas que la mort soit honteuse, et toi, tu vas avoir la tête tranchée comme le plus vil des esclaves (2).

— Mais cela ne se peut; et d'ailleurs je ne vois pas le bourreau.

— Le voilà, c'est moi, interrompit le Bostangi; moi, que tu devrais reconnaître; moi, le fils de Ferhad, qui ai juré à mon père de venger sa mort; moi, Houssein, que tu as cru parmi les morts du champ de bataille, et qui vis encore pour accomplir mon serment. A genoux, Ali-Assan, à genoux; pour tuer le meurtrier de mon père, je consens à me faire bourreau.

La terreur fit fléchir les genoux d'Ali, et dans l'instant Houssein fit voler sa tête avec son cimeterre. La ramassant aussitôt, il monta à cheval, et passant au galop sur le front des janissaires toujours en armes, il s'écria :

— Ceci est la tête d'Ali-Assan, meurtrier de Ferhad et de tant d'autres. Je l'ai mis à mort par un fetfa du muphti et par la justice de l'empereur.

Les janissaires reculèrent en effet devant cette tête. Quelques-uns parlaient bien encore d'envahir le palais; mais pendant ces trois jours les grands de l'empire, qui haïssaient Ali-Assan, et l'or de la validé, avaient tellement agi sur les chefs, qu'au commandement de ceux-ci ils rentrèrent silencieux et mornes dans leurs odas.

Houssein se fit ouvrir les portes du sérail, et pénétrant jusqu'auprès de Mahomet, déposa ce sanglant trophée au pied de son trône.

Telles étaient les dissensions intestines qui agitaient chaque règne. L'histoire ottomane est curieuse à étudier sous ce rapport, et nous avons donné un peu de développement à ces épisodes, pour prouver que toutes les ambitions, toutes les révoltes, toutes les commotions de l'empire, venaient aboutir tôt ou tard à ce terrible château des Sept-Tours.

II

Mustapha. — Il délivre l'ambassadeur de Perse. — Le prince Coreski. — Le pâté. — L'échelle de corde. — Évasion. — Français mis à la torture. — Le baron de Sanc — Réparation demandée. — Ambassade turque envoyée en France à cet effet. — Mohamed étranglé par ordre d'Osman son frère. — Sa prière et sa malédiction. — Révolte contre Osman. — Mustapha délivré. — Sa prison. — Osman dans le cachot de sang. — Sa mort. — Une oreille coupée. — Darud, assassin d'Osman. — Il est tué à la même place qu'Osman. — Seconde captivité de Mustapha. — Bostangi décapité. — Caïmacan mis à mort pour ses richesses. — Ambassadeur de Venise et Français arrêtés. — Supplice du crochet établi aux Sept-Tours. — Prison d'Ibrahim. — Supplice de Gumir. — Le capitan pacha vainqueur de Candie. — Sa disgrâce. — Sa mort. — Son tombeau aux Sept-Tours. — Cruauté d'Ibrahim. — La sultane Fatma. — Il veut user de violence. — Elle le menace du poignard. — La fille du muphti. — Ibrahim abuse d'elle. — Vengeance du père. — Prison et mort d'Ibrahim.

L'empereur Achmet Ier, sentant la fin prochaine que lui prédisait sa mauvaise santé, fit appeler Mustapha son frère, et le désigna pour lui succéder au trône après sa mort. Ce monarque laissait pourtant trois enfants, qui étaient Osman, Mehemet et Ibrahim; mais ils n'avaient pas encore atteint l'âge de régner, et Achmet craignait des troubles dans l'État. D'ailleurs Mustapha n'avait jamais eu d'enfant, et il était probable qu'il n'en aurait pas, tant était grande son aversion pour les femmes. Achmet mourut dans la vingt-neuvième année de son âge, en 1617, et Mustapha lui succéda.

Son aversion pour les femmes continua à se manifester durant tout son règne. Il refusa longtemps de pénétrer dans son harem, et faisait infliger à ses odalisques des punitions capricieuses ; souvent à leur vue, au milieu des beaux jardins du sérail, il passait des heures entières à jeter dans un bassin l'or et l'argent que dans la répartition de ses dépenses on avait destinés à renouveler ses femmes ; ce qui fit dire dans le peuple qu'il *jetait l'argent du trésor aux poissons*. La sultane validé, sa mère, se vit bientôt confondue dans sa haine pour toutes les femmes, et fut enfin reléguée dans le vieux sérail. Mais prévoyant son sort, et usant de l'influence inévitable que lui avait laissée celle dont elle jouissait sous le précédent empereur, elle obtint de Mustapha qu'il accordât le grand vizirat à une de ses créatures. Elle y fit nommer à la place de Halil, grand militaire et sévère administrateur, Mehemet, son gendre et son confident. L'empereur s'empara des biens de Halil, comme c'était l'usage ; et Mehemet, malgré la rigoureuse captivité de la sultane validé, s'entendit avec elle pour arriver à la déposition de l'empereur. Mustapha, d'un caractère faible, indolent et capricieux parfois, ne prêta que trop à sa déchéance. Ses facultés mentales étaient tellement affaiblies par quatorze années de captivité, et par la menace permanente d'une mort qu'il redoutait alors à chaque instant, que plusieurs fois il donna de véritables signes de folie. En outre, quand il jouissait de la plénitude de sa raison, il commettait des actes d'une bizarrerie telle, qu'on finit par l'accuser tout à fait de démence, ce qui détermina sa chute du trône quatre mois après qu'il y fut monté.

Pendant ce court intervalle, il se passa des choses qui concernent spécialement cette histoire.

Lors de la guerre avec la Perse, sous le dernier règne, Achmet, suivant l'interprétation turque du droit des gens envers les ambassadeurs, avait fait arrêter et mettre aux Sept-Tours celui de cette puissance. Mustapha lui rendit la liberté à son avénement au trône, et ce ne fut pas un des actes qui firent le moins croire à sa folie, car la guerre continua nonobstant. Il y avait alors dans cette forteresse le prince Coreski, fait prisonnier dans la guerre de Moldavie. On avait taxé sa rançon à un si haut prix qu'il ne pouvait l'acquitter, et il gémissait dans une dure captivité. Le baron de Sancy était ambassadeur de France, et en cette qualité protégeait tous les chrétiens libres ou esclaves qui habitaient Constantinople; il n'osa aller voir lui-même le prince Coreski, mais il obtint la permission de le faire visiter par son secrétaire, nommé Martin, qui alla en son nom le consoler et lui offrir des secours. Martin trouva le prince au fond d'un cachot, sans meubles, presque sans vêtements, et constamment enchaîné. Ému de pitié à cette vue, il courut vers l'ambassadeur, auquel il fit part de ce qui se passait. M. de Sancy se rendit chez le grand vizir, et, à l'aide de représentations énergiques, obtint une amélioration dans le sort du prince. On le transporta au dernier étage de la première tour, qui donnait sur le rivage de la mer. Là de larges croisées lui permettaient de respirer l'air du ciel, et de jouir du vaste panorama qui se déroulait à ses yeux. Il eut en outre la permission de se promener quelques heures par jour. M. de

Sancy lui fit remettre du linge, des vêtements, des livres et de l'argent. En outre, comme il n'avait dans la prison que la ration accordée aux criminels, l'ambassadeur lui fit apporter tous les jours ses repas de la cuisine de l'ambassade.

Le prince Coreski ne cessait de témoigner sa reconnaissance à Martin, qui, appréciant les nobles qualités de cet étranger, vécut bientôt avec lui dans la plus grande intimité. Tous les jours il le venait voir, et cherchait à le consoler; mais le prince dépérissait à vue d'œil, atteint du marasme des exilés et de la douleur des prisonniers. Il n'avait nul espoir de jamais sortir de là par le moyen de sa rançon, qui dépassait sa fortune et celle de sa famille. A cette idée des larmes mouillaient ses paupières, et la rage les séchant aussitôt, il parlait de se donner la mort.

Un soir qu'ils étaient tous deux dans la prison, regardant la belle Propontide, le prince s'écria :

— Depuis quelques jours je suis à calculer si je ne devrais pas hasarder de me précipiter d'ici dans la mer.

— Y pensez-vous? s'écria Martin; plus de cent pieds de haut!... Quand vous prendriez un élan tel que vous tomberiez dans l'eau au lieu de vous briser sur la terre, vous seriez étouffé avant d'arriver.

— Eh bien! je ne souffrirais plus; et du moins j'aurais tenté de sortir de cette cruelle prison, où ma jeunesse se consume loin de mon pays, de mon souverain, et de mes affections les plus saintes.

— Vous auriez donc le courage d'essayer de vous évader par ici, si une chance de succès vous était présentée?

— J'aurais le courage de tout affronter, certain que si la mort est au bout, c'est toujours la délivrance.

— A demain, dit Martin.

Et il sortit précipitamment.

Le lendemain le prince reçut de Martin un billet qu'il lut avec avidité. Sa joie éclatait à chaque phrase. C'était la suite de la conversation de la veille. Quelques jours après le prince était malade, et on lui envoya le médecin de l'ambassade française. Le médecin fut fouillé en entrant, comme on fouillait scrupuleusement Martin toutes les fois qu'il entrait aussi, et il monta dans la chambre du prisonnier suivi du drogman, qui devait traduire à l'aga tout ce qui serait dit.

Le médecin remplit son office en conscience, trouva que le prince n'avait besoin que d'une nourriture légère, et lui ordonna des pâtes d'Italie en quantité. Le même jour on lui envoya des cuisines de l'ambassade un énorme pâté contenant ces pâtes artistement arrangées. On visita tout, comme on en avait l'habitude. Le pâté fut ouvert. On vit le macaroni, et on le porta dans la prison du Moldave. Celui-ci commença son repas, et dès qu'il fut seul, fouillant au fond du pâté, y trouva une échelle de cordes qu'il cacha soigneusement. Le médecin avait ordonné la continuation du régime qui rendait la santé à son malade, et l'envoi des pâtés se succéda jusqu'au moment où l'échelle de cordes fut assez longue pour atteindre le pied de la tour.

Une nuit, à une heure convenue, Martin se tenait caché au bas de la tour du Moldave. Un paquet tomba à ses pieds; il s'en saisit; c'était l'échelle de cordes; il ajouta plusieurs grosses pierres à celle qui avait servi à la lancer, et appuyant dessus de tout le poids de son corps, il empêcha autant qu'il le put que cette échelle ne vacillât dans la hauteur prodigieuse qu'il y avait à parcourir. Bientôt le prince posa les pieds sur le premier échelon, et, enhardi par le peu de mouvement que faisait l'échelle, il descendit jusqu'à terre, et sauta dans les bras de Martin. Il était libre. Courant aussitôt vers une barque, le secrétaire de l'ambassade amena avec lui le prince Coreski, l'embrassa de nouveau, et glissant dans l'ombre et le silence au milieu des flots, la barque disparut emportant le Moldave.

Le lendemain, on s'aperçut aux Sept-Tours de l'évasion de Coreski. Tout fut en l'air dans la prison. L'aga, furieux, courut chez le grand vizir Mehemet, qui, plus furieux encore, lui donna une heure pour découvrir les auteurs de l'évasion ou lui apporter sa tête. L'aga revint à la prison et s'informa partout, fit fouiller dans tous les coins de la chambre du prince. On découvrit la lettre de Martin, qui expliquait à Coreski tout le plan d'évasion. L'aga, s'en emparant aussitôt, la porta en triomphe chez le grand vizir, qui ayant lu le nom du secrétaire d'ambassade, ordonna qu'on allât l'arrêter sur-le-champ, ainsi que le drogman, qu'il soupçonnait avoir trempé dans cette affaire. Ces ordres s'exécutèrent sur l'heure. Les janissaires violèrent le territoire sacré de l'ambassade française, et saisirent brutalement Martin et le drogman, qu'ils conduisirent aux Sept-Tours. A leur arrivée, l'aga les interrogea sur l'évasion de Coreski. L'un d'eux ne pouvait pas répondre; c'était le drogman, qui ne savait rien. Martin avoua tout; mais à cette question où était le prince, il refusa aussi de répondre, et quand il aurait voulu trahir le secret de son ami, il ne le pouvait pas;

il ignorait le lieu où il était en ce moment. Transporté de fureur, l'aga, suivant les ordres de Méhémet, ordonna qu'on appliquât les deux prisonniers à la torture. Cette mesure excessive, cette violation barbare du droit des gens s'exécuta sur l'heure. On traîna les deux prisonniers au cachot de sang. Les bourreaux et les muets attendaient avec les instruments de torture. On y appliqua les deux prisonniers, et on leur fit endurer toutes les souffrances qu'une ingénieuse cruauté peut inventer. Ils ne dirent rien. A peine poussèrent-ils quelques cris. Alors, craignant qu'ils ne succombassent dans leurs souffrances, on les détacha, on leur fit reprendre haleine, on les conduisit sur des grabats où des cordiaux les ranimèrent, et on leur annonça que dans quelques heures ils allaient mourir par le pal.

L'ambassadeur était absent au moment où l'on avait envahi sa maison et violé le territoire protégé par le drapeau de France. A son retour, il apprit ce qui était arrivé. Indigné d'une pareille insulte, et en ignorant la cause, il se rendit sur-le-champ auprès du grand vizir, pour lui en demander le motif et la réparation. Méhémet le reçut avec une insolence brutale, le déclara complice de son secrétaire, et lui dit que s'il ne découvrait pas la retraite du prince Coreski, il serait lui-même appliqué à la torture, pendant que Martin et le drogman seraient empalés sous ses yeux. L'indignation du baron de Sancy redoubla à ces paroles; après avoir protesté qu'il ne savait rien, il rendit le vizir responsable aux yeux des nations de la mort de son secrétaire et du drogman, et de la violation de sa personne. Puis, se voyant entouré de chiaoux auxquels Méhémet donnait des ordres contre lui, seul au pouvoir de ces barbares que ne pouvaient ébranler ni la raison, ni le droit des gens, ni l'équité, il protesta de nouveau au nom de son souverain, croisa les bras sur sa poitrine, et refusa de répondre un seul mot aux questions qui lui étaient adressées. Comprenant la majesté de son rang et la dignité de sa personne, il fit sur-le-champ le sacrifice de sa vie, sans songer à tirer son épée pour la défendre contre des assassins, lutte indigne d'un ambassadeur du roi de France.

Le vizir, furieux, sortit de l'appartement et laissa M. de Sancy aux mains des chiaoux. Ceux-ci le conduisirent, comme ils en avaient l'ordre, au château des Sept-Tours. Il fut enfermé dans le dernier étage de la tour de marbre, où était le cachot de sang, avec Martin et le drogman, encore tout brisés de leur torture. Comme il s'emportait malgré lui à ce spectacle, le chef des chiaoux lui dit, pour le calmer, qu'il ne subirait lui-même la torture que le lendemain, et le laissa sur ces paroles consolantes.

Le baron de Sancy, outré de tout ce qu'il voyait et de tout ce qu'il entendait, conçut alors l'idée de se faire immoler, pour que sa mort servît au moins à exciter l'indignation de toute l'Europe et à préserver pour l'avenir les ambassadeurs des autres puissances d'un traitement aussi inouï.

— On me tuera plutôt que de m'appliquer à la torture, s'écriait-il. Je prendrai le vizir par la barbe, ce qui est la plus grande insulte qu'on puisse faire; il me fera mettre à mort, j'en suis certain ; mais cette mort sera le signal pour les puissances de l'Europe, qui devront anéantir ces barbares. Cette mort ne sera pas sans gloire. Je m'immolerai au droit des gens ; c'est le devoir d'un ambassadeur.

— Ah ! monseigneur, dit Martin, si vous saviez ce que c'est que la torture et ce qu'on souffre !... Mais je ne pouvais leur dire où est le prince, je ne le savais pas. J'ai protesté de votre innocence ; ils n'ont pas voulu me croire.

— Les infâmes !

— Calmez-vous, monseigneur, dit le drogman à son tour ; calmez-vous, et si vous voulez lutter avec ces barbares et les vaincre, ce n'est ni la noblesse ni le courage qu'il faut employer, car ils ne connaissent pas ces sentiments : c'est l'or, l'or, dont ils sont les esclaves ; l'or, qui les corrompt ; l'or, qui leur fait verser ou épargner le sang, car leur âme est ainsi faite : avant la bassesse, la cruauté ; mais avant la cruauté, l'avarice.

— Qui ? moi, acheter à prix d'or la réparation d'un attentat aussi monstrueux ?

— Oh ! consentez, consentez, monseigneur, s'écria Martin. C'est moi qui suis cause de tout ce qui arrive ; c'est moi qui ai été imprudent de faire évader le prince sans avoir pris vos ordres. Je vous ai trompé, monseigneur ; pardonnez-moi, pardonnez-moi noblement, en faisant ce que le drogman vous propose. Je vous le demande au nom de tous les Français qui habitent en Turquie. Que deviendront-ils si l'ambassadeur de France succombe ?

— Mais puis-je laisser impunie une pareille injure ?

— Non, monseigneur, répondit le drogman ; mais vous arriverez à en obtenir une réparation plus éclatante en employant le moyen que je vous propose. Vous serez bientôt libre ; vous écrirez au roi de France, qui se chargera, lui, de venger votre injure, et pendant ce temps les Français, vos frères, ne seront pas à la merci de ces Turcs insolents, car l'on n'osera violer une seconde fois le drapeau de l'ambassade.

— Monseigneur, au nom de tous, s'écria Martin...

— Vous le voulez, répondit le baron de Sancy, eh bien, j'y consens. Que faut-il faire?

— Envoyer chercher chez vous, sous prétexte d'avoir des renseignements sur le prince de Coreski, tout l'or dont vous pouvez disposer, en faire deux parts, l'une pour le mufti, l'autre pour Méhémet lui-même. Pour de l'or, le mufti vendrait son âme; pour de l'or, Méhémet a déjà vendu son maître. Ils nous donneront à tous la liberté. J'aurai la force d'écrire au mufti, qui vous aime, comme un Turc peut aimer un chrétien : vous pourrez signer la lettre sans compromettre votre dignité d'ambassadeur, et le mufti fera le reste.

Ce conseil fut suivi de point en point par le baron de Sancy, forcé de se soumettre à cette cruelle nécessité. Le mufti menaça en effet le grand vizir d'un fetfa et lui donna sa part de l'or. Déjà, pour la vaste conspiration qui devait éclater sous peu, Méhémet avait besoin de toute l'influence du mufti. Satisfait de montrer à son maître que s'il avait voulu protéger le droit des gens envers l'ambassadeur de Venise, il savait, lui, le violer plus ouvertement envers l'ambassadeur de France, le grand vizir fit mettre en liberté le baron de Sancy, son secrétaire et son drogman. Ils ne restèrent que trois jours aux Sept-Tours. Une fois libre, le baron de Sancy écrivit à Louis XIII pour l'instruire de tout ce qui s'était passé. Immédiatement on vit arriver à la Porte un ambassadeur extraordinaire du roi de France, qui venait exiger réparation de l'insulte sans nom faite au baron de Sancy; mais à son arrivée tout avait changé de face : le grand vizir, la sultane validé et le mufti s'étaient ligués contre Mustapha, qui, irrité contre eux, avait essayé de gouverner seul et n'avait montré que son incapacité et parfois sa folie. Le choix qu'il fit de plusieurs grands officiers qu'il prit dans le peuple, les timariots qu'il dépouilla pour donner leurs trésors à des paysans, et par-dessus tout son aversion pour les femmes, excitèrent contre lui les spahis et les janissaires. Le mufti, le grand vizir et la validé poussèrent à la révolte et y firent entrer le peuple. Alors, par une de ces révolutions si fréquentes dans cet empire, Mustapha fut déposé ; mais cette fois on n'osa attenter à sa vie. Le grand respect des Turcs pour les insensés, dont la personne est sacrée pour eux, en fut surtout la cause. Il fut mis dans la prison du sérail, confié à de vieilles esclaves. Son neveu, le fils aîné d'Achmet, Osman, second du nom, fut placé sur le trône par les janissaires et les spahis. Ce jeune prince, âgé seulement de quinze ans, d'une beauté remarquable, d'une adresse extraordinaire, d'un courage bouillant et téméraire, fut salué par des cris d'amour et d'espérance, et c'était lui qui occupait le trône quand l'ambassadeur extraordinaire de France vint, au nom de Louis XIII, demander réparation de l'outrage commis envers le baron de Sancy.

Il fut accueilli magnifiquement par ce même Méhémet, qui n'avait pas cessé d'être grand vizir, et qui rejeta sur les ordres absolus de Mustapha toute la brutalité de sa conduite envers M. de Sancy ; mais le baron et l'ambassadeur ne voulurent pas se contenter d'un pareil désaveu ; ils en exigèrent un autre plus solennel aux yeux de l'Europe entière. La Porte se soumit à toutes les conditions qui lui furent imposées. En conséquence, le sultan envoya en qualité d'ambassadeur extraordinaire à la cour de France Hussin-Tchaouch, avec une lettre à Louis XIII, dans laquelle l'empereur lui annonçait les événements qui l'avaient porté au trône, désavouait la faute commise par son prédécesseur, donnait pouvoir à l'ambassadeur de jurer, au nom de sa hautesse, la fidèle exécution des traités et le respect, la protection et les honneurs dont les ambassadeurs de France seraient désormais entourés dans tout l'empire de Turquie. Cette lettre curieuse, et à peu près unique dans les fastes de ce temps-là, portait pour suscription : *Au plus puissant prince de la croyance de Jésus, arbitre entre les chrétiens et empereur de France.*

Le baron de Sancy ne put, du reste, se résoudre à rester dans un pays où il avait été si cruellement outragé et où il devait sans cesse se trouver en face de ce grand vizir, si barbare autrefois et si lâche aujourd'hui. Il demanda son rappel, l'obtint et fut remplacé par le comte de Cesy.

Telle fut la fin de cette affaire, où les Turcs osèrent non-seulement violer de la manière la plus flagrante le droit des gens, mais encore déployer une brutalité extraordinaire, même chez des barbares.

Mais ce n'était pas là que devaient s'arrêter encore les catastrophes qui se passaient aux Sept-Tours, et nous touchons à l'époque où un cadavre impérial devait tomber sur les dalles du cachot de sang.

La validé, Méhémet, le mufti et les janissaires, qui avaient placé Osman sur le trône, comptaient sur sa grande jeunesse pour régner à sa place; mais le jeune empereur voulait déjà gouverner par lui-même son empire, et secoua bientôt toute l'influence dont on espérait l'entourer. Méhémet seul conservait encore une partie de sa confiance ; il fut bientôt envoyé pour commander les armées contre les Perses, et ne tarda pas à mourir. Celui qui lui succéda fut un ministre, qu'Osman préféra au candidat des janissaires, ce qui commença à les indisposer. En outre, Osman, suivant les préceptes sévères de son gouverneur, à qui seul il se confiait, défendit l'usage du vin et du tabac dans tout l'empire; il y avait peine de mort contre les délinquants. Le sultan s'amusait à se travestir comme on nous représente les princes de ce pays dans les Mille et une Nuits, et parcourait les rues pour voir si ses ordres étaient exécutés. Presque toujours il trouvait des musulmans enfreignant la loi et buvant du vin; presque toujours c'étaient des janissaires, et toujours le sultan les faisait mettre à mort sous ses yeux. Cette conduite sema dans ce corps des principes de haine contre lui. Il l'accrut encore par une action cruelle.

Mohamed, un des frères de l'empereur, plus jeune que lui seulement d'une année, était aussi beau, aussi adroit, aussi courageux que lui ; il aimait au contraire les janissaires et s'était attiré leur amour. Mohamed, passionné pour la chasse et pour les exercices que la jeunesse de Constantinople offrait aux yeux du peuple dans l'hippodrome, ne manquait pas une seule fois de s'y rendre. Toutes les fois les acclamations les plus bruyantes de la part des janissaires et du peuple, qui suivait leur exemple, ne manquaient pas de frapper les airs. Ce triomphe inquiéta Osman ; il devenait sombre et rêveur à tous les récits qu'on lui en faisait. Enfin une fois il voulut en être lui-même le témoin. Déguisé et perdu dans la foule, il se rendit à l'hippodrome ; il entendit les cris d'amour qu'on poussait à la vue de son frere, les applaudissements qui retentissaient quand il était vainqueur dans les exercices. Il rentra au palais, consulta l'histoire de ses ancêtres, vit que plusieurs avaient fait mourir leurs frères par mesure de prudence, et ordonna que Mohamed fût étranglé sur l'heure.

Ce fut le 12 janvier 1621 que ce crime s'accomplit. Avant de mourir, Mohamed demanda la faveur de faire une prière. Il prononça celle-ci :

— Osman, je prie Allah de trancher tes jours et de renverser ton empire ; puisses-tu perdre la vie de la même manière que tu me l'arraches à moi-même.

Cette malédiction ne tarda pas à s'accomplir.

Osman, dont la bouillante ardeur ne pouvait plus être contenue, voulut à tout prix une guerre ; il en entreprit une impopulaire contre la Pologne. Pour cela, il leva de nouvelles troupes dont il eut soin de faire le costume beaucoup plus brillant que celui des janissaires, et auxquelles il accorda une préférence marquée sur ce corps. Il fit en outre cette campagne avec la témérité d'un jeune homme sans expérience, attaquant l'ennemi selon son caprice, sacrifiant ses soldats et éprouvant mille échecs. Les choses furent à tel point, que les janissaires refusèrent plusieurs fois de marcher. Osman les traita alors avec mépris ; la haine augmenta des deux parts, et l'empereur résolut de perdre ce corps puissant. De retour à Constantinople, après une paix qu'il avait due moins au succès de ses armes qu'aux maladies qui avaient décimé l'armée ennemie, il ordonna une forte levée de troupes, bien qu'on fût en pleine paix. Cette circonstance inquiéta les janissaires, qui crurent que l'empereur ne voulait mettre sur pied des forces aussi imposantes que pour marcher contre eux et les détruire. Cela paraissait d'autant plus probable, qu'au contraire de ses prédécesseurs, il avait déshérité les janissaires de l'honneur de l'accompagner en public, et qu'il ne formait sa garde, quand il sortait, que de bostangis, qui n'avaient droit à le garder que dans l'intérieur du palais.

Sur ces entrefaites, deux circonstances déterminèrent surtout la révolte. La première fut le mariage d'Osman avec la fille d'une sultane, sœur de l'empereur Mahomet III, et d'un pacha époux de cette princesse. Ce mariage était contracté au mépris des lois de l'empire, qui n'accordent à l'empereur que des concubines. La seconde circonstance fut son projet de voyage à la Mecque. Le mariage irrita le peuple et les janissaires. Le voyage faisait craindre qu'Osman ne s'éloignât de la capitale que pour se mettre à la tête des forces levées en Asie, et dissoudre ce grand corps. L'opposition la plus grande se manifesta de toutes parts contre ces deux choses; mais elle ne put ébranler Osman. Sourd à toutes les représentations, il avait épousé la fille de la sultane, et faisait ses préparatifs pour son voyage de la Mecque. Le muphti rendit alors deux fetfa, qui disaient que le mariage du sultan devait être cassé, et que le voyage de la Mecque était inutile, attendu que les empereurs en sont dispensés. Osman n'en persista pas moins. Alors on fit une dernière tentative auprès de lui; vingt membres les plus vénérables de l'uléma se rendirent auprès de lui, et lui représentèrent combien il était injuste et imprudent de vouloir dissoudre les spahis et les janissaires, lui rappelant toutes les conquêtes qu'ils avaient faites depuis leur institution, consacrée spécialement à Dieu par le prophète. Ils lui dirent en outre les dangers d'une révolte.

— J'exterminerai tous les spahis et tous les janissaires, leur répondit Osman; mais ce ne sera qu'après vous avoir fait piler dans un mortier.

Les ulémas se retirèrent profondément humiliés, et ayant fait part des paroles de l'empereur aux janissaires, la révolte commença sur-le-champ menaçante et terrible. Un des chefs des janissaires, nommé Darud, se mit à la tête. Ils coururent d'abord à la demeure du précepteur d'Osman, qu'ils ne trouvèrent pas; ils se bornèrent à piller sa maison; de là ils allèrent au palais du grand vizir, qu'ils ne trouvèrent pas non plus, et se rendirent enfin au sérail, dont ils brisèrent les portes. Mais arrivés dans la première cour, et surpris par la nuit, ils craignirent quelque piége, et se retirèrent. Ils passèrent la nuit entière à s'armer. La veille ils n'avaient couru au sérail que portant à la main des bâtons blancs, et ne demandant que deux victimes, le précepteur et le vizir. Le lendemain ils y couraient en plus grand nombre, traînant du canon avec eux, rangés en bataille, prêts à faire un siége, et exigeant les têtes de six grands officiers qu'ils désignaient. Darud les guidait toujours, et s'était fait le chef de la révolte. Ils pénètrent comme la veille dans la première cour, sans rencontrer personne; ils appellent; ils frappent aux portes; personne ne répond; un silence de mort semble planer sur le palais. Alors faisant avancer le canon, Darud ordonne de le pointer contre les portes et fait tirer dessus; c'est ainsi qu'elles sont ouvertes. Ils traversent les appartements, et arrivent dans la seconde cour. Là ils redoublent leurs cris, et demandent les six têtes des officiers qu'ils savaient réfugiés dans le sérail. Même silence; ils ouvrent encore les portes à coups de canon, et parviennent dans la troisième cour. C'est le peuple qui entre le premier, armé de bûches qu'il avait trouvées dans le sérail. Il frappe violemment à la porte du divan, qui se trouvait dans l'endroit où il était. A cet appel, le grand vizir suivi de bostangis se présente. Aimé du peuple, et ayant appris qu'il avait précédé les janissaires, il espérait le calmer par ses paroles; mais il n'est pas même écouté, et aussitôt qu'il paraît il est massacré. Alors du sein de la foule s'élève une voix dominant le tumulte, qui s'écrie :

— Nous voulons sultan Mustapha pour notre empereur, qu'il paraisse et qu'il règne.

Ce cri passe de bouche en bouche, et bientôt est répété par tous. Aussitôt on demande aux bostangis qui étaient restés immobiles auprès du cadavre du grand vizir où est la prison de Mustapha. Les bostangis indiquent en tremblant un petit bâtiment rond et fort bas, qui tenait au harem; il était surmonté d'un dôme de plomb. Les janissaires s'y rendent, et font retentir les airs du nom de Mustapha. Une voix plaintive fait alors entendre ces mots :

— Vous me demandez, et je vous demande aussi. La mort! par pitié! la mort!

C'était la voix de Mustapha. On cherche à pénétrer dans cette prison; mais on ne voit pas de portes. En effet, elles étaient toutes murées. Aussitôt, à l'aide d'échelles, on monte sur les toits, on brise à coups de hache la couverture de plomb, on descend dans la prison, et l'on trouve le prince et quatre esclaves négresses en proie aux horreurs de la faim. Depuis deux jours il n'avait pas mangé. Aussitôt que le prince aperçoit la lumière, car elle ne pénétrait pas dans ce tombeau, il se retourne sur le matelas qui lui servait de lit, et demande de nouveau qu'on mette fin à ses souffrances par la mort; mais on se jette à genoux autour de lui, et on le salue empereur. Mustapha se soulève, il croit être le jouet d'un songe; il regarde d'un œil hagard ceux qui l'entourent; Darud est auprès de lui, et lui répète que c'est la vérité; ce prince alors s'écrie d'une voix éteinte par la souffrance :

— Au lieu du trône, donnez-moi de l'eau; je n'ai pas bû depuis trois jours.

On s'empresse, on lui donne les premiers secours, on le fait sortir de sa prison. Quand l'air frappe son visage, il s'évanouit, et quand il revient à la vie, il voit devant lui le muphti et les ulémas, qui étaient venus implorer les janissaires pour Osman, annonçant qu'il faisait retirer les troupes du Caire, et qu'il renonçait au voyage de la Mecque.

— Il est trop tard, avait répondu Darud; sultan Mustapha est notre empereur, et Osman est déposé.

On force aussitôt le muphti et les ulémas de se prosterner aux pieds du fantôme impérial; on met sur le cheval du muphti, Mustapha, qui s'y tient à peine, et on part pour le conduire à la mosquée, afin que l'épée d'Othman lui soit de nouveau donnée. La sultane validé intervient sur ces entrefaites, embrasse son fils, et lui arrache ces paroles :

— Ma volonté est que Darud soit mon grand vizir.

Quand Osman apprit la proclamation du nouvel empereur, il se livra au désespoir et à la violence. L'aga des janissaires, qui n'avait pas pris part à la révolte, était resté près de lui. Ce prince, réduit à l'extrémité, implora son secours pour conserver le trône. L'aga, après lui avoir fait de sanglants reproches sur sa conduite envers le corps qu'il commandait, consentit à aller vers les soldats et à tenter de les fléchir. Il se rendit avant eux à la mosquée, et, lorsqu'il les vit arriver, il les harangua au nom d'Osman; mais aux premières paroles qu'il prononça, Darud fit un signe, et il fut massacré. Immédiatement après accourut Hussain, l'ami dévoué d'Osman, qui, du plus loin qu'il vit le cortége, s'écria :

— Rebelles, voici votre empereur; prosternez-vous devant ce redoutable maître!

La queue du cortége se retourna et le mit en pièces, tandis que les premiers janissaires entraient dans la mosquée avec Mustapha.

La venue d'Osman qu'Hussain avait annoncée était vraie. Impatient et désespéré, il n'avait pu tenir en place dans son palais, et, comptant sur les démarches de l'aga et d'Hussain, il s'était mis en route pour se rendre à la mosquée et s'offrir lui-même aux soldats. En traversant la place de l'hippodrome, il vit les deux cadavres de ses amis, et dit avec douleur :

— Telle est donc la justice des janissaires! Ces malheureux ne m'avaient jamais parlé qu'en faveur de cette soldatesque ingrate!

Repoussant ensuite ceux qui voulaient l'empêcher de continuer sa route et lui conseillaient la fuite, il marcha d'un pas rapide vers le lieu de réunion. Bientôt il fut reconnu, entouré, saisi; ses habits furent déchirés, sa personne frappée, et il fut entraîné au milieu de ce cri unanime :

— Qu'Osman soit déposé, mais qu'on respecte ses jours.

Il ne fit que traverser la mosquée, et fut conduit dans une chambre où Mustapha, ceint de l'épée d'Othman, se reposait après la cérémonie. A son arrivée, Mustapha crut que son neveu ayant gagné les soldats, accourait pour le mettre à mort.

Dans cette idée il se jeta à ses genoux, implorant la vie avec des larmes, et Osman, le voyant à ses pieds, s'écria en se tournant vers la foule :

— Voilà donc le maître que vous me préférez? Voilà le successeur de tant de conquérants, celui qui doit vous faire redouter des nations infidèles, qui pleure et demande la vie comme un enfant, comme une femme?

Mais Darud et la validé avaient fait relever Mustaphà et le rassuraient, et le nouveau vizir répondit aussitôt :

— Ces conquérants dont tu parles ont gagné leur empire avec le tranchant de nos épées, et non pas avec des troupes ramassées dans l'Égypte que tu voulais nous substituer.

Ces paroles réveillèrent la fureur des assistants, qui redoublèrent leurs cris. Saisissant ce moment qu'il crut favorable, Darud fit signe à un de ses affidés, Mohamed-Aga, qui tenta d'étrangler Osman. Mais celui-ci, leste et plein de vigueur, écarta le cordon et le lui arracha des mains :

— Chien, cria-t-il à Darud, si je t'avais fait mourir la première fois que tu as mérité le supplice, je ne courrais pas maintenant ce danger.

— Si tu n'avais fait mourir ton frère, que nous aimions tous, répondit Darud, tu ne serais pas ici.

— Eh bien! dit Osman, se rappelant avec terreur la malédiction de son frère, eh bien! si je vous ai offensés, c'est sans le savoir; pardonnez-moi. Hier j'étais padichah, aujourd'hui je suis nu; que je vous serve d'exemple; vous aussi vous éprouverez les vicissitudes de ce monde.

Ces paroles avaient ému les assistants. Darud, qui s'en aperçut, fit un nouveau signe, et Mohamed-Aga tenta une seconde fois d'étrangler Osman. Cette fois encore, Osman s'empara du cordon, et ayant crié d'une voix retentissante qu'on attentait à sa vie malgré la volonté du peuple, tous ceux qui étaient présents protestèrent. A cette protestation répondirent les mille voix des janissaires qui étaient dans la mosquée, sur laquelle ouvraient deux croisées de la pièce où se tenaient les deux empereurs. Osman, en entendant ces cris, s'élança, ouvrit une fenêtre, et se montrant aux soldats de la mosquée, il leur dit :

— Mes agas des spahis, et vous, les plus anciens des janissaires, mes pères, par imprudence de jeune homme j'ai prêté l'oreille à de mauvais conseils; mais je m'en repens. J'en demande le pardon. Reconnaissez la voix de votre empereur, rentrez dans l'obéissance, ou faites-moi mourir, plutôt que de m'exposer plus longtemps aux affronts que j'endure.

— Non, non, criait-on de toutes parts; pas de sang; qu'Osman ne soit pas empereur, mais qu'il vive!

— Qu'on m'enferme du moins, et qu'on me dérobe à tant d'iniquités.

— Soit, s'écria Mustapha, qui parut en ce moment reprendre sa raison et son énergie. Qu'on l'enferme dans la même prison où j'ai gémi pendant quatre années.

— Vous serez obéi, dit Darud; je m'en charge.

Et faisant lier aussitôt Osman, il l'emmena dans une autre pièce, pendant que Mustapha descendant dans la mosquée, rentra dans le palais impérial. Mais Darud, qui avait arrêté ses projets sur Osman, se garda bien de l'envoyer dans la prison désignée. Il le fit conduire dans une litière fermée au château des Sept-Tours, où personne, pas même les janissaires, ne pouvait pénétrer sans ses ordres, où l'on ignorait au dehors tous les crimes qui se passaient au dedans.

Osman fut déposé dans le cachot de sang, sans meubles, sans vêtements, sans nourriture. Il passa la journée et la nuit entière à chercher à s'évader; mais cela lui fut impossible. On sait que ce cachot était scellé comme une tombe. Le lendemain, Darud, Mohamed-Aga, Kalander-Oghri, et des muets, se présentèrent. Craignant encore de la résistance, Darud chercha à amuser Osman par des paroles, en formulant une espèce d'interrogatoire. Osman refusa de répondre; mais au moment où il y pensait le moins, les muets lui jetèrent par surprise le cordon autour du cou. Alerte autant qu'eux, Osman y porta les deux mains, et par sa force musculaire empêcha qu'on ne parvînt à l'étrangler. Il renversa les muets à son tour, et leur fit lâcher prise. Alors ces quatre hommes, Kalander-Oghri, Mohamed-Aga, et Darud, se précipitèrent sur lui; la lutte fut longue et vive. Osman, réduit à ne plus faire un mouvement, usa de ses dents pour se défendre. Il mordit si fort le vizir qu'il lui fit lâcher prise. Mais Darud revint à l'instant, et, réuni aux six autres, finit par le terrasser. Un fois qu'il fut en cet état, deux muets se détachèrent, lui passèrent le cordon au cou, et l'étranglèrent sans difficulté. Darud fit couper par Kalander-Oghri une oreille au cadavre d'Osman, la fit mettre dans une boîte, et l'envoya à Mustapha. Cette boîte portait pour suscription :

« *Présent pour le sublime empereur, que son ministre a servi malgré lui.* »

Osman n'avait que dix-neuf ans, il en avait régné quatre. Mais le sang impérial versé aux Sept-Tours devait en entraîner d'autre versé au même endroit; car dans l'histoire de ce peuple, la justice divine semble avoir voulu rétablir la balance, que les empereurs et les janissaires avaient fait pencher tour à tour au gré de leurs caprices et de leurs mauvaises passions. Aveugles le peuple et les souverains de Turquie qui ne l'ont pas vu.

Darud ne put pas longtemps cacher la mort d'Osman. Elle indigna tout le peuple et les janissaires, qui voulaient lui conserver la vie. Cette mort avait été si mystérieuse, qu'on ne savait qui on en devait accuser. Darud avait pris ses précautions pour détourner les soupçons de lui. On accusa généralement les janissaires; ceux-ci accusèrent à leur tour Darud, qui fut obligé de déposer les sceaux et de quitter Constantinople. Mais ce ne fut pas pour longtemps. La sultane validé venait de lui donner pour épouse une de ses filles, et la plus étroite confiance existait entre eux. A l'aide de l'or qu'elle répandit parmi les janissaires, elle assoupit leur haine et le souvenir de l'accusation du meurtre d'Osman, qui pesait sur son gendre. Elle le rappela bientôt à Constantinople, et voulut le faire revêtir de la dignité de capitan-pacha. Pour cela il fallait obtenir la déposition de Calil, qui alors occupait cette charge, et la remplissait à la satisfaction générale. C'était de plus un homme ferme et courageux; on ne pouvait l'atteindre que par la calomnie; ce furent les armes dont se servit Darud. Il accusa le capitan-pacha d'avoir des intelligences secrètes avec les pachas d'Alep et d'Erzerum, en pleine révolte contre l'empereur, et fit répandre le bruit dans les odas que c'était sur son conseil qu'on avait mis à mort en Asie la plupart des janissaires, qu'on regardait comme coupables du meurtre d'Osman. A l'appui de ces calomnies, Darud fournissait une correspondance du capitan-pacha, dont l'écriture était habilement contrefaite. L'orage éclata bientôt. Plusieurs odas de janissaires marchèrent vers le sérail, demandant au divan de juger sur l'heure le capitan-pacha. C'était ce que voulaient Darud et la validé; le divan s'assembla; mais au moment où il envoyait chercher le capitan-pacha, celui-ci parut tout à coup, et demanda lui-même à être jugé. Seulement il voulait que son procès eût plus de solennité, et pour cela il amenait avec lui les principaux chefs des janissaires assemblés dans les cours du sérail, afin qu'ils fussent témoins de sa justification ou de sa culpabilité, se livrant dans l'un et l'autre cas à leur justice. Il demanda avec instance que Darud parût et qu'il fût confronté avec lui. Cette confrontation eut lieu. Darud produisit les lettres du capitan pacha. Le divan en fut indigné; mais Calil demanda qu'on entendît comme témoin un esclave. Cet esclave vint, et déclara que, séduit par Darud, il avait composé les fausses lettres, et contrefait l'écriture du capitan. Darud nia en vain, l'esclave contrefit sous les yeux du divan la même écriture. Alors Calil prenant la parole, et changeant de rôle, s'écria :

— Et moi, j'accuse Darud à mon tour d'avoir fait assassiner son maître, contre la volonté de l'empereur régnant et des janissaires, qui lui avaient confié Osman à condition qu'il respecterait les jours de ce prince. J'accuse Darud d'être l'auteur de tous les troubles dont il a voulu me rendre responsable, puisque c'est la mort d'Osman qui sert de prétexte à la révolte, et qui fait que les gouverneurs et les soldats d'Asie veulent tant de mal aux janissaires et aux spahis. J'accuse le Kalander-Oghri, ici présent, d'avoir coupé l'oreille du cadavre d'Osman par l'ordre de Darud, de l'avoir portée dans une boîte à Mustapha; et voilà le couvercle de la boîte, avec l'inscription que l'assassin y a tracée de sa propre main.

En effet, le capitan-pacha avait eu l'adresse de se procurer ce couvercle et le déposait sur la table du divan. A cette vue, l'indignation éclata de toutes parts. Les officiers des janissaires demandèrent la mort de Darud et qu'il leur fût livré à l'instant, en attendant que sa sentence fût signée par l'empereur; mais le grand vizir et les autres vizirs du banc, créatures de la validé, ne voulurent pas y consentir. Ils livrèrent sans difficulté Kalander-Oghri et demandèrent à retenir Darud captif dans le sérail.

— Eh bien! s'écria l'aga des janissaires, nous consentons que le criminel demeure au sérail et nous contentons pour l'instant de Kalander-Oghri; mais malheur à vous et à tous les vôtres, s'il échappe à votre vigilance!

Les officiers des janissaires, mettant alors le sabre à la main, s'écrièrent à leur tour devant le divan terrifié :

— Nous jurons tous par le prophète que Darud mourra demain.

Et sortant aussitôt du sérail, ils emmenèrent avec eux Kalander-Oghri, qu'ils jetèrent comme victime à la justice du peuple. Il fut massacré dans les cours mêmes.

Darud se vit perdu; mais la sultane validé tenta un dernier effort pour le sauver. Elle fit écrire à Mustapha un ordre antidaté d'exécuter Osman, et le remit à son gendre; ensuite, selon son habitude, elle sema l'or parmi les janissaires et les spahis. Le lendemain, dès le point du jour, tous les odas envahirent le sérail et demandèrent la tête de Darud. Les bostangis le conduisirent dans la cour des exécutions, située dans le sérail même ; mais au moment où le bourreau allait s'acquiter de son office, Darud, prenant la parole, montra l'ordre signé de l'empereur qui devait le justifier. Aussitôt mille cris confus s'élevèrent. Ceux qui avaient reçu de l'or de la sultane validé criaient qu'il était innocent ; les autres doutaient ; d'autres accusaient toujours, lorsqu'un torpachi, arrivant à la tête de quatre cents janissaires, fendit la foule, pénétra jusqu'auprès de Darud et s'écria :

— Il est coupable. C'est un ordre qu'on a soustrait à la faiblesse du sultan. D'ailleurs, si Darud l'avait, pourquoi n'en a-t-il pas parlé hier? J'étais au divan quand le capitan pacha a montré le couvercle. Ce couvercle porte l'inscription écrite de la main de Darud ; il y est dit qu'il a assassiné Osman malgré les ordres de l'empereur. Il ne l'a pas nié. C'était hier qu'il fallait montrer cet ordre et non aujourd'hui. Je vous dis qu'il est coupable et qu'il faut qu'il meure. Janissaires, j'ai amené avec moi le troisième assassin, Mohamed-Aga ; il est là, dans la même litière qui a conduit Osman aux Sept-Tours. Mettons Darud à côté de Mohamed-Aga, traînons-les tous deux dans le cachot de sang où ils ont exécuté le crime, et qu'ils meurent à la même place. Frappons-les nous-mêmes ; soyons leurs bourreaux ; c'est la justice des janissaires, c'est la vengeance du peuple.

Ces mots entraînèrent la foule : on se précipita sur Darud, il fut mis dans la litière à côté de Mohamed. Ils arrivèrent aux Sept-Tours, ils se rendirent dans le cachot de sang ; on chercha la place où l'on supposa qu'Osman avait été étranglé, et, en mépris de leurs personnes et de leurs crimes, on leur trancha la tête à tous deux. Le puits de sang s'ouvrit pour recevoir dans ses abîmes les cadavres des deux assassins, et les janissaires parcoururent la ville en criant au peuple :

— Justice est faite! La tête de Darud a roulé dans l'abîme!

C'est ainsi qu'est inscrite, en lettres de sang, au château des Sept-Tours, l'histoire de l'empereur Osman et de ses meurtriers. Ces divers crimes, qui pénètrent d'horreur, furent pourtant l'œuvre d'une femme et d'un ambitieux. Le premier entraîna tous les autres, et tant de sang ne profita pas à la validé. Chargée presque seule du fardeau des affaires, cette femme se laissa égarer facilement. Le mécontentement général éclata de nouveau. L'imbécile Mustapha commettait chaque jour des actes de folie plus marquée, et l'on voulut encore se débarrasser de lui, c'est-à-dire de sa mère. Celle-ci essaya toujours de la corruption; mais le moyen commençait à s'user, et bientôt une nouvelle révolution de sérail éclata, et après dix mois de règne, Mustapha fut relégué pour la seconde fois dans la prison d'où on l'avait tiré.

Enseignement funeste des rouages d'un gouvernement despotique qui dévore tout. Pour rappeler aux nations la faiblesse de l'humanité, la sagesse éternelle se joue également des peuples et des rois.

Le 10 septembre 1623, Amurat IV, neveu de Mustapha, monta sur le trône ottoman. Ce jeune prince, brave, débauché et cruel, commença son règne comme beaucoup de ses prédécesseurs, en faisant étrangler son frère Bajazet. Il prit ensuite pour compagnons de débauches et pour favoris deux hommes, nommés Bécri et Gumir. Ces deux hommes avaient une grande qualité à ses yeux, c'était celle de lui tenir tête dans les orgies auxquelles il se livrait tous les jours. Jamais musulman ne fit un tel abus du vin. Ce fut par ces ivrognes que la Turquie fut dès lors gouvernée.

Deux victimes qui méritent d'être mentionnées laissèrent leur cadavre aux Sept-Tours.

La première fut un bostangi, député à l'armée qui combattait contre les Perses, pour faire étrangler le grand vizir Méhémet qui commandait les opérations. L'empereur, mécontent du retard que le vizir mettait dans la campagne, lui envoya le cordon. C'était l'argument irrésistible, l'*ultima ratio* des sultans. Il y avait tout profit avec Méhémet, parce qu'il était riche; mais il était en outre fort rusé. Amurat avait transmis l'ordre de mort de son vizir au général qui commandait en second. Méhémet eut l'adresse de soustraire cet ordre et de l'anéantir sans en parler à personne. Il demanda ensuite une attestation à toute l'armée sur sa conduite. Cette attestation lui fut donnée et apportée à l'empereur par le bostangi. L'empereur attendait une tête et une confiscation; l'une et l'autre lui manquaient. Il voulut pourtant arriver à son compte. Il commença par le premier article, en envoyant le bostangi aux Sept-Tours, où il fut décapité dans le cachot de sang, pour n'avoir pas exécuté ses ordres. Ensuite il infligea une amende telle à Méhémet, qu'il arriva de même à son but.

La seconde victime fut immolée d'une manière plus franche. Le caïmacan accusa auprès de l'empereur le vaïvode de Valachie et demanda sa déposition. Le vaivode se justifia. Amurat envoya le caïmacan aux Sept-Tours. Au bout de quelques jours il avait prononcé sur son compte, et s'était borné à le destituer de ses fonctions, lorsque le defterdar, qui avait fait l'inventaire des richesses de cet officier, communiqua à l'empereur le résultat, qui s'élevait à trois millions de pièces d'argent, sans compter les diamants et les autres richesses. Amurat changea l'ordre qu'il avait donné, et pour hériter en paix de ces trésors, envoya le cordon au caïmacan.

Il y eut encore la violation brutale du droit des gens envers l'ambassadeur de Venise, que tous ses confrères des puissances chrétiennes parvinrent à faire délivrer. Une foule de Français, d'Anglais, et autres Européens, fut aussi renfermée dans les cachots des Sept-Tours, et n'en sortit que moyennant rançon ou par l'influence des ambassadeurs. Amurat avait pris en haine tous les chrétiens, et, dans son ivresse de toutes les nuits, il donnait contre eux les ordres les plus bizarres et les plus cruels. Enfin ce fut lui qui inventa le supplice vulgairement appelé le *crochet*. Ce supplice consistait à précipiter le patient d'un lieu fort élevé sur de monstrueux crochets en fer scellés dans la muraille; le patient se trouvait arrêté et déchiré par les pointes aiguës, et restait ainsi suspendu jusqu'à ce que mort s'ensuivît. Le château des Sept-Tours était surtout favorable à de pareilles exécutions. C'est là qu'elles eurent lieu pour la première fois et que plus tard elles y furent perfectionnées. C'est là qu'on voit encore aujourd'hui les immenses crocs en fer qui recevaient ces corps palpitants. C'est en se promenant dans ce château et regardant quelques-uns de ces corps suspendus, dont les ossements commençaient à se détacher pour aller augmenter la fameuse muraille d'ossements humains, qu'Amurat IV dit ce mot, que l'histoire nous a conservé :

— Les vengeances ne vieillissent pas, quoiqu'elles puissent blanchir.

Amurat mourut le 1er mars 1640, d'un dernier excès de vin

auquel Gumir l'avait excité; il n'était âgé que de trente et un ans et en avait régné sept; il avait gouverné par lui-même, et quand l'ivresse ou la cruauté ne l'égaraient pas, il avait fait de grandes choses, et était parvenu à rendre à l'empire ottoman toute son intégrité, étrangement compromise quand il était monté sur le trône. Kiosem, sa mère, sultane validé, avait été reléguée dans le vieux sérail, sans autorité et sans influence. A la mort de l'empereur, elle songea à faire occuper le trône par son autre fils Ibrahim, renfermé par son frère dans une étroite prison. Elle espérait régner à sa place; elle s'entendit pour cela avec le grand vizir Mustapha et le mufti. Ils pénétrèrent tous deux dans la prison d'Ibrahim, qu'ils trouvèrent presque mourant. Ils le retirèrent de cette espèce de tombeau et le portèrent sur le trône, malgré ses craintes, et Ibrahim fut reconnu empereur, au détriment de Mahomet, fils d'Amurat. Le grand vizir et Kiosem s'emparèrent en effet des rênes du gouvernement.

Le premier acte de la sultane fut de faire conduire au supplice Gumir, qu'on considérait comme la cause de la mort du sultan Amurat. Gumir, dans sa position, avait amassé bien des haines; il n'eut pas le temps de fuir. Le grand vizir le fit arrêter et conduire aux Sept-Tours. Là, l'ayant fait monter sur le haut de la tour au bas de laquelle étaient les crocs de fer, il lui dit :

— C'est toi qui, violant la loi du prophète, as entraîné l'empereur dans ces ivresses honteuses qui dégradent l'humanité. C'est au sein de ces orgies que vous avez tous deux inventé ce genre de supplice. Tu vas savoir par toi-même s'il fait assez souffrir.

A ces mots, les muets le précipitèrent violemment dans l'abîme. Son corps, arrêté plusieurs fois dans la voie hérissée de fer qu'il parcourait, laissa à chaque croc un lambeau de chair, et vint retomber presque sans vie aux derniers crochets, où il demeura immobile. Dans cette position, Gumir vécut encore quelques heures. Ce supplice est le plus cruel qui existe en Turquie.

C'est sous le règne d'Ibrahim que se passa aux Sept-Tours une exécution dont la mémoire est conservée par un monument qui existe encore.

Youssouf, capitan-pacha, fit la première expédition contre l'île de Candie, à la tête de l'armée navale. Il prit cette île, se couvrit de gloire, et revint à Constantinople, où un véritable triomphe lui fut décerné. L'empereur, en reconnaissance de ses services, voulut qu'il pût s'allier à sa famille, et lui donna sa propre fille en mariage. Il avait encore un autre motif de contracter cette alliance, c'était l'immense fortune du capitan-pacha.

A peine les noces étaient-elles terminées, qu'Ibrahim ordonna à Youssouf de conduire à Candie une flotte qui devait apporter des secours d'hommes et d'argent. C'était au cœur de l'hiver. Le capitan-pacha fit observer à l'empereur qu'il serait imprudent d'entreprendre une longue navigation dans cette saison, surtout avec des vaisseaux construits plutôt pour faire un siége qu'une traversée. Ibrahim, étonné qu'on osât lui faire seulement une observation, réitéra ses ordres avec plus de fermeté. Youssouf répondit avec plus de détails, cherchant à convaincre son maître, et lui disant que c'était exposer la vie des troupes à une mort presque certaine. L'empereur, irrité au dernier point de cet excès d'audace de la part d'un sujet qui avait raison contre lui et trouvait le courage de le lui déclarer en face, s'écria avec emportement :

— Tout ce que je veux doit être possible. Il faut obéir ou mourir.

— J'aime mieux mourir, répondit aussitôt Youssouf, que d'entraîner tant de milliers d'hommes à leur perte.

Cette réponse si noble augmenta la colère de l'empereur. Il fit arrêter sur l'heure le capitan-pacha et le fit conduire aux Sept-Tours. Ensuite, malgré la représentation du grand vizir, présent à cette scène, il signa sur-le-champ un ordre qui condamnait Youssouf à être étranglé, et il ordonna à ce ministre de le faire exécuter sur l'heure. Le grand vizir se rendit aux Sept-Tours, espérant amener le capitan-pacha à demander grâce à l'empereur. Cette soumission de la part de celui qui récemment était revenu vainqueur de Candie, jointe aux prières de la fille d'Ibrahim, devait sauver le capitan; mais celui-ci refusa constamment de faire aucune soumission dans cette circonstance.

— J'ai dit la vérité, répondit-il; tant pis pour qui ne sait pas l'entendre. Ibrahim peut marcher dans le sang s'il le veut, payer par ma mort la conquête de Candie, immoler l'époux de sa fille; ce n'est pas celui qui a vaincu les infidèles, qui a l'honneur d'être allié à la famille impériale, qui peut rétracter une parole juste et digne, prononcée sans s'écarter du respect dû à l'empereur.

— Mais il est notre maître à tous, dit le grand vizir, et nous devons subir ses colères, quelles qu'elles soient, et si vous voulez faire ce que je vous demande, je réponds de faire rétracter l'ordre dont il vous menace et qu'il regrette sans doute d'avoir signé, mais qu'il ne peut révoquer dignement qu'après un acte de soumission de votre part. Au nom de votre épouse, capitan, un mot, un seul, et je cours...

En ce moment un bostangi-bachi pénétra en toute hâte dans le cachot de sang, où la scène se passait, et dit :

— Je viens de la part de l'empereur savoir pourquoi vous mettez tant de lenteur à exécuter ses ordres. Sa hautesse s'impatiente et attend la nouvelle de la mort du capitan-pacha.

— Vous le voyez, dit Youssouf; ce sultan, que vous me présentiez regrettant ce qu'il avait pu faire et prêt à user de clémence, m'envie jusqu'à ma dernière heure. Sourd à la voix de la reconnaissance et de la nature, il veut la mort de celui qui lui a donné Candie, et méprise les larmes que sa fille va répandre. C'est elle seule qui m'occupe en ce moment et m'arrache à moi-même ces pleurs que je puis verser sans rougir, car nul ne peut penser que la crainte de la mort, que j'ai bravée tant de fois, me les arrache. Quand on est né Ottoman, et surtout sujet d'Ibrahim, on doit être content de mourir. Ceux qui me survivent sont seuls à plaindre. Condamnés à vivre sous un tel maître, ils resteront pour être témoins des désordres et des crimes que ce règne honteux amènera chaque jour.

Il y eut un moment de silence après ces paroles. Au bout de ce temps le vizir se vit contraint de présenter au capitan-pacha l'ordre de mort signé par le sultan. Youssouf le prit; il écrivit au bas qu'il bénissait la volonté de l'empereur et l'heure à laquelle son âme devait être réunie à l'Être-Suprême. Il ajouta qu'il priait sa hautesse, en faveur de son nouveau mariage, de souffrir qu'il fût distrait cinquante bourses (soixante et quinze mille livres) de la fortune immense qui allait appartenir à la sultane, son épouse, destinant cette somme à un enfant qui lui était né la veille de l'esclave qu'il avait le plus aimée; cette somme devait suffire à la mère et au fils pour mener une vie privée loin de Constantinople, qu'il leur ordonnait de quitter pour toujours. Il signa cette espèce de testament et le rendit au grand vizir. Détachant ensuite un gros diamant qui ornait son turban, il le lui présenta, le priant de le conserver en souvenir de lui. Il se jeta aussitôt à genoux, il prononça à haute voix une prière touchante, appela les bourreaux de la même voix qu'il avait coutume de commander une armée, leur ordonna de passer autour de son cou le cordon fatal, et tomba mort aux pieds des assistants, émus de tant de résignation et de courage.

L'ambassadeur de Venise, alors prisonnier aux Sept-Tours, apprit cette catastrophe et vit de ses croisées le cadavre de celui qui avait vaincu ses compatriotes, et qui n'avait trouvé chez l'empereur qu'une mort aussi prématurée qu'injuste.

L'ouvrage de M. de Pouqueville contient sur le tombeau de Youssouf, qu'il vit, lors de sa captivité aux Sept-Tours, durant la guerre d'Égypte, les lignes suivantes :

« Dans cette même enceinte (au-dessous de la seconde tour de marbre) s'offrait à nos regards un triste sujet de méditation : c'était le tombeau de celui qui avait conquis l'île de Candie, ceux de son fils et de sa femme. Précipité du faite des grandeurs, ce prince fut jeté dans le cachot de sang et étranglé ; son fils et son épouse obtinrent la permission de mêler leurs cendres à celles d'un époux et d'un père qu'ils chérissaient. Leurs tombeaux sont entretenus avec soin. Les Turcs les ont décorés d'une grille dorée qui sert d'appui à de hauts jasmins et à quelques arbustes odorants. Une épée flamboyante, une inscription simple, rappellent les services du père, les vertus de l'épouse et la mort prématurée du fils, qui donnait de grandes espérances. Le despotisme qui écrasa un fidèle serviteur, l'envie qui fit tomber une tête illustre, souffrirent que la vérité traçât sur le marbre les faits d'un guerrier exempt de toute inculpation. On ne parle point de la cause de sa mort; mais le ciseau a buriné ses services et ses exploits. »

Les dernières paroles du capitan-pacha sur l'avenir réservé à l'empire ottoman sous le sceptre d'Ibrahim n'étaient que trop vraies et se justifièrent de point en point. Ce prince, lâche, prodigue, débauché et cruel, fit tomber toutes les têtes qui ne se courbèrent pas devant lui, et servit toutes les haines, toutes les vengeances de ses favorites; or, jamais sultan n'en eut en plus grand nombre. Ce fut sous son règne que les femmes montèrent au plus haut prix et qu'on vit le plus de prodigalités pour satisfaire leurs caprices. Pour plaire à l'une, il fit garnir les murs du palais tout entier qu'elle habitait de pelleteries du plus haut prix; pour l'autre, il fit construire un bateau pavé de pierreries. Il n'était pas de jour qu'il ne frappât le peuple de nouveaux impôts pour remplir son trésor, que ces dépenses excessives épuisaient si vite. Partageant son temps entre les femmes, les musiciens et les baladins, il donnait aux premières tout l'or de l'empire, aux seconds la disposition des grandes charges de l'état, auxquelles il les nommait parfois eux-mêmes. Despote et entêté, il n'admettait aucune observation, aucune hésitation à ses caprices les plus bizarres, à ses fantaisies les plus extraordinaires L'un et l'autre étaient punis de mort. Deux circonstances amenèrent surtout sa perte : il vit une sultane de son frère Amurat, nommée Fatma, qui était d'une grande beauté, et en devint follement épris. Sa mère, la sultane validé, lui fit des représentations à cet égard. La loi défendait que les empereurs prissent pour femmes ou pour maîtresses les sultanes de leurs prédécesseurs. Ibrahim ne s'arrêta pas à ces considérations : il fit transporter de force Fatma dans son harem, et là, après avoir cherché à la séduire par des promesses et de magnifiques présents, il employa les ordres, les menaces, et alla enfin jusqu'à la violence. La validé, accourue aux cris de Fatma, entra dans la pièce où Ibrahim s'était retiré avec elle, et voulut l'empêcher de poursuivre; mais Ibrahim, dans le paroxysme de la passion, repoussa rudement sa mère et la menaça de la reléguer captive au vieux sérail, si elle ne se retirait pas. Alors Fatma, qui portait à sa ceinture un poignard, marque de sa dignité de sultane, tira cette arme et la tourna contre Ibrahim pour se soustraire à ses violences qui recommençaient. Ibrahim, tremblant, n'osa persister, et appelant à son secours, ordonna de désarmer Fatma; mais celle-ci, comme une lionne, résista aux eunuques, qu'elle fit trembler à leur tour, et s'écria, en jetant un regard de mépris sur Ibrahim :

— La veuve d'Amurat IV est habituée à n'accorder ses faveurs qu'à un homme de courage, et le sultan Ibrahim est un lâche!

L'empereur se vit contraint de renoncer à Fatma mais dès ce jour la validé fut sans pouvoir et sans influence sur Ibrahim. Cette femme ambitieuse traînait lentement sa vie au sein du sérail, où on ne lui rendait pas même les honneurs dus à son rang, et dès ce jour aussi elle jura la perte de son fils, en lui cherchant partout des ennemis. A cette cour barbare tous les

LES MYSTÈRES DU CHÂTEAU DES SEPT TOURS.

sentiments étaient étouffés pour faire place à l'ambition, à la cruauté ou à l'avarice.

La sultane validé vit bientôt accourir un homme puissant qui vint s'unir à elle; c'était le grand muphti.

Une des pourvoyeuses du sérail ayant vu aux bains publics la fille de ce grand dignitaire, en fit un portrait si séduisant à Ibrahim, que celui-ci résolut de la posséder à tout prix. Il manda d'abord le vieillard, et lui demanda sa fille sans autre forme de procès. Le muphti répondit fièrement que sa fille n'était pas faite pour être esclave ou concubine. Ibrahim, poussé par la passion, offrit de l'épouser. Le muphti dit qu'il y consentirait si sa fille y consentait aussi. Il se rendit auprès d'elle, lui fit part de ce que venait de lui dire l'empereur, en lui citant l'exemple d'Osman, auquel on n'avait pas pardonné son mariage, lui faisant craindre l'inconstance d'Ibrahim, et le sort réservé aux enfants qui pourraient naître de cette union, car Ibrahim avait déjà plusieurs héritiers. La fille du muphti fut décidée sur-le-champ à refuser. C'est ce qu'elle dit à la vieille pourvoyeuse, qui lui fut envoyée par l'empereur pour avoir sa réponse. Elle résista aux offres les plus séduisantes, et la vieille esclave fut tout rapporter à son maître. Entêté et impatient comme tous les débauchés, Ibrahim fit enlever de force la jeune fille au moment où elle se rendait aux bains. Conduite dans son harem, elle résista longtemps à l'empereur, qui employa envers elle les mêmes violences qu'envers Fatma; et comme celle-ci n'avait pas de poignard, il en triompha de force. La jeune fille, accablée de douleur, ne cessa depuis ce moment de reprocher ce crime à Ibrahim, qui, lassé de ces plaintes et de ces accès de fureur, la renvoya tout simplement à son père. Ce fut alors que le muphti jura vengeance, et alla trouver la sultane validé, qui se réunit à lui avec joie. Ils n'attendaient qu'une occasion pour agir; elle ne tarda pas à se présenter.

Le 6 août 1648, Baky-Bey, fils du grand vizir, fut fiancé à une fille de l'empereur. A cette occasion on donna au palais des fêtes magnifiques, auxquelles on invita les principaux officiers des janissaires. L'empereur, qui redoutait ce corps comme ses prédécesseurs, avait résolu de les faire assassiner au sein des plaisirs de la journée. Les officiers, prévenus à temps, au lieu de se rendre au palais, coururent à la mosquée du centre, où étaient le muphti et les ulémas. Ils y furent suivis des janissaires et des spahis. Le corps des militaires et des prêtres une fois réunis et d'accord, la révolution marcha d'un pas rapide. Pendant qu'Ibrahim goûtait les plaisirs de ces fêtes voluptueuses qu'il avait mises à la mode, on le déposait à la mosquée. La révolution ne se fit pourtant pas sans résistance. Ibrahim et son vizir employèrent tous les moyens pour se soustraire à leur sort; mais contraints par la force et l'unanimité des grands et du peuple, ils furent forcés de céder.

Le 8 août, la sultane validé alla chercher son petit-fils Mahomet IV, qui monta sur le trône à l'âge de sept ans. La validé espérait cette fois régner à la place de cet enfant, c'était son lot. Quant à celui du muphti, il se l'attribua aussi d'une manière éclatante. Il arrêta lui-même Ibrahim, qui, dans les premiers moments, ne prononça que ces paroles :

— Ceci m'était écrit sur le front. C'est l'ordre d'Allah.

Le muphti le conduisit dans une petite prison du sérail, où il fut mis avec de vieilles esclaves. On en ferma les portes, dont on boucha les fentes et les serrures avec du plomb fondu, et l'on pratiqua dans le haut une petite ouverture pour jeter la nourriture aux prisonniers. Mais à peine se vit-il enfermé dans cette terrible prison, qu'Ibrahim ordonna aux esclaves de pousser des cris auxquels il mêlait aussi sa voix. Ces cris pénétraient jusque dans la salle du divan. Alors le muphti manda le bourreau Kara-Ali, et, suivi des grands qui avaient opéré la révolution, il se rendit à la prison d'Ibrahim. Ils en brisèrent les portes à coups de hache, et se présentèrent devant lui. Ibrahim, à la vue du bourreau et du muphti, recula épouvanté, et, en appelant ensuite à tout le monde, s'écria :

— N'y a-t-il, parmi ceux qui ont mangé mon pain, personne qui prenne pitié de moi, et veuille me protéger? Ces cruels veulent me tuer! Grâce! grâce! Vois, Abderrahman, ajouta-t-il en s'adressant au muphti : Youssouf-Pacha m'avait conseillé de te faire mourir comme un traître; je ne t'ai point tué, et tu veux me faire mourir maintenant? Lis l'Écriture sainte, le Coran, la parole de Dieu, qui condamne les cruels et les injustes.

— C'est en vertu de ces paroles que tu es condamné, répondit le muphti, car tu as été cruel et injuste plus qu'aucun prince de la terre. Rappelle-toi ce Youssouf-Pacha que tu viens de nommer. Rappelle-toi ma fille, et meurs.

Aussitôt le bourreau, lui jetant au cou le lacet, l'étrangla au milieu des malédictions qu'il ne cessait de proférer.

Quelques voyageurs assurent que la prison dont nous venons de parler existe encore dans le sérail.

III

Guerre de Candie. — Capello aux Sept-Tours. — Dépêche de l'ambassadeur de France violées. — Brutalité du grand vizir envers lui et son fils. — Leur emprisonnement. — L'envoyé extraordinaire de Louis XIV. — Ambassadeur turc à Paris. — Première revanche. — MM. de Nointel et d'Apremont. — Difficultés pour les saluts des vaisseaux. — Le capitan-pacha exige cinq coups de canon. — M. d'Apremont les tire à boulets. — Les esclaves français se réfugient à bord de l'escadre. — Évasion du chevalier de Beaujeu du château des Sept-Tours. — L'escadre enfermée dans les Dardanelles. — Menaces de d'Apremont. — Décision du divan. — L'aga des Sept-Tours décapité. — Seconde revanche. — Tremblement de terre de 1786. — Quatre tours au lieu de sept. — Guerre d'Égypte. — Prisonniers français. — On en envoie jusque dans le bagne. — Haine et persécution de l'Angleterre. — Spencer Smith. — Il viole les dépêches d'un parlementaire. — L'injurie et le prend à la gorge. — Cachot de Fanakary. — Nouveaux prisonniers venus d'Égypte. — M. de Poucqueville. — Garde du château des Sept-Tours. — Description topographique. — Monument aux Français morts dans les fers. — Manière de vivre des prisonniers. — Leurs correspondances. — Mort de l'adjudant Rose. — Histoire de Fornier de Montrazals. — Délivrance des Français. — Mamouth II. — Situation actuelle du château des Sept-Tours. — Diverses prisons de Turquie. — Emprisonnements et mises en liberté. — La prison du seraskier, de la Porte, de Topana. — Régime. — Détails.

Au plus fort de la guerre de Candie, en 1658, sous le règne de Mahomet IV, et sous le viziriat du fameux Kiuperli, M. de la Haye était ambassadeur de France à Constantinople. Il avait ordre de Louis XIV de faire tous ses efforts pour que la paix fût conclue entre la sublime Porte et la sérénissime république de Venise. Le vénérable Capello, ambassadeur de cette dernière puissance, était emprisonné aux Sept-Tours, et sa mauvaise santé ne lui permettait aucun travail. Tout roulait donc sur M. de la Haye, qui voyait souvent son collègue dans sa prison. Un jour des dépêches adressées de Venise à l'ambassadeur de France furent saisies et apportées à Kiuperli. Celui-ci viola le secret de la correspondance comme il avait déjà violé le droit des gens. Mais ces dépêches étaient en chiffres, ainsi que c'était l'usage parmi les ambassadeurs, et le vizir ne put rien apprendre. Il était alors à Andrinople, avec le grand seigneur. Il manda sur-le-champ M. de la Haye. Celui-ci, malade de la goutte, ne put se rendre à son invitation, et y envoya son fils, M. de Vantelet. Ce jeune seigneur se présenta devant le vizir, qui lui demanda l'explication de la correspondance en chiffres. Au lieu de la donner, le fils de l'ambassadeur se plaignit de la violation des lettres, et refusa de divulguer le secret du roi de France, que la Porte n'avait pas droit de connaître. On appela alors le premier secrétaire d'ambassade, qui était aussi venu à Andrinople. Aussitôt qu'il rentra; M. de Vantelet lui défendit au nom du roi de répondre aux questions qu'on allait lui faire. Ces paroles ayant été traduites par le drogman, Kiuperli ordonna d'arrêter les deux Français ; ce qui s'exécuta avec une telle brutalité qu'un des gardes cassa une dent à M. de Vantelet. On les mit aussitôt au cachot dans la tour d'Andrinople. Instruit de ce traitement barbare, M. de la Haye se leva de son lit et courut réclamer son fils et son secrétaire. On refusa de les lui rendre, et on le constitua lui-même prisonnier, d'abord à l'ambassade, ensuite aux Sept-Tours, où tous trois furent bientôt réunis. M. de la Haye écrivit alors à sa cour pour se plaindre et demander justice et vengeance. Louis XIV dans le premier moment ne put pas croire à tant de brutalité, et supposant que son ambassadeur avait motivé ce traitement par quelque trahison, il donna mission à M. de Blondel, alors son ministre plénipotentiaire à Berlin, de se rendre à Constantinople et d'agir selon les circonstances. M. de Blondel y arriva bientôt, et se présenta devant le grand vizir. Il y fut reçu d'une manière indécente. On ne lui donna pour siége qu'un tabouret, et on lui refusa une audience du grand seigneur, pour lequel il avait une lettre de Louis XIV, qu'il ne voulait remettre qu'à lui seul. Le grand vizir ne s'arrêta pas là. Il demanda le rappel de M. de la Haye comme une chose absolue. M. de Blondel rompit alors les négociations, et quitta Constantinople, en menaçant le divan de la colère de son maître. Son attitude fut si énergique, son langage si ferme, et la note qu'il remit si positive, que Kiuperli se hâta d'envoyer à son tour un ambassadeur extraordinaire à Paris, pour traiter spécialement cette affaire. La France commença alors à prendre sa revanche. M. de Lionne, ministre des affaires étrangères, reçut l'ambasssadeur ottoman mollement étendu sur un canapé, et ne lui fit donner qu'un tabouret. L'ambassadeur ne put pas non plus voir le roi, et au lieu d'obtenir le rappel de M. de la Haye qu'elle demandait, la Porte fut forcée de reconnaître comme ambassadeur de France M. de Vantelet, son fils, qui avait été le plus outragé; mais M. de Vantelet ne put longtemps occuper son poste. Contrarié sans cesse par le vizir et le divan, enlacé dans une politique tortueuse, victime d'une mauvaise foi cachée sous l'apparence de la loyauté, il se vit contraint de renoncer à la lutte qu'on ne cessait d'engager avec lui, par ressentiment de ce qui s'était passé. Il demanda son rappel. Las de toutes ces intrigues sourdes qu'il ne pouvait saisir, Louis XIV nomma à l'ambassade de Constantinople un homme dont la fermeté de caractère et l'habileté lui étaient également connues; ce fut M. de Nointel. Il enjoignit à un autre, à M. d'Apremont, capitaine de vaisseau, de conduire le nouvel ambassadeur à la tête d'une escadre de quatre vaisseaux : M d'Apremont était cité dans la marine par son courage téméraire et sa mauvaise tête. Il reçut des instructions en conséquence, et il partit ayant M. de Nointel à son bord.

La première démarche que fit M. d'Apremont fut d'exiger que les batteries du château lui rendissent le salut royal. Le capitan-pacha refusa. M. d'Apremont voulut entrer dans le port sans faire aucun salut. Alors le capitan-pacha, montant lui-même sur un vaisseau de guerre, vint au devant de l'escadre, et envoya dire au capitaine français que s'il ne le saluait pas de cinq coups de canon, comme c'était l'usage et l'étiquette lorsqu'il était rencontré en mer par d'autres vaisseaux, il allait lui refuser l'entrée du port et faire jouer l'artillerie des châteaux.

— Le capitan pacha exige cinq coups de canon, dit M. d'Apremont; je vais les lui envoyer.

Faisant charger aussitôt à boulet, il tira les cinq coups sur le vaisseau turc, qu'il entama en plusieurs endroits. La colère du capitan ne peut se decrire, et déjà les ordres etaient donnés de part et d'autre pour commencer le combat, que M. d'Apremont s'apprêtait avec beaucoup de sang-froid à soutenir, lorsque la sultane validé, qui se rendait à Scutari, instruite de ce qui se passait, voulant empêcher une collision, et comptant sur la galanterie française, envoya vers le capitaine pour le prier de vouloir bien la saluer. M. d'Apremont, en effet, en galant chevalier, fit jouer, cette fois à poudre, toute l'artillerie de sa petite escadre, et l'entrée du port devint libre pour lui.

Annoncé de cette manière, M. de Nointel n'éprouva plus aucune difficulté pour ces audiences solennelles dans lesquelles on parvenait toujours à humilier les ambassadeurs. Mais M. d'Apremont n'en avait pas fini avec la Porte. Un grand nombre d'esclaves français, voyant les vaisseaux de leur nation, s'échappèrent de chez leurs maîtres, et se réfugièrent sous le pavillon français. M. d'Apremont leur donna asile et les déclara inviolables. De nombreuses plaintes à ce sujet furent portées au caïmacan, qui, voulant éluder la question par crainte de la résolution du chef d'escadre, ne répondit que vaguement. Bientôt il fut forcé d'éclater et de commencer la lutte.

Un illustre chevalier de Malte, M. de Beaujeu, était retenu prisonnier de guerre aux Sept-Tours depuis plusieurs années. Malheureux d'une captivité incessante, et ayant appris que les chrétiens trouvaient asile sur la flotte française, il résolut de s'y réfugier, s'il pouvait parvenir à s'évader. Il y réussit en mettant le feu pendant la nuit à la porte du château qui était en bois, et au milieu du tumulte il prit la fuite. Poursuivi par des chiens, il courut au bord de la mer, où la chaloupe du vaisseau devait l'attendre. Mais elle n'était pas encore arrivée, et, pour se soustraire à la rage de ces animaux, il se jeta dans l'eau, et nagea au loin. Un caïque vint aussitôt vers lui, et M. de Beaujeu n'évita la mort qu'en plongeant. Frappé toutefois d'un coup de rame, il perdait du sang et sentait ses forces s'épuiser, lorsque la chaloupe envoyée par M. d'Apremont le recuillit et le transporta à bord du vaisseau français. M. d'Apremont leva aussitôt l'ancre, et voulut partir. Déjà il était sur le point de sortir des Dardanelles, quand deux coups de canon chargés à mitraille et tirés devant lui d'une rive à l'autre le contraignirent de s'arrêter.

L'aga des Sept-Tours, prévenu de l'évasion de M. de Beaujeu, était allé tout raconter au caïmacan, qui, cédant cette fois à ses sollicitations et à celles du capitan pacha, voulut empêcher M. d'Apremont de sortir du port, sans avoir rendu le prisonnier et les esclaves français. L'aga des châteaux envoya signifier cet ordre à M. d'Apremont, et le prévenir qu'en cas de refus, il allait venir faire la visite de ses vaisseaux, comme il faisait celle des vaisseaux marchands.

— Je n'ai point d'esclaves ni de prisonniers à rendre, répondit M. d'Apremont; tout homme qui touche le sol français est libre d'après la loi de mon pays et la volonté de mon maître, et les vaisseaux abrités sous le pavillon de France représentent aux yeux de tous le sol de la patrie. Dites à votre aga que s'il a l'audace de venir visiter les vaisseaux du roi comme il visite des bâtiments suspects, je le fais pendre à ma grande vergue, en vue de ses châteaux. Dites enfin que j'expédie de mon côté un courrier à Andrinople, où est le grand seigneur, et que si ce courrier ne rapporte pas l'ordre de me laisser le passage libre, je donne deux jours à votre aga pour se préparer à soutenir le combat à outrance que je vais engager contre lui, afin de ne pas le prendre en traître; car je prétends sortir d'ici avec tout mon monde ou m'y faire tuer. La mort dans les Dardanelles, ou la liberté au dehors.

Cela dit, il congédia l'envoyé du caïmacan et de l'aga des châteaux, le prévint qu'il ne recevrait qu'à coups de canon un nouveau messager, jusqu'à ce que la réponse d'Andrinople fût arrivée, et ordonna à son équipage de faire à la vue du rivage tous les préparatifs du combat.

Cette manière d'agir embarrassa le divan quand il en eut connaissance. M. de Nointel déploya autant de fermeté que le marin français, et la sentence qui intervint fut digne de ce gouvernement, insolent et brutal quand il est le plus fort et qu'on se tait, timide et tremblant quand on lui résiste et qu'on le brave en face.

Le grand seigneur ne voulut voir dans cette affaire qu'un seul coupable, ce fut l'aga des Sept-Tours, et pour le punir de sa négligence, en ayant laissé évader un prisonnier de l'importance de M. de Beaujeu, il le condamna à avoir la tête tranchée, et ordonna au caïmacan de laisser partir l'escadre française sans l'inquiéter davantage.

Ce fut le treizième jour que la réponse arriva à Constantinople. Dès le matin M. d'Apremont leva l'ancre, et partit avec le chevalier de Beaujeu et les autres Français qui étaient à son bord. Quand ils saluèrent en passant le dernier château des Dardanelles, ils virent la tête de l'aga attachée sur les créneaux, suivant l'ordre de l'empereur.

M. d'Apremont revint en France, où il ramena le pavillon national, qui, cette fois, avait noblement lavé l'outrage qu'avaient reçu M. de la Haye et son fils, non parce qu'on avait répandu le sang de l'aga, mais parce qu'avec ses quatre vaisseaux il avait fait trembler Constantinople tout entière, arraché des esclaves à la servitude, des prisonniers aux souffrances, et contraint la sublime Porte de céder devant lui.

Sous les règnes qui suivirent, plusieurs victimes encore furent conduites aux Sept-Tours et y trouvèrent la mort. Sauf les noms, ce ne serait que la répétition de ce que nous avons déjà vu. L'intrigue, la cruauté et l'avarice répandirent le sang comme à l'ordinaire. Plusieurs ambassadeurs furent encore emprisonnés, entre autres celui de Venise. Cependant nous devons à la vérité de dire que le nombre des prisonniers diminua considérablement, jusqu'au moment où la guerre d'Égypte peupla de nouveau cette fameuse bastille d'une foule de nos compatriotes.

Mais avant il était arrivé une circonstance que nous ne pouvons passer sous silence. Dans le terrible tremblement de terre qui eut lieu à Constantinople, en 1786, trois tours s'écroulèrent sur les sept du château. La colère céleste sembla s'attaquer spécialement à ce lieu d'horreur, et les Turcs, en se réveillant de leur stupeur et de leur épouvante, virent les ruines de trois tours, ruines éloquentes pour tout autre peuple, muettes pour lui. Ils n'osèrent pourtant les relever; dès cet instant quatre tours seulement sont restées debout, et c'est encore de nos jours la situation de ce château, quoiqu'on lui ait conservé son antique nom. Nous allons avoir occasion de faire la description topographique de cette forteresse, qui est restée la même.

Ce fut le 19 mai 1798, comme on le sait, que le général Bonaparte quitta la rade de Toulon pour porter les armes françaises jusqu'au fond de l'Égypte. Dès que bruit de ses premiers succès parvint à Constantinople, le grand seigneur, suivant encore la vieille et barbare politique, fit arrêter et conduire aux Sept-Tours, M. Ruffin, le doyen des chargés d'affaires de France, M. Kieffer, son secrétaire, et M. Danton, son interprète. Bientôt vinrent se joindre à eux le général Lasallette, M. Richemont, malade encore des blessures qu'il avait reçues à Préveza, M. Hotte, chef de brigade, et M. Rose, adjudant-général, qui se mourait.

En outre de ces prisonniers, une foule d'autres furent renfermés dans divers lieux, où leur captivité fut affreuse. M. de Fleury, commissaire général du territoire ottoman situé au delà du Danube; Janbon, commissaire général de Smyrne; le général Menou; Mangin, chirurgien, et les frères Franchini, interprètes de France, furent jetés dans les cachots des forteresses lointaines de Kerason, Sampson et Sinope. Tous les autres, le croira-t-on? officiers et soldats, furent conduits au bagne de Constantinople, enchaînés deux à deux, et traités comme les autres galériens. Des prisonniers de guerre mis au bagne!... Et l'on doit se figurer ce qu'était alors le bagne de Constantinople. Si le temps et l'espace nous le permettaient, nous tracerions le tableau des tortures éprouvées dans ces lieux d'horreur par nos malheureux compatriotes. Quelque terribles qu'on se les figure, elles sont au-dessous de la réalité. Cependant l'histoire dans sa justice éternelle doit flétrir chacun de sa part de cruauté, et la plus grande n'appartient ni à la Turquie ni au sultan.

Sélim III, le premier monarque réformateur qui paya de la perte du trône la civilisation qu'il voulait introduire, portait alors l'épée d'Otman. Ami et admirateur des Français, il les avait appelés auprès de lui pour instruire ses troupes dans l'art de la guerre, son peuple dans les sciences. Il hésita longtemps avant de permettre l'arrestation des Francs. Mais le peuple soulevé par l'or de l'Angleterre, quelques incendies qui éclatèrent à Constantinople, et qui agirent sur l'esprit superstitieux des Turcs, et par-dessus tout le fanatique Spencer Smith, ambassadeur de la Grande-Bretagne, dont les intrigues, les menaces, les prières, étaient incessantes contre nos compatriotes, forcèrent le sultan à permettre ces mesures barbares qui déshonorent un gouvernement. Spencer Smith repoussa de la maison de l'ambassade tous les Français établis à Constantinople qui, selon l'usage établi entre les puissances chrétiennes, y étaient allés chercher un asile. Il les fit conduire dans des prisons obscures ou dans le bagne. Spencer Smith poursuivit avec un acharnement qu'on ne peut envisager sans indignation tous les Français qui se trouvaient sur le territoire ottoman. Spencer Smith s'oublia jusqu'à porter la main sur M. Beauchamp, revêtu d'un caractère inviolable aux yeux de tous.

M. Beauchamp, qui faisait partie de la mission scientifique d'Égypte, fut envoyé par le général Bonaparte vers l'empereur de Turquie, porteur de lettres qui annonçaient les intentions pacifiques de la France envers la Porte. Pris sur mer par lord Towbridge, au mépris du pavillon parlementaire, il fut envoyé à Constantinople, après avoir essuyé les plus cruels traitements. Ceux qui l'accompagnaient furent conduits au bagne. Quant à lui, il passa trois jours à Bébek, lieu de conférence des ambassadeurs européens avec la Porte, entendant à chaque instant des menaces de mort retentir à ses oreilles, et en proie aux humiliations les plus barbares.

Cet fut là qu'il vit Spencer Smith. Cet Anglais, après avoir violé le secret des lettres du général Bonaparte au grand seigneur, interrogea M. Beauchamp sur sa mission. Celui-ci lui répondit avec dignité, se plaignant des traitements indignes dont il avait été victime, et dont le représentant d'une puissance européenne se faisait le complice. Il insista pour voir le divan et le grand seigneur. Mais la fureur de Spencer Smith augmentait à mesure que l'interrogatoire avançait, et que les réponses qu'il recevait ne pouvaient pas constituer de crimes. Furieux alors du ton calme et plein de majesté du Français, cet Anglais, qui déshonorait le nom d'ambassadeur, le prend à la gorge et s'écrie :

— Oui, malheureux, oui, scélérat, tu seras pendu; tu serviras d'exemple aux brigands de ta nation, et ton général Bonaparte ne peut plus nous échapper.

On arracha M. Beauchamp des mains de ce barbare, qui, ne pouvant l'étouffer, comme il l'eût voulu sans doute, parvint du moins à tout combiner pour qu'il mourût lentement et dans les plus cruelles souffrances. M. Beauchamp fut confiné dans un cachot de Fanakari, où il resta vingt huit mois. Lorsque M. Ruffin envoya auprès de lui M. Pouqueville, ce dernier le trouva expirant. Il parvint pourtant à le rendre assez fort pour supporter le voyage de France, et le malheureux Beauchamp vint expirer à Nice, des suites de son affreuse captivité.

Aux prisonniers des Sept-Tours que nous avons déjà nommés, nous devons en joindre d'autres partis directement d'Égypte. C'étaient MM. Poitevin, colonel du génie; Charbonnel, colonel d'artillerie; Beauvais, adjudant-commandant; Fornier de Montcazals, commissaire des guerres; Joie et Bouvier, officiers de marine; Mathieu, guide du général Bonaparte; Bessières, Gérard et Poucqueville, membres de la commission scientifique; ce dernier en qualité de médecin. M. de Poucqueville existe encore, et a publié une relation intéressante et détaillée de son voyage et de sa captivité avec ses compagnons d'infortune. C'est sans doute aux connaissances qu'il a acquises pendant son séjour dans ce pays qu'il a dû ce périlleux consulat de Morée, dans lequel il a su maintenir si noblement la dignité de la France.

Pris par un corsaire de Tripoli et d'Alger, les Français que nous avons nommés parvinrent à se faire considérer comme prisonniers de guerre, furent conduits à Constantinople, et renfermés dans l'affreux château.

M. de Poucqueville donne dans son ouvrage une description détaillée du château des Sept-Tours tel qu'il était à l'époque où il y a été conduit. C'est la dernière qui ait été publiée par un homme qui a vu, et, d'après nos informations, le château est encore aujourd'hui dans le même état. M. de Poucqueville y a retrouvé tous les cachots, tous les lieux de torture, même le puits de sang, qui existent encore. Nous n'allons emprunter à sa relation que ce qui sera nouveau pour le lecteur.

La garde du château des Sept-Tours se compose d'un aga, d'un kiaya, ou lieutenant sous ses ordres, et d'une garnison de cinquante-quatre disdarlis, divisées en dix sections, commandées par autant de belouk-bachis ou caporaux.

La place d'aga, ou de commandant du château, est directement octroyée par le grand seigneur, qui y nomme ordinairement un homme dont il veut récompenser les longs services. Il a pour principal revenu six mille piastres, affectées sur deux timars, situés aux environs de Rodosto. Celui qui occupait cette place pendant la captivité des Français était un vieillard nommé Abdallomid, d'origine tartare. L'aga est seul responsable. Pour cela tous les gens qui sont sous ses ordres sont à sa nomination, et versent entre ses mains un cautionnement qui répond de leur conduite.

« La porte d'entrée, peinte en rouge, garnie de lames de fer, dit M. de Poucqueville, est recouverte par une herse qu'on laisse tomber en cas de danger imminent. A droite est une salle d'armes remplie de vieux boucliers et d'armes anciennes de fer et de chaînes, et à gauche se voit une petite cabane qui est le poste du kiaya.

» Une chaussée pavée, bordée de boulets de marbre, conduit à la seconde enceinte intérieure. Pour y arriver, on passe près d'une petite mosquée qu'on laisse sur la gauche; le reste de cette cour est rempli d'une quarantaine de maisons, de jardins, de monceaux de pierres, et d'un fouillis de bois qui ont crû spontanément sur les décombres. Cette enceinte renfermait quelques maisons bien bâties; mais un incendie les détruisit, il y a environ une vingtaine d'années, et depuis on n'a rien rétabli.

» La seconde enceinte comprend la maison de l'aga et celle des prisonniers otages ou moussafirs. Elle est fermée par un cordon de murs de dix-huit pieds de haut, qui part en s'avançant pour circonscrire un espace carré qui embrasse les deux tours de marbre. On y entre par une grande porte peinte en rouge; à gauche est le corps de garde des soldats ou trébetgis; c'est une espèce de cabinet meublé d'un chétif sofa, et qui peut contenir dix hommes. On n'y voit ni armes ni attributs militaires; une douzaine de bâtons ou sopes sont les armes de ceux qui veillent en ce lieu. Au bout de ce mauvais pavillon se trouvait un petit cabinet occupé par un domestique; vis-à-vis ce corps de garde est une aile de bâtiment qui se prolonge jusqu'à six toises de la porte triomphale de Constantin; c'est la maison de l'aga, dont nous occupions une partie.

» Le pavillon attenant au nôtre était habité par le commandant et par ses femmes; il se trouvait sur le derrière un petit jardin et l'ouverture de la première tour de marbre.

» Une petite rue pavée, qui, de la porte d'entrée de la seconde enceinte, conduit à l'arc de triomphe, sépare la maison de l'aga du jardin, qui est bordé de palissades de ce côté. Ce jardin a la forme d'une équerre, dont un des côtés, parallèle à la seconde tour de marbre, a dix toises quatre pieds de long, sur trois de large, et l'autre, qui est parallèle à la maison de l'aga, a six toises sur une semblable largeur. Dans la première partie se trouve le cimetière des martyrs, qui occupe une surface carrée de deux toises. C'est là que les Turcs conservent les tombeaux de ceux de leurs chefs qui périrent à l'assaut des Sept-Tours; ils maintiennent la forme des fosses, auxquelles ils donnent des proportions gigantesques, pour inspirer une haute opinion de leurs belliqueux ancêtres. Ce lieu est environné d'un petit mur de deux pieds d'élévation, et toutes les nuits on y entretient un fanal, que le muezzin est chargé d'allumer.

» L'intérieur de ce jardin avait été très-bien orné par les Moscovites, qui y avaient fait peindre des paysages et bâtir deux kioskes ou pavillons; mais comme tout se dégrade entre les mains des musulmans, nous n'y avons plus trouvé que les ruines de ces embellissements. Notre position était trop difficile, à cause du dénûment dans lequel nous nous trouvions, pour entreprendre rien de semblable. Nous nous contentâmes donc de former des gazons, et un de nos camarades grava sur une table de marbre de la seconde tour l'inscription suivante :

A LA MÉMOIRE DES FRANÇAIS
MORTS DANS LES FERS OTTOMANS.
1801.

» L'étranger qui visitera un jour ces froides prisons, la lira avec intérêt, quand il saura ce que nous souffrîmes et les maux affreux de nos compatriotes dans le bagne.

» En sortant par l'arc de triomphe de Constantin, on passait autrefois sous la porte dorée, qui est maintenant bouchée. Cette issue des Sept-Tours ne conduit plus aujourd'hui que dans la seconde circonvallation ou enceinte extérieure des fortifications, formée par l'espace compris entre le premier et le second rempart. Ce terrain est occupé en grande partie par un jardin à moitié cultivé. A trente pas de l'arc de triomphe, sont quatre cyprès et quelques sycomores disséminés, formant des groupes qui se dessinent sur le fond du massif des tours de marbre, et présentent une vue pittoresque, lorsqu'on les aperçoit en venant du village de Saint-Étienne.

» Les Turcs ont revêtu la porte dorée d'une maçonnerie solide, afin d'en faire une citerne, et le commandant a fait bâtir deux pavillons dans le massif des ruines, qui subsiste encore. Il y a établi un jet d'eau qui se rend dans un bassin carré placé devant ces pavillons, dans l'intérieur du jardin ; on y vient fumer, et c'est le lieu de repos de l'aga, qui n'a pour perspective que la vue bornée des tours de marbre.

» On lit, sur les côtés des portes de l'arc de triomphe, des inscriptions grecques écrites avec une couleur rouge, qui expriment le nom de Dieu et sa grandeur: elles sont, ainsi que quelques croix grecques, disséminées sur les marbres, et paraissent être l'ouvrage des soldats pieux qui veillaient en cet endroit. Aux angles saillants des tours de marbre, sous la frise, on voit des aigles romaines.

» De l'angle nord de la première tour de marbre part un mur qui termine l'enceinte de ce côté, en se réunissant au second rempart.

» On voit, tout près de cette tour, une porte, appelée porte de la Victoire, que les Turcs vénèrent et au-dessus de laquelle ils entretiennent toutes les nuits un fanal allumé. Ils tiennent que ce fut par là que leurs ancêtres pénétrèrent dans Constantinople; ils regardent la terre qui l'avoisine comme formée toute entière de la cendre glorieuse des martyrs, et ils la respectent singulièrement. Cette porte, qui est absolument condamnée, donne au nord, dans le fossé où, depuis quelques années, on a établi un marché public de bœufs. Un petit escalier, par lequel on monte au-dessus, conduit dans un fossé qui, du nord de la première tour de marbre, s'étend jusqu'à la première porte de Constantinople; il est fermé par un mur transversal, percé de huit embrasures. Ce fossé est rempli de décombres, de bois, de grenadiers, de sycomores, et d'une multitude de tortues.

» Vis-à-vis la première tour de marbre, sur une demi-lune du rempart de la seconde enceinte extérieure, on a bâti un kiosk ou belvédère, où chaque semaine, en payant, on nous permettait de venir respirer l'air. On y monte par un escalier de six degrés en marbre brut de la Proconèse. Le kiosk est divisé en deux pièces, dont la première est percée, à l'ouest, de trois fenêtres, et d'un nombre égal, qui donnent vue, à l'est, sur le jardin. La seconde pièce, où nous allions passer quelques heures, était meublée d'un sofa, avait neuf fenêtres, et le plafond de toutes deux était peint avec simplicité et élégance.

» Près de la seconde tour de marbre; dans laquelle sont les cachots, il existe une palissade et une petite barrière qui donne entrée dans un enclos qui se termine également à un mur transversal, qui prend depuis l'extrémité méridionale de la base du pentagone des Sept-Tours jusqu'au second rempart. En cet endroit sont des décombres, des fragments de marbre, une multitude d'arbres et d'arbustes qui donnent une fraîcheur agréable. A force de demandes, de prières, en payant enfin, nous obtînmes la permission d'agrandir notre promenade de la jouissance de ce fossé, image du chaos. Nous en déblayâmes le fond, nous y fîmes une promenade, un jeu, un cabinet d'études; nous pouvions en même temps, du haut d'une butte formée de ruines, et qui s'élève jusqu'au milieu de la seconde tour de marbre, nous pouvions, dis-je, jouir d'une vue étendue quand nous sortions de dessous nos voûtes d'arbustes. Nous prenions alors plaisir à contempler le mouvement des vaisseaux qui sans cesse arrivent à Constantinople, chargés de produits industriels de l'Europe, ou qui sortent de son port avec les marchandises précieuses de l'Orient et des denrées qu'elle donne en échange.

» La première, la seconde et la troisième de ces tours, sont octogones et en bon état; elles n'offrent rien de particulier que les nids des *akababas*, que ces oiseaux voyageurs viennent établir chaque année dans leurs créneaux aériens. Dans l'intervalle de la première à la seconde tour, on trouve un puits obstrué par un monceau de pierres, et le mur est entièrement tapissé par des lierres. Dans la courtine de la seconde à la troisième tour, une petite colonne de marbre blanc indique le tombeau d'un tchorbadgi ou colonel des janissaires, qui périt à la prise de Constantinople. Les Turcs le révèrent comme un saint; le hasard a placé autour de sa tombe un haut laurier, un noisetier, un grenadier et un figuier qui y forment une espèce d'arceau. Il semble que la nature ait voulu distinguer ce petit coin de terre où repose un guerrier, par la fraîcheur du gazon et par les fleurs qui s'y trouvent. Vis-à-vis est un énorme cormier et quelques arbres de Judée, qui composent un groupe agréable.

» La quatrième tour, dont la forme est carrée, a beaucoup souffert des tremblements de terre; elle présente l'inscription suivante, que je donne telle qu'elle existe, quoiqu'elle se trouve dans *Procope* d'une manière propre à former un sens différent :

LE GRAND, LE TRÈS-GRAND ROMANUS A BATI POUR TOUS LES GRECS UN TEMPLE ET UNE TOUR DEPUIS LES FONDEMENTS.

» La cinquième tour est fendue depuis ses créneaux jusque dans ses fondements.

» Je profitai de l'intervalle des murs pour y pénétrer, et je trouvai à sa base un trou qui communiquait dans des jardins voisins. C'était un bon moyen d'évasion, si on ne nous eût renfermés, pendant la nuit, dans l'enceinte intérieure des Sept-Tours, ou si nous avions pu espérer de trouver un asile; mais quel ami, quel protecteur un Français avait-il alors dans les murs de Bysance, où tout était acharné contre lui? Il n'y avait aucun espoir d'intéresser une âme compatissante!

» La sixième tour, à moitié écroulée, nous fournit un moyen de monter sur le rempart et de visiter ce qui pouvait s'y trouver de curieux. Du haut de son parapet on découvre Constantinople, qu'on ne peut apercevoir de notre prison; de là nous engageâmes la conversation avec quelques Arméniens. Quant aux antiquités, je ne vis que des croix grecques, qui se trouvent reproduites en plusieurs endroits différents.

» La base de la septième tour est placée dans la mer, et les flots viennent s'y briser avec fracas quand les vents règnent dans la partie du sud: elle est entièrement vide dans son intérieur, et on lit sur son couronnement l'inscription suivante :

TOUR DES ROIS ET DES CONSTANTINOPOLITAINS.

» Une croix monogrammique termine cette légende, qui enveloppe les côtés occidental et méridional de cette tour.

» L'air des Sept-Tours est en général malsain et peut conduire au scorbut; dans l'été les murailles, échauffées par le soleil, transforment cette enceinte en une fournaise dont la température est fatigante. Le vent du nord est, comme pour la ville entière, le seul qui puisse la rendre saine, car si le vent du sud (lodos) souffle pendant quelques jours, il apporte avec lui des brouillards et l'odeur des manufactures et des boucheries voisines, qui seraient funestes si une semblable température avait de la durée. Qu'on joigne à ces inconvénients l'incommodité des insectes des pays chauds et une quantité de scorpions jaunâtres qui se glissaient jusque dans nos lits, et on aura une idée des localites.

» Les appartements que nous occupions, et surtout ceux du premier, étaient constamment humides, ce qui attirait les reptiles partout ; ils avaient, outre cela, le désagrément d'être froids en hiver.

» Cependant la Providence nous soutint dans une crise aussi pénible, et notre gaieté fut à peine obscurcie par quelques nuages. »

On voit, par cette description, que le château des Sept-Tours conserve encore des traces de tout ce que nous avons consigné dans cette histoire.

Les Français, comme on le voit aussi par la dernière phrase, supportèrent leur captivité avec courage.

« Chacun de nous, dit M. de Poucqueville, s'était créé des occupations utiles et agréables ; nous pûmes mêmes posséder quelques bons ouvrages que le drogman de la Porte, M. Sozzo, nous permit de demander à Péra ; mais ce que nous nous procurâmes en contravention aux lois de la persécution qu'on dirigeait contre nous, ce furent les journaux et la facilité d'entretenir une correspondance avec nos infortunés concitoyens qui gémissaient dans le bagne. Il ne s'agissait pas là d'intrigues que le poids de l'iniquité aurait rendues légitimes, mais de consolations, d'encouragements et de communications que le malheur commun nécessitait. On s'appuyait, on se soutenait mutûellement ; on se créait des illusions dont on avait besoin, on se représentait l'avenir embelli par l'amitié qui devait sécher les larmes qu'on versait alors ; enfin on était soulagé en espérant qu'on trouverait un jour le prix de tant de souffrances. Nous avions imaginé plusieurs moyens pour n'être pas découverts dans nos secrètes correspondances. Quelquefois nous faisions usage du ministère du drogman de la Porte, qui envoyait nos lettres à son adresse, sans se douter de ce qu'elles renfermaient, quoiqu'il les lût d'un bout à l'autre; mais comme ce moyen pouvait être découvert, l'industrie nous en suggéra plusieurs autres qui nous mettaient à l'abri des revers. Pour nous procurer les journaux, nous avions une malle précieuse qui se démontait pièce à pièce et dont chaque planche était une cachette impossible à découvrir, à moins d'être initié au secret Peu à peu nous étendîmes nos correspondances; quelques-uns de nous purent faire parvenir des lettres jusqu'au fond de l'Asie-Mineure, où se trouvaient des Français déportés. Il ne se passait enfin guère de semaine, dans un pays où il n'y a pas de poste, où l'on ne reçût aux Sept-Tours des nouvelles de Brousse, de Nicomédie, de Castambol, de Caraloissa, de Césarée, de Cappadoce et de Varna, en Europe.

» Par quelle magie, étant dépourvus d'argent, pouvions-nous faire tant de choses? C'est ce que le lecteur me dispensera de lui révéler. Nous avions des amis nombreux, dont le souvenir sera toujours trop cher à ceux qu'ils ont obligés pour jamais publier leurs noms. Que nos Argus, que les Cerbères du bagne sèchent de dépit, je suis loin de me plaindre dans cette occasion; ils ont mis trop de zèle à nous servir. »

Quelque temps après leur arrivée aux Sept-Tours, les Français éprouvèrent la vive douleur de voir mourir un de leurs compagnons d'infortune.

« En novembre 1799, continue M. de Poucqueville, l'adjudant-général Rose termina sa carrière. En vain, après sa mort, le chargé d'affaires, M. Ruffin, s'adressa à la Porte, afin d'obtenir qu'on fît des obsèques honorables à cet officier. On laissa pendant trois jours ses restes inanimés au milieu de nous. Les églises chrétiennes ne se contentèrent pas d'imiter les Turcs; le clergé de Saint-Mathias refusa non-seulement son ministère, mais une bière pour transporter le corps, en disant qu'il souffrirait plutôt la mort que de se mêler des funérailles d'un Français. Enfin, après avoir presque désespéré d'obtenir un tombeau pour notre camarade, un boiourdi, ou décret du Caïmacan, fut transmis à l'aga des Sept-Tours. Il portait en substance l'autorisation de faire enterrer le corps *d'un Caffre crevé au château impérial des Sept-Tours.* Un des commis du drogman de la Porte vint en même temps, avec quatre portefaix arméniens, enlever le corps, qu'il fit inhumer dans un champ voisin, sur le chemin de Saint-Étienne. A cette époque, où tous les liens de la morale étaient rompus, où nos persécuteurs nous réprouvaient, il ne se trouva pas un ministre chrétien assez généreux pour rendre les derniers devoirs à un enfant de cette religion bienfaisante qui commande la charité. »

Nous avons connu personnellement un des prisonniers des Sept-Tours, M. Fornier de Montcazals, qui se plaisait à faire à ses amis le récit de ses infortunes pendant sa captivité. Il nous a confirmé tous les détails que nous venons de donner.

Jeune et beau militaire, il était parvenu à lier une intrigue avec une des femmes de l'aga, qui le consolait dans les misères de sa captivité. Ami intime de M. de Poucqueville, il était toujours choisi pour l'accompagner en qualité d'aide chirurgien, toutes les fois que ce dernier était mandé dans le château pour donner des soins, auxquels on avait souvent recours. Il en résultait pour eux des repas qu'ils partageaient avec avidité, car la nourriture de la prison était très-mauvaise. Le kaiya l'avait pris aussi en amitié, et voulait qu'il lui apprît le français. Montcazals, à l'aide d'un peu d'italien que le Turc parlait, essaya de lui donner des leçons; mais il ne put jamais lui apprendre que cette phrase : *Mon ami, voulez-vous des violettes?*

Cette captivité, du reste, fut très-funeste à Montcazals. Il avait quitté l'Égypte pour cause de maladie, malgré cette phrase caractéristique de Bonaparte, qui voulait le retenir : *Partout où est le corps est la mort.* Commissaire des guerres spécialement attaché à sa personne, il était aimé du général en chef, qui fut piqué de sa persévérance à quitter l'Égypte. A son retour en France, il trouva Bonaparte premier consul, et sa place prise auprès de lui. Le premier consul lui garda même de la rancune pendant quelque temps; mais Louis Bonaparte étendit sur lui toute sa bienveillante protection. Louis, déjà lié d'amitié avec lui en Égypte, l'avait surtout déterminé à la résolution de donner sa démission et de quitter l'armée. Il devait l'amener avec lui, car il partait le lendemain pour apporter des dépêches de son frère au Directoire. Bonaparte lui défendit de recevoir à bord son ami; de là le départ de Montcazals avec les autres personnes que nous avons nommées, de là sa captivité cruelle. Louis Bonaparte crut devoir réparer la catastrophe dont il avait été en quelque sorte la cause. Il le fit noblement. Appelé au trône de Hollande, il eut l'autorisation d'emmener avec lui douze Français. Montcazals fut inscrit le premier sur la liste. Le roi de Hollande le combla d'honneurs et de dignités à la nouvelle cour qu'il vint établir dans son royaume. Peu après, son abdication entraîna aussi la chute de tous les dignitaires. Montcazals revint en France, et cette fois l'empereur l'employa utilement dans ses armées, tout en lui rappelant la belle carrière qu'il avait manquée s'il ne l'eût pas quitté en Égypte :

— Mais vous avez eu deux grandes leçons, ajouta-t-il, qui doivent avoir corrigé votre mauvaise tête. La première est votre captivité aux Sept-Tours; la seconde, l'abdication du roi de Hollande.

M. de Montcazals est mort il y a quelques années à Toulouse, où il s'était retiré, vivant avec un petit nombre d'amis qui l'ont vivement regretté. Il avait continué ses relations intimes avec son ancien souverain, le comte de Saint-Leu, pour lequel il conservait une touchante reconnaissance. Il fit, peu de temps avant sa mort, un voyage à Florence, pour voir une dernière fois ce prince. C'est peu d'années après qu'il nous a été enlevé. M. de Montcazals a emporté l'estime profonde qu'inspiraient ses hautes qualités et son noble caractère. Il a voulu qu'on inscrivît sur son tombeau : *Prisonnier aux Sept-Tours.*

Comme ses compagnons d'infortune, il ne sortit de cette prison qu'à la paix. Tous les Français alors furent rendus à la liberté, excepté ceux à qui Dieu l'avait envoyée déjà en les rappelant à lui. Le nombre en fut considérable, et les tortures du bagne de Constantinople décimèrent aussi bien nos officiers et nos soldats que les boulets du champ de bataille.

Les dernières traces des captifs qui méritent d'être mentionnés aux Sept-Tours sont celles de nos compatriotes. Depuis, ce château ne reçut plus de prisonniers importants. A Selim III succéda bientôt Mamouth II, le sultan régénérateur, qui eut la gloire d'anéantir le redoutable corps des janissaires. Les révolutions de sérail ne se sont plus renouvelées depuis cette époque, et par contre le château des Sept-Tours a perdu son ancienne destination. C'est le sultan Mahmoud, comme nous l'avons déjà indiqué, qui a aboli cette prison d'État. Aujourd'hui le château des Sept-Tours ne renferme plus de prisonniers (3), et continue à s'élever aux portes de Constantinople, souvenir d'effroi et de tyrannie pour les Turcs, et de barbarie pour les nations civilisées.

Le peuple ottoman doit conserver avec soin ce monument; c'est là que sont inscrites les grandes leçons de l'histoire, et à mesure que la régénération turque marchera de progrès en progrès, il planera sur les ruines de la barbarie, contraste vivant et éternel des crimes des empereurs, des grands et de la soldatesque égarée.

Mais si la justice d'un empereur a détruit le château des Sept-Tours, elle ne s'est pas étendue jusqu'aux autres prisons. De renseignements que nous avons obtenus, et d'un document officiel que nous avons sous les yeux (4), il résulte qu'elles sont sous tous les rapports dans les conditions les plus funestes, et soumises au régime le plus atroce.

Et d'abord, il n'est pas de pays où l'on emprisonne aussi facilement un homme qu'en Turquie, comme il n'est pas de pays où l'on n'élargisse avec plus d'empressement. Il suffit dans le premier cas de la colère, de la mauvaise humeur, de la vengeance d'un pacha ou d'un subalterne; il suffit dans le second de la réclamation ou caution d'un parent, d'un ami, d'un protecteur, à moins d'un crime trop manifeste. De cette extrême facilité des deux parts, il résulte que beaucoup de prisonniers sont ce qu'on appelle *oubliés*, et meurent dans la prison. M. Blanqui cite plusieurs détenus de cette catégorie renfermés depuis plus de huit ans sans avoir jamais été interrogés. Ils avaient été envoyés à Constantinople par un pacha de province, et écroués sous la dénomination de *mauvais garnements*.

Constantinople compte quatre grandes prisons. L'arsenal d'abord, où est le bagne dont nous avons parlé; la prison du *Seraskier*, ainsi nommée parce qu'elle est à côté de l'hôtel du ministre de la guerre, chargé de la police de la ville; elle correspond au dépôt de la préfecture de police; la prison dite *de la Porte*, et celle dite *Topana*, qui tire son nom du quartier où elle est située. Les prisons militaires sont attenantes particulièrement à chaque caserne.

Les prisons générales se ressemblent pour le régime et le personnel, et presque pour les localités, et celle du *Seraskier* les résume toutes. Nous allons en donner une idée. Elle comprend cinq cours irrégulières, dont la malpropreté et le désordre sont dégoûtants. Le long de ces cours sont rangées des *chambres à aire de terre battue*; elles sont à peine éclairées. Un trou pratiqué dans un coin sert à recevoir les eaux. Les détenus n'ont ni lits, ni nattes, ni paille; ils couchent tout uniment sur le sol.

Une de ces pièces était autrefois une piscine, et reçoit le jour par des ouvertures pratiquées à la voûte. Elle est destinée aujourd'hui aux *grands condamnés*. Ils sont attachés par une chaîne rivée dans le mur. Leur nourriture se compose tous les jours de pain noir et de fèves. C'est la seule catégorie de prisonniers qu'on ait faite dans cette prison. Le reste des détenus est mêlé ensemble.

« Tous les autres condamnés ou prévenus, dit M. Blanqui, enfants ou vieillards, sont répandus dans les cours voisines et couchent pêle-mêle sur le sol, dont l'aspect repoussant ne saurait se décrire. Les détenus pour dettes sont forcés de vivre au milieu de cette tourbe. J'en ai compté une douzaine, dont trois vieillards, de la figure la plus vénérable et la plus distinguée, qui étaient parvenus à se blottir et à se fortifier dans un coin, et qui produisaient un contraste affligeant au milieu de cette horde de misérables.

» Telle est pourtant l'influence du sentiment de la justice sur l'esprit des hommes, que dans ce gouffre même, où les hommes étaient abandonnés comme des bêtes fauves, il s'était établi une sorte d'ordre et de hiérarchie parmi eux : les détenus pour dettes s'étaient rangés à part dans une cellule; les enfants dans une autre; les assassins dans une troisième, chacun du consentement de tous; *les vendeurs à faux poids* sont seuls exceptés de cette classification méthodique et livrés comme une proie aux agressions de leurs compagnons d'infortune, en signe du profond mépris qu'inspire le délit dont ils se sont rendus coupables. »

Tel est l'aspect de la principale prison de Constantinople, qui est pour la Turquie une prison modèle, car les autres lieux de réclusion, dans le reste de l'empire, sont pires encore, sous plus d'un rapport. Ces prisons sont ordinairement situées dans des caves ou des rez-de-chaussée au-dessous du niveau du sol. On n'y reçoit l'air et le jour que par de rares et étroites ouvertures autour desquelles les prisonniers se pressent pour respirer. Il arrive toujours pour cela des rixes souvent meurtrières, car il n'y a aucun régime, aucune règle pour que chacun, à son tour, puisse humer autant d'air qu'il lui en faut pour vivre ; c'est la force brutale qui triomphe. Les détenus sont abandonnés à l'arbitraire des geôliers, qui se bornent à les garder étroitement, s'inquiétant peu qu'ils soient entassés les uns sur les autres. La forteresse de Widin, qui contient une prison pareille, n'a pas non plus de cour ; cependant on a songé à l'état sanitaire des prisonniers et on leur permet une promenade pendant le jour. Pour cela, on les charge de chaînes et on les conduit, sous bonne escorte, dans le préau public, où ils sont exposés aux regards des passants et aux injures des enfants.

La prison de Sofia, dans la Bulgarie, est une véritable cave, pareille à celles que nous avons en France. Il faut descendre vingt marches pour y arriver ; le jour n'y pénètre que par une ouverture large tout au plus pour y passer la main ; aussi a-t-on été forcé d'établir une espèce de règle pour que les prisonniers pussent y vivre : ils viennent à tour de rôle respirer au haut de l'escalier, contre la porte, qui est en fer et à claire-voie.

La nourriture est à l'avenant de tout, et la prison ne fournit pas de vêtements, de sorte qu'il est des détenus littéralement nus, si leur famille ou leurs amis ne viennent pas à leur secours.

D'après cette description de l'état matériel des prisonniers, on peut juger de ce que doit être leur état moral ; on peut comprendre, sans que nous ayons besoin de l'expliquer, les souffrances, les misères, les tourments de tout genre qui naissent d'un pareil ordre de choses et d'un pareil arbitraire. C'est le reste de la barbarie turque ; c'est au-dessus de toute critique, au-dessus de tout conseil, au-dessus de toute réprobation. Aussi, envisageant la régénération qui s'étend de jour en jour sur ce pays, au lieu d'anathématiser et de maudire, nous dirons notre espérance dans le progrès de la civilisation et de la justice. On a détruit les janissaires pour former une armée ; on détruira les antres de torture et de mort pour en faire des prisons.

LA TOUR DE LONDRES.

I

La Tour, demeure royale et forteresse. — Son origine. — Époque de sa fondation. — Description de la Tour. — Le constable de la Tour. — La reine Éléonore, femme de Henri III, assiégée dans la Tour. — Griffin, fils du prince de Galles Lewellyn meurt en voulant s'évader de la Tour. — William Wallace, condamné à mort par Édouard Ier, est exécuté à Tower-Hill. — Mortimer, favori de la reine Isabelle. — Histoire de la Tour pendant la révolte des communes sous la conduite de Wat-Tyler. — Le peuple prend la Tour. — Meurtre de l'évêque de Cantorbéry. — La chambre de la princesse de Galles est mise au pillage. — La rose rouge et la rose blanche. — Marguerite et Henri VI à la Tour. — Mort de Henri VI. — Le duc de Clarence à la Tour. — Il est noyé dans un tonneau de malvoisie. — Les enfants d'Édouard à la Tour.

On peut comparer la Tour de Londres au Palais de Paris. Tous deux, demeure royale, bâtis tous deux pour loger les rois et servir à tous leurs usages, ces deux édifices rappellent au philosophe ce que dans chaque pays ont fait les hommes supérieurs aux autres par leur prospérité. L'abus de la force est cet usage même auquel les rois destinaient autrefois les bâtiments construits par eux.

Nous avons suffisamment expliqué dans *la Conciergerie*, à propos de nos rois, comment un château fort en maintenant le prince contre ses ennemis du dehors, lui servait à retenir les vaincus, comment le château fort était à la fois forteresse et prison. Cette théorie s'applique absolument à la Tour de Londres, et nous ne la répéterons pas ici.

Nulle part comme en Angleterre la maison royale n'eut besoin d'être solide et fortifiée. Les rois, appuyés sur leurs barons contre le peuple, se réfugièrent plus souvent dans la Tour pour éviter leurs barons que pour se soustraire au peuple. La féodalité ressemble un peu à ce bonhomme Saturne qui dévorait ses enfants, et jamais le vassal n'a manqué l'occasion de ruiner et d'engloutir son suzerain; touchante réciprocité dont l'exemple avait été donné par le suzerain, qui ne négligeait pas de ronger et d'absorber ses vassaux, selon le conseil du bon plaisir.

Si l'on considère attentivement la Tour de Londres, on verra combien les anciens rois d'Angleterre se trouvaient mal assurés sur leur trône. Jamais, dans les temps reculés, édifice ne montra plus manifestement la terreur de son propriétaire.

Il est bâti sur la rive nord de la Tamise, à l'extrémité de la ville, au moderne centre à peu près de l'antique Londres, comme le palais de Paris était bâti dans la Cité, au cœur de la vieille capitale. On retrouve les mêmes idées chez tous les despotes bien organisés.

L'origine de la fondation de cette Tour est sujette à discussion. Plusieurs conjectures, appuyées sur des documents, attribuent aux Romains la construction d'un édifice situé sur l'emplacement de la Tour actuelle. On a trouvé en 1777 plusieurs coins d'or, l'un d'Honorius, empereur; l'autre d'Arcadius, qui annoncent l'existence du bâtiment antérieur. Mais l'opinion la plus accréditée est que le roi Guillaume Ier, voulant s'assurer l'obéissance de ses nouveaux sujets, bâtit la tour au commencement de son règne, y mit une garnison imposante de Normands, et s'établit avec le plus de sécurité possible, selon l'usage des conquérants et des rois, se gardant de ses sujets en les gardant.

Nous ne nous livrerons pas à un examen approfondi de cette discussion, qui n'est pas le but réel de notre ouvrage, et n'a pour nous qu'une importance secondaire. La Tour existe; nous voulons la croire bâtie par Guillaume le Conquérant. Nous verrons ce que les rois ses successeurs ont fait de l'héritage qu'il leur a laissé ; voyons d'abord ce que c'est physiquement que la Tour de Londres, puisque les monuments ont leur caractère comme ils ont leur physionomie, souvent inséparables l'un de l'autre.

Cette tour est un composé de tours et de bâtiments d'une contenance considérable. L'espace compris entre les fossés est de trois mille cent cinquante-six pieds anglais. La Tour est séparée de la Tamise par une plate-forme aux extrémités de laquelle sont des passages pour aller au donjon principal. Les abords sont fortifiés avec un grand soin. Des magasins d'armes et de munitions sont renfermés dans diverses parties de la Tour. Nous en ferons le détail quand nous serons arrivés à la Tour moderne. Les fossés ont dû contenir beaucoup d'eau, mais n'en contiennent plus qu'une faible quantité. Ils sont même aujourd'hui remplis de bicoques et de maisons d'utilité.

Du côté de la Tamise est une entrée sous une arche. On l'appelle la *Porte du Traître* (Traitor's Gate). C'est par là que les prisonniers d'état étaient amenés par eau, et de nuit, pour éviter tout scandale et toute publicité. La tour la plus voisine de cette porte s'appelle *la Tour de Sang*. Ce nom lui fut donné sous le règne d'Élisabeth, disent les statistiques anglaises, et l'on ne sait à quel sujet.

Les appartements royaux sont situés à l'angle sud-est. Ils sont d'un style remarquable par la simplicité de l'architecture.

La Tour Blanche (White Tower) est un bâtiment de trois grands étages, avec des terrasses d'où la vue est immense. Elle fut bâtie en 1070, par Gandolphe, évêque de Rochester. Au premier étage sont deux vastes galeries qui renferment aujourd'hui le musée maritime, plus des armes pour équiper trente mille hommes. On cite le réservoir comme une curiosité.

La chapelle, sous l'invocation de saint Pierre aux Liens, renferme les corps des illustres victimes mises à mort dans la Tour ou sur les esplanades voisines.

La Tour de Wakefield dépend des archives. Henri VI y fut assassiné. Elle tire son nom de la bataille de Wakefield, après laquelle on renferma dans cette tour les prisonniers.

La Chambre des Joyaux est un sombre caveau de pierre, dans lequel sont déposés les joyaux ou l'imitation des joyaux de la couronne d'Angleterre. Nous reviendrons sur cette galerie en traitant la partie moderne de l'histoire de la Tour.

Dans la Tour de Beauchamp furent renfermées les deux reines Anne de Bouleyn et Jane Grey. On y voit la chambre de cérémonie (mess-house) occupée par la première.

Édouard IV bâtit une tour qui s'appela d'abord le Boulevard, et qui, plus récemment, réservée à la ménagerie, s'est appelée *la Tour des Lions*. Elle est située non loin de l'entrée de la Tour.

Cette principale entrée est à l'ouest. Un carrosse y peut passer; elle consiste en deux portes donnant sur le fossé; un pont de pierre y conduit. Ces portes sont ouvertes et fermées avec une sorte de cérémonie. La garde des clefs est confiée à un portier d'honneur, à un sergent et six hommes qui en ont le dépôt pendant le jour, mais les rendent chaque soir au gouverneur.

Ce gouverneur, appelé constable de la Tour, est l'officier qui aux couronnements ou dans les grandes cérémonies d'apparat, est préposé à la garde des insignes de la royauté. C'est un poste éminemment honorable.

Le lecteur voudra bien se contenter dès l'abord de cette nomenclature, dont nous avons à dessein exagéré la sécheresse. Il vaudra mieux connaître dans chaque occasion la Tour de Londres par les détails qui se lieront au sujet.

Vers le treizième siècle, sous le règne de Henri III, prince faible et débonnaire, la noblesse anglaise, jalouse des priviléges que le roi accordait sans relâche aux Provençaux, compatriotes de la princesse qu'il venait d'épouser, levèrent l'étendard de la révolte, soutenus par Simon de Montfort, comte de Leicester, et par d'autres ambitieux. Éléonore, fille du comte de Provence, avait appelé près d'elle une cour tout entière de Provençaux, et les faveurs pleuvaient sur ces étrangers comme elles avaient plu quelque temps avant sur les Poitevins, grâce à un caprice de Henri III. L'évêque de Valence, prélat de la maison de Savoie, oncle de la reine, était premier ministre, et pressurait l'Angleterre pour s'amasser des trésors à lui et aux siens. Pierre de Savoie, un de ses autres frères, était nommé comte de Richemond. Boniface de Savoie était élevé au siége de Cantorbéry, le premier de l'Angleterre. On appelait de Provence des jeunes filles nobles que l'on mariait aux plus riches des jeunes seigneurs anglais que le roi avait sous sa tutelle.

Ce ne fut pas tout. Quand les Provençaux et les Savoyards furent bien repus et purent digérer tranquillement, Henri III appela d'autres affamés qu'il se mit à gorger à leur tour, à l'exclusion de la noblesse anglaise, toujours sacrifiée à ces nouveaux favoris. La mère du roi se remaria au comte de la Marche, et eut quatre fils qu'elle envoya près de leur frère, en Angleterre. Voilà les Gascons accrédités à Londres, comme les Provençaux et les Savoyards. Voilà les honneurs, les gratifications de toute espèce qui recommencent à pleuvoir pour ces nouveaux venus; voilà une troisième sorte de gens désignés à l'exécration des Anglais. Ces étrangers prenant du pays tout ce qu'il avait de bon, laissaient avec soin tout ce qu'il avait de fâcheux pour eux, et lorsqu'on les accusait de faire trop bon marché des lois du pays, ils répondaient naivement :

— La loi anglaise? Que nous importe à nous? Est-ce que nous sommes Anglais? Nous sommes sujets provençaux, ou poitevins, ou gascons.

Et ils continuaient de mener joyeuse vie, sous la protection immédiate de quelque favori du roi ou de la reine.

Tandis que les Anglais étaient ainsi dépouillés par leur roi, ce roi était volé par les papes Innocent IV et Alexandre IV. Le premier de ces deux avait dépouillé l'empereur Frédéric de ses possessions en Italie; il les vendit au roi d'Angleterre, moyennant qu'il en ferait la conquête sur Mainfroy, ennemi du pape; et pour qu'il fît cette conquête, il lui avança de l'argent hypothéqué sur ses royaumes à conquérir. Henri III accepta; et Innocent IV se vit bien heureux de trouver un homme qui faisait pour lui la guerre à son ennemi. Cependant Mainfroy se soutenait, et le roi d'Angleterre avait chargé son royaume à venir d'une si énorme hypothèque qu'il pensait à faire banqueroute au pape. Ce que voyant, celui-ci, ou plutôt son successeur, leva une taxe dans les états même du monarque anglais.

Ce fut un des plus rudes coups pour ce prince. Les barons et les évêques anglais refusèrent de payer la taxe, et annoncèrent l'intention de prendre le casque si on leur contestait les bénéfices de la mitre.

Au milieu de ces mécontentements, un redoutable ennemi vint prendre sa part de la révolte, en attendant les avantages qui en résulteraient. Le comte de Leicester fit chasser les frères utérins du roi, et détruisit peu à peu autour du trône tous les appuis sur lesquels Henri III pouvait encore compter. Un seul cependant lui résista, ce fut le jeune Édouard, héritier de la couronne, qui régna glorieusement depuis sous le nom d'Édouard Ier.

Éléonore voyait se former l'orage. Elle n'avait pas assez de souplesse dans l'esprit pour accorder au peuple et aux barons ce qu'ils devaient finir par lui extorquer. Elle tenait bon contre les clameurs et les menaces, soutenue d'ailleurs par l'intrépide attitude de son fils Édouard, qui était adoré du peuple. Ce jeune prince, âgé de vingt-trois ans, surveillait les barons, et Leicester surveillait l'armée chancelante dans sa foi, et, comme le lion, attendait pour se précipiter sur ses ennemis qu'ils lui donnassent sujet de les attaquer. L'occasion se présenta.

La reine Éléonore revenait de la campagne, et habitait la Tour. Elle y vivait comme d'habitude avec sa cour de favoris et de compatriotes. Le prince, qu'elle vit soucieux et inquiet, lui répondit un jour qu'elle lui demandait ce qu'il craignait :

— Je crains, dit-il, ma mère, que les ennemis extérieurs ne viennent bientôt se joindre à nos ennemis de Londres et du royaume. Savez-vous dans quelle tour je suis logé, madame?... C'est un triste présage, à ce que m'ont dit mes devins.

— Vous habitez *la Tour Blanche*, mon fils, à ce qu'il me semble.

— Oui, ma mère, celle qui fut donnée pour prison à Griffin, le fils aîné du prince de Galles Lewellyn; c'était le frère du prince de Galles actuel; il fut livré par son frère au roi Henri III et renfermé dans la Tour; vous savez qu'il voulut s'en évader, ma mère, et que cette tentative lui coûta la vie.

— Eh bien! mon fils, qu'y a-t-il d'effrayant pour vous dans l'histoire de cet événement? Les princes de Galles n'étaient-ils pas ennemis déclarés de l'Angleterre? Ne les a-t-on pas vaincus et soumis? Qu'a de commun le Gallois Griffin avec mon noble fils Édouard, de race royale?...

— Voici, ma mère, ce qu'il y a de commun, dit le jeune prince en remettant à la reine un parchemin roulé dans un roseau. Ce matin je me promenais, suivant mon habitude, sur la galerie supérieure; un homme s'arrêta en bas à me regarder, puis leva son bonnet et cria : « Dieu sauve le prince Édouard! » Puis, me faisant signe de prêter attention à ce qu'il allait faire, il apprêta un arc du pays de Galles, y plaça le roseau que vous voyez attaché à une longue flèche, et lança la flèche avec l'adresse dont les Gallois seuls sont capables, de telle façon qu'en décrivant sa courbe dans les airs, elle vint tomber précisément à mes pieds. Je ramassai la flèche, et détachai le roseau, où j'ai trouvé ce parchemin. J'ai lu, lisez vous-même, ma mère.

La reine lut en effet, et ses joues se couvrirent d'une pâleur mortelle.

« La Provençale sera chassée avant peu ignominieusement comme elle le mérite; son fils occupe le plus bel appartement de la Tour Blanche, triste prison du Gallois Griffin. Avant peu il habitera peut-être le caveau sombre où gémit le prisonnier. »

— Eh bien! est-ce rassurant, ma mère?

— Est-ce que mon fils se laissera emprisonner comme Griffin, et me laissera chasser ignominieusement? La Tour que nous habitons n'est-elle pas bonne pour nous défendre?

— Dieu veuille, madame, répliqua le prince, que vous persévériez dans ce courage; quant à moi, j'espère ne pas dégénérer d'ici à ce que le danger se montre. Les Gallois ne me tiennent pas encore dans la Tour; mais ils tiennent la ville de Londres, conjointement avec les partisans du comte de Leicester et des barons, nos ennemis. Me promettez-vous, madame, de garder ce courage indomptable que vous montrez, et qui vous sied si bien, jusqu'aux fêtes de Pâques, lesquelles approchent?

— Vous savez donc quelque chose, mylord? dit la reine.

— Je pense savoir assez de choses pour vous demander de rester à la Tour jusqu'à Pâques, ma mère.

— Eh bien, mon fils, pourquoi n'y resterais-je pas? A quel propos quitterais-je une forteresse imprenable, une demeure commode?

Le prince ne répondit pas à cette question.

— J'ai votre parole, madame, dit-il; non-seulement ne quittez pas la Tour, mais si par hasard vous entendiez du bruit, si vous voyiez quelque émotion populaire, ne vous montrez point. Attendez que je vous aie conseillée.

La reine fut surprise, et à son tour alla porter un front soucieux au milieu de ses assemblées de courtisans insouciants.

Vers Pâques, en effet, la sédition éclata. Le lord maire Thomas Fitz Richard, dévoué au comte de Leicester, supprima toute la police nécessaire à cette époque de fêtes dans une ville turbulente comme Londres. Les conjurés se répandirent dans les rues, et se mirent à piller les banquiers lombards, et les juifs furent dévalisés; c'était un moyen de donner de l'argent à la sédition. Après les banquiers on pilla les seigneurs du parti de la cour, les Provençaux et les Poitevins. On n'oublia pas les Gascons. Le tumulte s'augmenta de l'incendie, car pour bien détruire il faut brûler.

La reine comprit alors que son fils avait prophétisé juste. Elle se souvint de ses recommandations, à l'exception toutefois de la principale, qui était de ne pas quitter la Tour. Éléonore, effrayée plus encore des cris de ses femmes et des lamentations des courtisans que du ravage de ses propriétés, perdit tout à fait la tête. Il lui sembla que les flammes allaient envahir la Tour; elle se figura que la tactique de ses ennemis était peut-être de la brûler vive dans sa forteresse, et bientôt elle donna l'ordre du départ. On prépara donc pour la reine un bateau dans lequel s'entassèrent à la hâte les femmes, les favoris, la reine, et les plus disponibles trésors. Si l'on pouvait gagner le château de Windsor, on était sauvé, car le prince Édouard, absent pour recruter des partisans à la cause royale, pourrait amener une armée sous les murs de Windsor, tandis qu'à Londres les portes étaient fermées. On partit malgré le jour, malgré les attroupements du peuple, qui surveillait les préparatifs de ce départ.

Les princes n'ont jamais le moyen d'échapper comme de minces particuliers, ou plutôt ils n'osent le faire. Ils sentent le danger de déposer en un moment critique cet appareil qui pour la paix est un cortége, et pour la guerre une défense. La barque royale fut reconnue bientôt à son luxe et à ses gardes. Le peuple se porta en foule le long des rives de la Tamise lorsqu'il vit cette embarcation s'approcher du port; il amassa d'énormes pierres pour la couler à fond lorsqu'elle passerait sous l'arche; et en attendant, il lança sur les dames de la cour et sur la reine tant de menues pierres, de boue et d'œufs pourris, il cria si énergiquement : *Noyons cette sorcière*, qu'Éléonore eut plus peur dans son bateau qu'elle n'avait eu peur à la Tour, et fit virer de bord.

Un peu plus tard, cet affront fait par le peuple à sa reine fut lavé dans le sang par Édouard; mais l'ardeur qu'il mit à se venger causa les plus grands malheurs à sa famille et à lui-même. Leicester ayant livré bataille au roi Henri III, à Lewes, Édouard, qui commandait l'avant-garde de l'armée royale, aperçut au poste d'honneur, dans l'armée rebelle, les milices de Londres, composées des plus hardis mutins. Il donna si rudement sur ces bourgeois qu'il les rompit en un moment, et les poursuivit pendant quatre milles, massacrant toujours sans trêve ni pitié. Mais pendant qu'il satisfaisait ainsi sa haine, il ne songeait plus au reste de l'armée, que Leicester, par une manœuvre habile, séparait du corps vainqueur et battait complétement. Le roi Henri III, père d'Édouard, et le roi des Romains, son oncle, furent faits prisonniers. Édouard, pour obtenir leur liberté, fut contraint de se livrer lui-même comme otage à Leicester, qui les envoya d'abord au château de Douvres, puis, plus tard, le renferma dans la Tour même, accomplissant ainsi, par un singulier hasard, la prédiction étrange que le Gallois avait faite à Édouard.

Plus tard, Édouard régna sur l'Angleterre, et ce prince qui mérite d'être compté parmi les grands rois de ce pays, donna dans la Tour même un lugubre exemple de l'imperfection humaine. Il avait été souvent généreux et clément; ce sont deux qualités inséparables du véritable courage. Mais les Écossais s'étant révoltés sous la conduite de Wallace, homme d'une valeur et d'un mérite au-dessus de son siècle, Édouard fut plus jaloux de la gloire acquise par ce héros de l'Écosse qu'il ne fut blessé des pertes essuyées par les Anglais. Il acheta bassement à un traître la vie de Wallace, qui se cachait en Écosse. John Monteith fut cet infâme qui vendit son ami. Edouard ordonna que Wallace fût chargé de fers et conduit à Londres. On l'enferma dans la Tour, et l'on fit instruire son procès par une cour criminelle.

Il fallait cependant un texte à cette accusation. On allégua les abus commis pendant la guerre, et les chefs d'accusation furent la trahison et la rébellion. Wallace objecta en vain qu'il avait comme ennemi fait une guerre loyale; que n'étant ni sujet ni vassal du monarque anglais, n'ayant jamais prêté serment de fidélité à sa couronne, ni fait la moindre soumission, il ne pouvait être regardé comme rebelle ou comme traître. Les yeux affaiblis d'Édouard étaient offusqués de cette gloire pure et brillante; le roi chevalier avait fait place au vieillard politique. Édouard, qui ne voyait pas de sécurité pour sa domination sur l'Écosse tant que Wallace vivrait, et qui ne se sentait plus la force d'effacer par des exploits nouveaux ceux de son émule de gloire, résolut que le prisonnier mourrait. Il fut condamné à mort, et exécuté sur la plate-forme de la Tour (Tower hill) en 1305. Édouard se trompait dans ses deux plans. Il souilla sa gloire en touchant à celle d'autrui, et au lieu d'assujettir à jamais l'Écosse par la suppression d'un capitaine, il féconda le sang du martyr. Après Wallace, qui n'avait pas accompli sa tâche, vint Robert Bruce, qui le vengea et le surpassa.

La Tour de Londres fut encore assiégée en 1326, sous le règne d'Édouard II, fils du précédent. Ce fut encore un favori, lord Spenser ou le Despenser, qui fournit aux barons et au peuple le prétexte de la révolte. Édouard avait envoyé en France sa femme Isabelle, sœur de Charles le Bel, pour accommoder avec ce prince un démêlé survenu en Guienne, à cause des ministres du roi anglais. La reine trouva en France les restes de la faction du duc de Lancastre, que Spenser avait fait condamner à mort. Elle haïssait le favori; les mécontents se rallièrent à elle, et bientôt l'un d'eux, Roger Mortimer, baron puissant sur les frontières de Galles, prisonnier d'état qui s'était évadé de la Tour, Mortimer, disons-nous, fit une telle impression sur l'esprit et le cœur de la reine, qu'elle se mit, pour plaire à son amant, à la tête d'un complot ayant pour but de détrôner Édouard II, et de perdre Spenser et ses créatures. Le peuple crut que la reine faisait cette opposition dans l'intérêt de la nation, et bénit la reine. Charles le Bel, appuyant secrètement les desseins de sa sœur, lui composa une armée de trois mille hommes. Le roi s'enfuit de Londres, abandonnant ses défenseurs. Le peuple égorgea et pilla tous ceux qui tenaient pour le roi et Spenser, arrêta l'évêque d'Exeter, qui n'avait pas voulu trahir la cause royale, lui coupa la tête, et jeta son corps dans la Tamise, puis vint mettre le siége devant la Tour, s'en empara par surprise, et forma une association de citoyens qui s'engageaient à tuer sans miséricorde tous ceux qui n'embrasseraient pas la cause d'Isabelle et de son fils le prince de Galles. Spenser, favori du roi, et son père le comte de Winchester, furent mis à mort par les ordres de Mortimer, qui régna ainsi dans Londres sous le nom et l'autorité de la reine Isabelle. Bientôt le roi lui-même fut assassiné au château de Berckley, en 1337.

Mais à travers tant d'événements, le peuple anglais marchait peu à peu vers un rayon d'indépendance qui le guidait dans cette voie sanglante. Les révolutions détruisent les hommes, bouleversent les fortunes, mais consacrent et affermissent les principes.

De la Flandre et de la France, où déjà les paysans avaient commencé à s'inquiéter de leur avenir, la fermentation était arrivée en Angleterre, et se trouvant à un degré suffisant, elle s'étendit dans le développement presque complet de sa vigueur.

Un certain John Ball, prédicateur du comte de Kent, se mit à parcourir les campagnes, disant aux paysans que Dieu n'avait pas créé le monde tel qu'il était, qu'il n'y avait alors que deux puissances, l'une dominante, celle de Dieu, l'autre ruinée, celle de Lucifer; que du temps d'Adam et d'Ève on ne connaissait ni seigneurs ni manants; que tous avaient même origine, et que par conséquent il n'était pas juste que les uns fussent en possession de tous les biens et de tous les honneurs, les autres réduits à la plus dure misère.

— Pourquoi, disait-il, sont-ils vêtus de velours, de camocas, de vairs, et de gris, tandis que nous sommes à peine couverts de pauvre drap? Pourquoi ont-ils les vins, les épices, le bon pain; nous le seigle et la paille? Pourquoi ont-ils les palais, les châteaux; nous le travail, la pluie et le vent aux champs? Notre roi Richard II est jeune; remontrons-lui notre servitude, disons que nous voulons qu'il en soit autrement, sinon que nous y pourvoirons; si nous y allons de fait, et tous ensemble, nous tous qu'on appelle les serfs, avec la ferme intention de nous faire affranchir, bien des milliers d'hommes nous suivront, et quand le roi nous verra et nous entendra, de bonne volonté ou de force il trouvera un remède à nos maux.

Ainsi parlait John Ball, les dimanches au prêche, et beaucoup de gens disaient : Il dit vrai; « et, comme le raconte Froissart, murmuraient et se recordaient l'un l'autre aux champs, en allant leur chemin ensemble de village à village, ou en leurs maisons : Telles choses dit Jean Ball, et il dit vrai. »

L'archevêque de Cantorbéry apprit la façon neuve dont ce prêtre interprétait l'Évangile; il le fit souvent mettre en prison; mais sa colère s'apaisait, et John Ball était mis en liberté, après quoi il recommençait de plus belle. Peu à peu le bruit de ces prédications émut les comtés voisins. Kent, Essex, Sussex et Bethford, se mirent de la partie.

Il est à remarquer qu'en aucun temps, dans aucun pays, le peuple ne s'est soulevé sans une cause légitime. Nous n'appelons pas soulèvement cette émeute partielle qui semble parfois un nuage chargé d'éclairs au milieu d'un ciel disposé à la sérénité. Le nuage passe après avoir fait son bruit et jeté son feu; il n'en résulte souvent qu'un désastre pour la terre. Mais les grandes émotions sont les contre-coups des violentes secousses données aux peuples par les gouvernements, et John Ball, en prêchant la réforme en Angleterre, suivait un chemin que les abus du pouvoir venaient de tracer aux opprimés.

Pendant la minorité de Richard, le parlement avait décrété une capitation extraordinaire de *trois groats*, douze sous environ, exigible pour tout individu âgé de plus de quinze ans. La levée de l'impôt fut confiée à des percepteurs plus insolents que l'impôt n'était inique. Ce fut dans ces dispositions que les prédications de John Ball trouvèrent le peuple d'Angleterre.

Jamais gouvernement, si féroce qu'il soit, n'a manqué d'être dépassé par ses agents. Le chien de berger qui mord les moutons est l'image la plus réelle de ces exécutions.

Les collecteurs interprétaient, comme on le pense bien, la loi et jugeaient arbitrairement l'âge des imposés. Ils vinrent au village d'Essex, chez un forgeron qui s'appelait Wat-Tyler. Il travaillait à sa forge, remuant d'un bras nerveux les lourds marteaux sur l'enclume.

— Que me voulez-vous? leur dit-il; est-ce que je n'ai pas payé ma capitation?

— Tu as payé, lui dit l'un d'eux; mais ta fille ne paye pas, et cependant elle est Anglaise comme toi, je suppose?

— Oui, dit le forgeron, elle est Anglaise et bonne Anglaise; mais comme elle n'a pas quinze ans, et qu'on ne paye la taxe qu'à cet âge, vous trouverez bon qu'elle garde ses douze sous. Nous verrons l'année prochaine.

— Quoi! ta fille n'a pas quinze ans, une si belle fille? dit le percepteur; c'est incroyable, et si incroyable que je ne le crois pas.

— Allez y voir alors, dit en riant le forgeron, elle doit être inscrite à la paroisse.

Les collecteurs se mirent en un coin de la forge, et, fixant des yeux ardents sur la jeune fille, qui, toute pâle, travaillait à côté du fourneau...

— Nous allons te prouver, dit le chef, que ta fille a bien quinze ans, et pour cela nous n'irons pas à la paroisse lire le grimoire du ministre.

En disant ces mots, qu'il accompagna d'indécentes paraphrases, il saisit la jeune fille, et, moitié riant, moitié menaçant, ses lâches acolytes se préparèrent à l'aider dans son infâme violence.

Wat-Tyler venait seulement de comprendre l'odieux excès que méditaient ces brigands. Il vit sa fille se débattant au milieu d'eux; la fureur le fit bondir à leur rencontre; son marteau siffla en l'air, et retomba sur le crâne du plus audacieux des sbires. Inondés de sang, et pressés par le peuple qui accourait aux cris de la jeune fille, ces agents d'iniquité réussirent pourtant à s'échapper; mais déjà ils n'étaient plus à craindre. Le père offensé semblait un héros suscité parmi ces pauvres paysans, pour leur rendre la liberté comme il avait sauvé l'honneur de sa fille. Pour lui, le parti à prendre n'était pas douteux; il appela aux armes ceux qui approuvaient son action, et au bout d'une quinzaine il se trouva chef de cent mille hommes.

Ce peuple n'était pas assez mûr pour la liberté; il ne conquit que la licence. En passant à Blackheath, ils rencontrèrent la princesse de Galles, mère du roi, qui revenait d'un pèlerinage à Cantorbéry; ils attaquèrent sa suite, et quelques-uns d'entre eux voulant, dit un historien (1), montrer leur projet de ramener tous les rangs au même niveau, forcèrent cette princesse de les embrasser. Ce fut la seule violence qu'ils commirent cette fois.

Le roi Richard s'était réfugié dans la Tour. Les chefs, Wat-Tyler et John Ball, lui firent demander une entrevue. Le roi avait déjà consenti à traverser la rivière dans un bateau pour aller à eux; mais cédant au conseil de ses courtisans, qu'effrayaient les démonstrations populaires, il revint à la Tour sans avoir entamé la conférence. Ce fut le signal du désespoir et de la fureur du peuple. Les coalisés entrèrent dans Londres, brûlèrent le palais de Savoie, décapitèrent une foule de gentilshommes, voulant par force amener le roi à débattre les conditions de leur affranchissement.

Froissart raconte que Wat-Tyler fit tuer dans ce tumulte un gentilhomme nommé Richard Lyon, dont il avait été valet dans les guerres de France et qui l'avait une fois battu, ce dont il avait juré de tirer vengeance; mais Froissart a composé ses récits, pleins d'intérêt d'ailleurs, avec une partialité si marquée en faveur de l'aristocratie anglaise, que ce fait pourrait n'être pas d'une exacte vérité, d'autant plus que beaucoup d'historiens anglais n'en font pas mention.

Le roi céda, voyant le danger pressant, et se rendit à l'entrevue qu'on lui demandait. Il sortit de la Tour, sur le conseil du comte de Sallabéry, qui lui disait :

— Sire, vous les pouvez apaiser par de belles paroles, sans quoi ils nous détruiront tous.

Le roi fit donc proclamer que tous ceux qui voudraient le voir et lui parler devaient sortir de Londres et se rendre à Miles' End. Le cri en fut fait par la ville, et une bonne partie des révoltés, l'entendant, quitta la place Sainte-Catherine, où l'on campait pour tenir la Tour en échec, et gagna le lieu de rendez-vous. Là le roi comparut devant son peuple et lui demanda ce qu'il désirait.

— L'amnistie générale, répondirent les orateurs de la foule, l'abolition de l'esclavage, la liberté du commerce dans les villes commerçantes, sans droit ni impôt, et une rente affectée sur les terres des vassaux, à la place des services et corvées dues par le villenage.

C'était peu, sans doute, selon le droit humain, mais beaucoup pour ces temps d'abrutissement et de servitude. Le roi accorda tout, à condition qu'ils se retireraient dans leurs villes et villages, laissant pour chaque troupe trois hommes, auxquels serait remise la charte scellée du sceau royal contenant le don des privilèges accordés en ce jour.

Ces paroles apaisèrent le peuple. Chacun fit ses préparatifs de départ; mais ce n'était pas là l'intérêt de tout le monde, et bien des gens restaient cachés, comme en toute révolution, pour profiter du trouble et récolter les bénéfices. Voici ce qui s'était fait à la Tour de Londres après le départ du roi pour Miles' End.

Wat-Tyler, John Ball, Jacques Straw, et plus de quatre cents hommes, forcèrent les postes mal assurés de la forteresse, se répandirent dans les appartements, et trouvant Simon Sudbury, archevêque de Cartorbéry, primat et chancelier du royaume, ils le prirent et lui coupèrent la tête; ils en firent autant à Robert Hall, trésorier d'Angleterre, à un médecin du duc de Lancastre, et à Legg, l'un des plus odieux percepteurs de l'impôt des trois groats. Ces quatre têtes, après avoir été portées en triomphe dans Londres, furent placées sur le pont, à l'endroit où l'on attachait celles des condamnés pour haute trahison. Ils allèrent ensuite dans la chambre de la princesse de Galles, mirent son lit en morceaux, lui causant une telle frayeur, qu'elle s'évanouit. Ses valets et ses femmes la dérobèrent aux furieux par une poterne, et elle ne reprit ses forces qu'auprès du roi son fils, lorsqu'il revint de la conférence de Miles' End.

Si Wat-Tyler et ses compagnons eussent poursuivi le véritable but des réformateurs, c'est-à-dire l'amélioration du sort des peuples, le bonheur de l'Angleterre était à jamais assuré, sous un roi jeune et susceptible de recevoir des impressions favorables aux besoins de ses sujets. Mais comme ils firent dégénérer la question en une question de pillage et de vengeances particulières, comme ils révoltèrent le bon sens de ce parti toujours nombreux qu'on appelle les modérés, qui, après les premières explosions, dont ils se tiennent sans cesse éloignés, cherchent leur utilité et la trouvent aux dépens des moins sages; par ces raisons, les Communes perdirent complétement leur cause et rendirent quelque avantage à la noblesse et au parti royal, qu'ils avaient amenés si promptement à capituler. C'est l'histoire de toutes les émotions populaires, que la sagesse d'un chef ou la modération des masses n'a pas élevées à la hauteur d'une véritable révolution.

— Nous n'avons rien fait, dit Wat-Tyler à ses hommes, qui croyaient avoir tout gagné. Les franchises que le roi nous a accordées sont un trop petit profit : courons Londres avant que nos amis des comtés n'arrivent, et pillons la ville les premiers si nous voulons avoir quelque chose, car si nous attendons que les autres s'y mettent, ils prendront tout et ne nous laisseront rien (2).

C'était sur la place de Smithfield que ces paroles étaient prononcées par Wat-Tyler, à la tête de plus de vingt mille hommes, quand le roi Richard vint à passer.

Ce jeune prince voulait, dit-on, quitter Londres et marcher sur Windsor avec environ soixante chevaux. Voilà du moins comme le rapporte le seul historien qui donne à ce sujet quelques détails. Lorsqu'il fut devant l'abbaye de Saint-Barthélemy, voyant tout ce peuple assemblé, tumultueux :

— Eh bien, non! dit Richard, je ne partirai pas sans avoir demandé à tous ces gens ce qu'ils veulent de moi; car enfin j'ai déjà accédé à leurs désirs, et il importe que tout cela finisse d'une manière ou d'une autre.

Ce disant, il arrêta son cheval. Sa suite l'imita.

Wat-Tyler, apercevant ce mouvement et reconnaissant le roi :

— Voici le roi, s'écria-t-il; vous allez m'attendre; je veux lui parler, et ne bougez que je ne vous fasse signe; mais si vous me voyez lever la main au-dessus de ma tête, accourez et tuez tout, excepté le roi, car il est jeune; nous l'emmènerons par toute l'Angleterre, et là où il sera, nous serons aussi rois que lui.

A ces mots il piqua des deux et vint si près du prince, que la queue de son cheval touchait la tête de celui de Richard.

— Roi, dit-il, vois-tu tous ces braves gens qui sont là?

— Oui, répliqua le roi; mais pourquoi me fais-tu cette demande?

— Je le dis parce qu'ils m'obéissent tous et m'ont juré foi et obéissance.

— A la bonne heure, dit le jeune prince; je ne dis pas non.

— Eh bien, poursuivit Wat-Tyler, crois-tu que tant de gens venus ici pour avoir ces lettres d'affranchissement, s'en retourneront sans les emporter? Nenni, nous les emporterons.

— Faisons d'abord comme il est dit, répondit Richard. J'ai promis ces lettres, et chaque village aura la sienne; mais d'abord retirez-vous doucement de Londres. Nous en sommes convenus.

Wat-Tyler semblait chercher l'occasion d'une querelle, et ces paroles tranquilles ne lui convenaient pas. Il avise un écuyer qui était derrière le roi et lui portait son épée.

— Donne-moi ta dague, dit-il à cet écuyer.

L'écuyer, hésitant, le roi lui ordonna de donner sa dague à Wat-Tyler; mais le forgeron continua son jeu.

— Maintenant, dit-il, donne-moi cette épée que tu tiens.

— C'est l'épée du roi, répliqua l'écuyer, et je ne te la donnerai pas; tu n'es pas digne de la porter; tu n'es qu'un simple garçon comme moi, et si nous étions seuls en cette place, tu ne dirais tout ce que tu viens de dire pour aussi gros d'or que cette église de Saint-Paul est grande.

— Pardieu! s'écria Wat-Tyler, que jamais pain n'approche de ma bouche si je ne prends ta tête.

Et il s'élança sur l'écuyer.

Mais le maire de Londres, venu, lui douzième, à cheval au-devant du roi, et tout armé sous sa robe, entendit ce conflit, et outré de colère :

— Gars! dit-il à Wat Tyler, comment es-tu si osé de dire telles paroles en la présence du roi? C'est trop pour toi.

Richard s'était échauffé peu à peu; se voyant soutenu par ce renfort, si faible qu'il fût, et jugeant que le moment était venu de périr glorieusement ou de reconquérir tout ce qu'il avait perdu d'autorité :

— Maire, dit-il, mettez la main sur cet homme.

— Ah ça, dit Wat-Tyler au magistrat, que t'importe, à toi, que je fasse ou dise telle ou telle chose? Passe ton chemin.

— Misérable! répliqua le maire, tu me vas payer toutes ces injures.

Aussitôt il asséna un si rude coup de masse sur la tête de Wat-Tyler, qu'il le renversa étourdi sous les pieds des chevaux. Les gens de la suite du roi entourèrent aussitôt le corps pour le cacher aux gens assemblés sur la place, et l'écuyer, nommé Jean Standwich ou Crowdich, vint lui couper la gorge.

Mais déjà le peuple s'était aperçu de ce coup de main. On criait partout : — Notre capitaine est tué! Allons! allons! et chacun préparait son arc et ses flèches. Le moment était critique; encore une minute, et tous les partisans du roi étaient tués avec leur maître sur le cadavre de Wat-Tyler.

Richard, qui n'avait que seize ans, se conduisit en homme

de génie : il fit reculer ses gens, s'avança seul et la main ouverte vers les rebelles, tout prêts à tirer.

— Bonnes gens, dit-il, que vous manque-t-il? un capitaine? mais ne suis-je pas le vôtre, et trouverez-vous un meilleur maître que moi? tenez-vous donc en paix.

Toute la fureur des insurgés tomba en un moment; ils baissèrent la tête devant ce courage et ce calme qui rehaussait à leurs yeux la majesté de la royauté, encore si redoutable dans son abaissement. Richard se fit suivre de ces vingt mille hommes, les mena dans la campagne, afin de délivrer Londres le plus tôt possible.

Il y avait un corps considérable de troupes aguerries que les seigneurs de la cour conseillaient au prince de lancer sur ces malheureux paysans, afin de les exterminer tous. On voit que la revanche eût été largement prise, et cette idée justifierait jusqu'à un certain point les excès de Wat-Tyler, qui avait affaire à de pareils ennemis; mais le roi était jeune et généreux; il congédia les paysans; seulement il supprima, ou fit supprimer par le parlement, toutes les faveurs accordées aux communes pendant l'insurrection; les lettres d'affranchissement furent révoquées, et le peuple retomba dans un esclavage plus dur que le premier.

Ce même jour fut fait un cri dans Londres et publié un ban portant que tout étranger qui serait trouvé dans Londres le lendemain au soleil levant, et ne pourrait justifier d'un an de séjour en cette ville, serait jugé comme traître et condamné à mort.

Ces malheureux commencèrent, non à se retirer, mais à s'enfuir; encore ne se fiaient-ils pas à la parole royale, car on leur tendit bien certainement des piéges, puisque, au lieu de se sauver, John Ball et Jacques Straw furent pris dans une masure où ils se cachaient. C'est qu'il fallait au roi et aux nobles anglais des têtes pour remplacer sur le pont de Londres celles que Wat-Tyler y avait fait planter. John Ball et Straw furent décapités, ainsi que le cadavre de Wat-Tyler, et leurs têtes remplacèrent en effet celles de l'archevêque et des trois autres victimes de l'émeute du jeudi. Ainsi finit la révolte des communes, qui replongea l'Angleterre dans l'esclavage et la barbarie, au lieu de l'affranchir et de l'éclairer. Ainsi pervertissent tout, avec leurs passions égoïstes, les hommes qui n'ont qu'un premier mouvement et pas de principes, ni de charité, ni de religion.

Près d'un siècle plus tard on ne se battait plus en Angleterre que pour choisir un maître. La querelle des deux roses mit en feu ce malheureux pays. Édouard IV, qui avait détrôné et renfermé dans la Tour l'imbécile Henri VI, Marguerite de Valois, sa femme, et le jeune Édouard, son fils, réfugiés en France, partagèrent en deux camps l'Angleterre, qui cependant, comme droit de conquête, venait d'être adjugée à l'usurpateur. Mais le comte de Warwick, mécontent d'Édouard IV, vint jeter la guerre civile au milieu du calme factice dont ce prince jouissait après son mariage avec Élisabeth Gray. Warwick était grand homme de guerre ; il entreprit de raviver ce fantôme de prince qu'on avait oublié depuis sa prison de la Tour, et de rendre le trône, soit à lui, soit à son fils Édouard, sous la régence de Marguerite, la reine détrônée. Le roi de France Louis XI n'était pas homme à laisser échapper l'occasion d'occuper si désagréablement son bon frère le roi d'Angleterre. Il accueillit avec la plus grande faveur Warwick, qui était venu en France; il lui fournit des vaisseaux, de l'argent, et le comte vint fondre inopinément en Angleterre, avec une poignée de soldats que son nom populaire, ses proclamations flatteuses et l'espoir du changement, toujours doux aux masses, portèrent à soixante mille hommes en onze jours.

Warwick se fût emparé d'Édouard, qu'il surprit dans son camp, sans la fidélité du comte de Hastings, qui réveilla le roi, le fit monter à cheval et le sauva. Édouard quitta l'Angleterre sans un écu, et se réfugia chez le duc de Bourgogne.

Aussitôt Warwick marche à Londres, se rend à la Tour, et en fait sortir Henri VI, que le parlement proclame roi. Toutefois son incapacité, bien connue, engage l'assemblée à nommer deux régents, Warwick et Clarence. Ce dernier était frère du roi détrôné et gendre de Warwick. Le nouveau traité portait que les régents gouverneraient jusqu'à la majorité du jeune Édouard, fils de Henri VI, et qu'à défaut de ce prince la couronne reviendrait au duc de Clarence. Marguerite et son fils revinrent alors en Angleterre prendre possession du trône que leur restituait le comte de Warwick.

Mais Édouard IV avait trouvé asile et secours chez le duc de Bourgogne, qui, ne fût-ce que pour nuire à Louis XI, mit à la disposition du monarque anglais toutes ses forces de terre et de mer. Édouard prit avec lui deux mille hommes, et tenta un débarquement à Ravenspur, dans le Yorkshire; mais il fut repoussé, et sentant bien que toute cause royale qui n'est pas servie par enthousiasme est à moitié perdue, il se résolut à biaiser, en attendant que l'enthousiasme arrivât. Il déclara donc qu'il ne revenait pas en Angleterre pour allumer la guerre civile, mais uniquement pour faire valoir ses droits à l'héritage de la maison d'York, qui lui appartenait de droit.

Chose étrange : sitôt qu'on sut en Angleterre qu'Édouard ne voulait plus être roi, tout le monde voulut le servir, et il se trouva bientôt en état de tenir tête aux soixante mille hommes de Warwick et à la moitié du royaume, s'il l'eût fallu.

Warwick se hâta de lever une armée. Édouard, avec la sienne, se hâta de gagner Londres, où on ne l'attendait pas. C'était un prince jeune et beau. Il avait eu de nombreux succès comme homme de plaisir, sans compter les succès que tout roi puissant et riche ne peut manquer d'avoir au temps de sa prospérité, succès qui laissent des souvenirs plus profonds qu'on ne le croirait, à voir s'enfuir les amis quand l'infortune arrive.

Édouard, disons-nous, en arrivant devant Londres, trouva pour l'aider les femmes qui autrefois l'avaient éprouvé généreux et galant; elles étaient, à ce qu'il paraît, en grand nombre, et placées de façon à servir ce monarque malheureux; il y avait aussi les commerçants riches à qui Édouard IV avait emprunté de grosses sommes, et qui ne voyaient d'autre moyen d'en être payés que de faire remonter leur débiteur sur son trône. Ce parti formé d'éléments si bizarres assura pourtant la réussite du plan d'Edouard; les femmes agirent près de leurs maris, les commerçants près de leurs clients, et l'on ouvrit au roi les portes de Londres.

Édouard, maître de la ville, fut maître encore une fois de son triste compétiteur Henri VI; il le fit réintégrer dans la Tour. Cependant, appuyé sur un centre solide, Édouard négociait avec bonheur. Déjà Clarence, son frère, allié sur lequel Warwick eût dû pouvoir compter, cherchait à concilier les deux ennemis, c'est-à-dire qu'il trahissait l'un comme il avait trahi l'autre. Marguerite devait arriver avec un renfort de Lancastriens; mais Warwick, au lieu d'attendre cette princesse, voulut combattre tôt et décisivement pour avoir à lui la gloire du triomphe.

On se rencontra donc près de Barnet. Warwick fut tué dans l'action, et ses troupes battues. La reine Marguerite arriva le jour même de cette défaite à Weymouth, avec un petit détachement de troupes françaises. Sa cause était perdue, cependant elle persista généreusement à la défendre. Elle se recomposa même une armée, et livra bataille à Édouard dans les plaines de Tewkesbury. Mais la Rose blanche triomphait, les Lancastriens furent complétement mis en déroute, et laissèrent trois mille hommes sur la place. Marguerite et son fils furent faits prisonniers.

Conduits devant le roi Édouard, ils n'étaient pas au bout de leur malheur. Édouard, en voyant le fils de son ennemie, jeune homme de quinze ans, lever fièrement la tête, et soutenir en roi son infortune, lui demanda comment il avait osé entrer dans ses états pour y apporter la guerre.

— Je suis venu non pas dans vos états, mais dans les miens, répliqua le jeune homme, pour recouvrer mon héritage que vous m'avez dérobé.

Édouard, vainqueur, maître du sort d'un ennemi, eût facilement gagné de la gloire à être clément. Il se montra bassement féroce, et, transporté d'une fureur aveugle, il frappa de son gantelet au visage ce jeune homme qui venait de lui donner une leçon de noblesse. Ce que le maître fait, les courtisans l'exagèrent. Le jeune Édouard, offensé par le roi, fut entraîné dans une chambre voisine par Clarence, Hastings, Glocester et Gray; on l'égorgea sans pitié presque sous les yeux de sa mère.

Marguerite fut confinée dans la Tour où son époux, le faible, le sot Henri VI, fut poignardé quelques jours après par ce Glocester, que nous voyons commencer là sa hideuse carrière.

Édouard IV avait vaincu la rébellion, tué ses ennemis, il n'avait plus que des vengeances particulières à exercer; ce sont les jeux d'un prince qui n'a plus rien de sérieux à faire. Regardant autour de lui quelle victime il choisirait d'abord, il aperçut dans l'ombre de son trône le duc de Clarence, son frère, qui se faisait petit pour passer inaperçu et faire oublier ses révoltes passées.

Ce fut Louis XI qui, dans le traité de Pecquigny, conclu avec Édouard IV, stipula la liberté de la reine Marguerite, détenue prisonnière à la Tour. Cette princesse était le seul ennemi important qui fût plus avant que Clarence dans les ressentiments du roi. Malgré le service rendu par ce dernier prince à Édouard lors de la révolte de Warwick, le roi se rappélait la première trahison, et n'attendait que l'occasion d'en tirer vengeance. Cette occasion ne pouvait tarder à se présenter. Clarence était regardé à la cour comme un homme dangereux par sa légèreté. Impétueux et inconséquent, il donnait prise sur lui en toute circonstance, bien qu'il dût s'attendre et qu'il s'attendît aux représailles de son frère. Mais le caractère domine en tout. Clarence avait pour ennemis particuliers la reine, et son propre frère, le duc de Glocester; ce prince que l'on appelait seulement alors un profond politique, et qui n'avait pas encore donné la mesure de sa profondeur. Il conseilla d'attaquer Clarence, non pas en personne, mais par ses amis, afin que, si la prudence le forçait à souffrir patiemment les outrages, il se déconsidérât dans le public, ou que, s'il témoignait son ressentiment, il se portât, selon sa nature, à des violences capables de le perdre.

Le roi, chassant un jour dans le parc de sir Thomas Burdett, d'Arrow en Warwickshire, tua un chevreau blanc que le propriétaire du parc chérissait singulièrement. Burdett s'écria dans sa douleur :

— Je voudrais que celui qui a conseillé au roi de tuer mon chevreau eût ses deux cornes dans le ventre.

Ces paroles suffirent aux gens qui cherchaient l'occasion. Ils recherchèrent que sir Thomas Burdett était l'ami du duc de Clarence; que son vœu était impie et sacrilége, qu'il constituait un crime de trahison au premier chef. Cette énormité trouva des approbateurs, elle trouva des juges! Sir Thomas Burdett, jugé par un tribunal composé de magistrats et de jurés, fut condamné à mort, et décapité à Tyburn, pour avoir regretté si vivement son chevreau.

Le duc de Clarence n'avait pas pris à cœur, comme on s'y attendait, ce jugement et cette exécution. On jugea qu'il fallait pousser plus avant la piqûre. Il avait pour ami, quelques-uns disent pour chapelain, un ecclésiastique versé dans les sciences mathématiques, et que le vulgaire, selon l'usage de ces temps barbares, accusait de nécromancie et de sortiléges. Il n'en fallut pas davantage à la cour. John Stacey, prévenu des crimes que nous venons de mentionner, fut jugé; plusieurs pairs du royaume encouragèrent cette poursuite par leur présence. John Stacey fut condamné à mort, subit la question, et fut décapité.

Clarence comprit qu'il ne s'agissait plus de simples désagréments de cour. Il se rappela que sous le dernier règne on avait doucement conduit d'humiliations en humiliations à la mort le bon duc de Glocester, homme vénérable et pur de tout crime; sa seule faute avait été le silence et la passivité. Clarence n'était pas homme à se laisser traiter ainsi sans se plaindre. Il se plaignit donc, et si bruyamment, il défendit ses amis morts avec tant de véhémence, ménagea si peu le roi dans ses récriminations, que l'on trouva l'occasion bonne. Clarence fut arrêté par ordre de son frère, et conduit à la Tour. Édouard ne s'en tint pas là, et, convoquant un parlement dont il était sûr, il traduisit le duc devant une cour de pairs, tribunal suprême de la nation. Clarence fut accusé d'insulter à la justice publique, en proclamant innocents des hommes reconnus criminels par des cours de judicature. Il fut accusé de nier l'équité du roi, au nom de qui ces gens avaient été poursuivis. On avait recueilli avec tant de soin tous ses propos amers contre Édouard et sa cour, que dans les expressions dont il était censé s'être servi il y avait injures, imputations d'illégitimité. — Rien que des mots, pas un fait.

Mais lorsqu'un roi se fait partie de son ennemi, ce dernier est condamné d'avance. La chambre haute déclara le duc de Clarence coupable. La chambre des communes, aussi servile et aussi lâche que la chambre des pairs, demanda que le coupable fût exécuté à mort.

Rien de plus bassement personnel que ce parlement anglais à l'époque dont nous parlons. C'est un historien anglais qui en fait la remarque, et nous la transcrivons d'après lui. Ce parlement osait souvent refuser au roi des subsides et des taxes; une misérable somme à débourser l'effrayait, même pour des causes d'intérêt national; mais il se montrait toujours souple et d'une complaisance parfaite lorsqu'il s'agissait de servir un tyran dans ses abus contre les personnes. C'est que la tête d'un ennemi fait tant de plaisir aux rois, qu'ils prennent volontiers sur eux les frais de l'échafaud.

Clarence condamné à mort, ses amis eurent le courage de demander sa grâce au roi.

— Je veux bien lui accorder une grâce, dit Édouard, car enfin il est mon frère. Qu'il choisisse le genre de mort qu'il lui plaira, et par saint Georges, qui est son patron, je le laisse libre.

On rapporta cette preuve de clémence au duc, qui s'écria gaiement :

— Puisqu'il en est ainsi, je veux rendre ma mort célèbre, et mourir en buvant à la santé d'un roi si bon, d'un frère si doux. Qu'on m'apporte un tonneau de vin de Malvoisie.

Clarence était enfermé dans une chambre basse de la Tour. On roula jusque chez lui le tonneau de vin qu'il demandait. Le duc fit mettre sur champ cette énorme barrique, et ordonna qu'on levât le couvercle supérieur. Il fit puiser de la liqueur une certaine quantité qu'il but avec plusieurs de ses amis, et ensuite il les congédia. Lorsqu'ils furent partis, ignorant ce qui allait se passer :

— Maintenant, dit-il, je suis libre, n'est-ce pas, de mourir à ma fantaisie? eh bien, que l'on me hisse jusqu'à la hauteur de cette tonne, et qu'on m'y plonge. Vous, maître geôlier, vous reboucherez le tonneau très-hermétiquement, de peur qu'un si bon vin ne perde son arome.

Le duc était fort gros. On le souleva et on le plongea dans le tonneau. En un moment il fut suffoqué.

Lorsqu'on rapporta cette bizarre catastrophe au roi Édouard, il voulut s'assurer par lui-même de la mort de son frère, et, ayant contemplé minutieusement le cadavre :

— Mon frère, dit-il au duc de Glocester qui l'accompagnait, voilà un détestable parent que nous avons perdu. Mais il ne faut pas regretter la guerre, l'exil et la mort qu'il nous eût peut-être causés... Georges est mort. Mes enfants vivront...

— Comment dites-vous, sire? demanda Glocester en ramenant son manteau sur ses épaules hideusement contrefaites.

— Oui, c'était prédit, répliqua Édouard; mes enfants devaient mourir assassinés par un homme dont le nom commencerait par un G... Il y avait aussi je ne sais quel mot de Tour dans la prophétie.

— Eh bien! sire, riposta vivement Glocester avec un affreux sourire, Georges est mort, et la Tour est vide de prisonniers.

— Voilà ce que je disais, poursuivit le roi.

Édouard IV l'usurpateur mourut en 1482, à l'âge de quarante-un ans; il en avait régné vingt-trois. Il laissa cinq filles et deux fils, Édouard, prince de Galles, âgé de treize ans, et Richard, duc d'York, dans sa septième année.

Le roi mort, chacun se tourna vers le nouveau soleil de la cour; c'était le duc de Glocester. Le roi était encore trop jeune pour qu'on pût espérer quelque faveur de lui. Edouard résidait alors à Ludlow, sur les confins de la principauté de Galles, et le comte de Rivers, son oncle, personnage accompli sous tous les rapports, gardait ce dépôt précieux avec tout le soin que la nation devait attendre d'un homme d'esprit et de cœur.

Une faction avait levé la tête depuis la mort du roi; lord Hastings la commandait. C'était l'ennemi de la reine et de sa famille, qui avait accaparé sans pudeur toute l'autorité, tout l'argent et toute la faveur sous Édouard IV. Le peuple sympathisait avec cette faction, protectrice de ses droits, et le duc de Glocester n'avait été occupé, durant quinze ans, qu'à se maintenir dans la faveur du roi et dans la bienveillance de cette faction; mais une fois délivré de la crainte du roi, il abandonna le parti de la reine et se lia étroitement avec Hastings et les siens, non pour soutenir la cause populaire, mais pour se frayer un chemin plus court à la couronne.

Il fallait cependant ne pas éveiller les soupçons de la reine et s'emparer adroitement des princes, ses compétiteurs. Élisabeth, mère du jeune roi, voulait qu'il fît son entrée à Londres avec une puissante armée, pour déjouer toutes les embûches de la faction et l'écraser au besoin si elle levait la tête. Hastings déclara que si on déployait un tel luxe de forces, et qu'on mît ainsi en suspicion sa fidélité, il se retirerait à son gouvernement de Calais avec tous ceux de son parti; c'était la guerre civile. Glocester approuva les scrupules d'Hastings, et remontra doucement à la reine que les mesures étaient offensantes et inutiles. Élisabeth, confiante en l'amitié de son beau-frère, céda, et fit dire à lord Rivers qu'il se contentât d'amener le jeune roi Édouard avec une escorte convenable pour la majesté du souverain.

Glocester rassembla une suite imposante et sortit d'York pour conduire, disait-il, le roi à Londres; mais lord Rivers, craignant que tant de seigneurs et de gens d'armes ne fissent encombrement, fit prendre les devants au roi, qu'il envoya par un autre chemin à Stony-Strafford. Lui-même se rendit à Northampton, où résidait Glocester avec le duc de Buckingham, prêts à venir rejoindre le cortége royal.

Il s'excusa près du duc et allégua la bonne raison que nous avons dite, fut accueilli de la façon la plus cordiale par Glocester, passa toute la soirée avec lui et Buckingham, et le lendemain, en entrant avec ces princes à Stony-Strafford, où ils allaient joindre le roi, Rivers fut arrêté par ordre de Glocester; on arrêta aussi Richard Gray, l'un des fils que la reine avait de son premier mariage avec le défunt lord Gray, et sir Thomas Vaugham, l'un des premiers officiers de la maison du roi. Ce coup de politique était habile. Ces seigneurs étaient signalés à la haine du peuple par les manœuvres de la faction d'Hastings, et leur ruine causa une véritable allégresse dans Londres, où Glocester fut reçu avec d'universelles acclamations.

Élisabeth, désabusée sur le compte de son perfide beau-frère, embrassa d'un coup d'œil toutes ses espérances. Elle vit bien qu'il ne s'en tiendrait pas là, et s'enfuit, avec ses filles et le jeune duc d'York, dans l'abbaye de Westminster.

Cette résidence avait toujours été un asile sacré. Glocester prétendit que la retraite de la reine était une offense faite au gouvernement, et que le duc d'York devait être rendu à la nation, comme son frère, au lieu de rester dans les mains d'un parti antinational. Il alla jusqu'à dire que si Élisabeth ne rendait pas de bon gré ce jeune prince, le gouvernement le ferait enlever de force. Il n'employa cependant pas d'abord ces moyens extrêmes, et, abusant de son astucieux esprit pour persuader chacun de la pureté de ses intentions, il engagea les deux archevêques de Londres et d'York à obtenir de la reine qu'elle livrât son fils.

Ces deux prélats se laissèrent tromper par le fourbe; ils décidèrent la reine, après de longues hésitations. Élisabeth ne céda qu'à la crainte de voir Glocester employer la violence, et comme si elle eût été frappée d'un pressentiment, elle ne se sépara du jeune duc qu'après l'avoir, à plusieurs reprises, couvert de baisers et de larmes.

Glocester tenait donc en son pouvoir les deux enfants d'Édouard, qui faisaient obstacle à ses desseins ; mais de ce premier succès au but que se proposait le sanguinaire protecteur, quelle distance, si un crime soudain ne le comblait! Glocester parla de cet avenir à Buckingham ; il lui montra la nécessité de satisfaire la haine du peuple pour le parti de la reine, et le meurtre de Rivers, de Richard Gray et de Vaugham fut résolu. On les assassina dans le château de Pomfret, où ils avaient été conduits après leur arrestation.

Buckingham avait consenti à cette exécution ; mais il n'était pas le seul personnage important du parti ; l'aveu de lord Hastings aussi était nécessaire aux desseins du protecteur ; mais ce seigneur n'agissait pas contre la reine dans le but de servir un misérable intérêt personnel. Il protesta que rien ne le ferait manquer à la fidélité due aux fils de son souverain, qui avait été son ami. Glocester mesura d'un coup d'œil les résultats de ce refus, et se décida promptement à perdre lord Hastings, avant qu'il ne devînt un sérieux obstacle.

On venait d'assassiner à Pomfret les trois seigneurs amis de la reine. Le conseil s'assembla, d'après l'avis d'Hastings, à la Tour de Londres, et les conseillers arrivèrent l'un après l'autre, sans que l'on pût soupçonner une ombre de ressentiment dans le cœur de Glocester. Il fut radieux et caressant avec tous, et complimenta Morton, évêque d'Elly, sur la qualité des fraises précoces qu'il cultivait dans son jardin d'Holborn.

— Mylord, elles sont bien à votre service, dit l'évêque, et je veux qu'avant une heure votre grâce en puisse goûter des plus belles.

— J'en serai ravi, dit Glocester avec expansion. Mais pardon, mylords; un courrier m'attend dans mon cabinet; je reviens dans quelques minutes.

Il sortit. Les conseillers s'entretinrent pendant ce temps de leurs affaires ou de leurs plaisirs. Lord Hastings, arrivé le dernier au conseil, invita plusieurs des assistants, ses amis, à une partie de chasse qu'il avait projetée à sa maison de campagne, avec lady Jeanne Shore, sa maîtresse. Cette dame, qui était liée intimement avec le feu roi, s'était attachée depuis à lord Hastings, et, bien que rivale de la reine Élisabeth, elle tenait cependant pour le parti royal, avec les modifications d'opinions que lord Hastings avait introduites dans cette cause.

On attendait donc dans la chambre du conseil le retour de Glocester, lorsque tout à coup il revint, le front sombre et les yeux enflammés. Un changement si subit n'était que le masque à l'aide duquel ce sinistre acteur allait jouer sa tragédie.

— Quel châtiment, s'écrie-t-il, méritent ceux qui ont comploté ma mort, à moi, chef de l'état et oncle du roi d'Angleterre? Voilà la question que je viens soumettre au conseil. Elle vaut bien celles dont nous nous occupions tout à l'heure.

Hastings fut pris au piége; il se figura que le duc venait d'avoir la révélation d'une conspiration tramée contre sa personne.

— Ces traîtres, dit-il, méritent le châtiment qu'on inflige aux traîtres : ils doivent être punis de mort. Quels sont-ils, Mylord?

— Ces traîtres, répondit Glocester avec une fureur croissante, sont d'abord la sorcière Élisabeth, femme de mon frère, et une autre sorcière, Jeanne Shore, maîtresse de mon frère. Leurs enchantements et leurs sortiléges ont produit l'état misérable où vous me voyez... Tenez!

Et le perfide, ouvrant une des manches de son pourpoint, mit à nu l'un de ses bras, qui était desséché comme le bras d'un squelette. C'était une des infirmités de ce monstre ; il en était affligé depuis sa naissance, et chacun à la cour le savait parfaitement.

Aussi les conseillers, lorsqu'ils l'entendirent parler ainsi, furent-ils frappés de surprise, le croyant ivre ou fou. Chez Hastings, le nom de sa maîtresse, mêlé à ces étranges propos, avait éveillé un sentiment plus pénible.

— Eh bien, dit le protecteur en attachant sur lui un regard chargé de menace, que dites-vous?

— Je dis, mylord, réplique Hastings pâlissant, que si ces dames sont réellement coupables du crime que vous leur reprochez, elles méritent les châtiments les plus sévères.

— Appelez-vous cela une réponse, s'écria le protecteur, et croyez-vous par hasard me satisfaire avec vos *si* et vos *mais?* Ces sorcières ont des complices, dont vous êtes le principal, et le premier traître, c'est vous, et, par saint Paul, je ne me mettrai pas à table qu'on ne m'ait apporté votre tête.

Hastings n'eut pas le temps de répondre. Glocester, frappant rudement sur la table, fit venir à ce signal une troupe de gens armés ; la chambre du conseil fut cernée. Lord Stanley, qui fit un mouvement, reçut un coup de hache sur la tête, et il eût été tué, s'il ne se fût précipité sous la table; mais Hastings, saisi par les soldats, fut traîné dans la cour de la Tour; on le courba devant une souche d'arbre qui se trouvait là par hasard, et on lui abattit la tête. Deux heures après on publiait dans Londres une proclamation longue et d'un style soigné, dans laquelle tous les crimes de lord Hastings, racontés avec emphase, justifiaient une exécution qui ne devait pas plaire au public; mais personne ne fut la dupe du protecteur, et un marchand de la Cité lança ce mot, qui fit fortune dans Londres :

« L'auteur de cette proclamation est un prophète, car il a dû commencer hier la relation du meurtre qui n'a eu lieu qu'aujourd'hui. »

Lord Stanley, l'archevêque d'York, et Morton, évêque d'Hely, celui même dont le protecteur aimait tant les fraises, furent emprisonnés dans diverses chambres de la Tour. Jeanne Shore, citée devant le conseil pour y répondre des faits de sorcellerie qu'on lui imputait, rétorqua facilement, même à cette époque de superstitions grossières, l'accusation ridicule du protecteur. Mais alors il changea de plan, et lui reprochant ses adultères et ses débauches, il la traduisit devant la cour spirituelle, qui la condamna à faire amende honorable en chemise, dans l'église Saint-Paul, et à voir tous ses biens confisqués. Jeanne Shore, réduite à l'opprobre, à la plus affreuse misère, mourut seule et sans secours, dans une ville où tant d'amis l'avaient encensée au temps de sa brillante fortune.

La marche du protecteur n'était plus si obscure qu'elle ne laissât entrevoir son but. Hastings mort, il ne restait plus aux fils d'Édouard que des ennemis implacables et sans générosité, ou des défenseurs timides et faibles. Cependant ils étaient encore soutenus par la majesté du sang royal, et leur mère veillait sur eux. Glocester attaqua ces deux points d'un même coup. Il acheta les aveux d'un prélat, Stillington, évêque de Bath, lequel déclara qu'avant d'épouser Élisabeth Gray, Édouard IV, amoureux d'Éléonore Talbot, dont il ne pouvait vaincre la résistance, l'avait épousée clandestinement par devant lui, Stillington. Élisabeth Gray n'était donc plus la femme légitime, mais la concubine d'Édouard; les deux jeunes princes étaient donc bâtards. Quant aux fils du duc de Clarence mis à mort par son frère, auxquels revenait la couronne, à l'exclusion de leurs cousins, Glocester fit établir que le bill d'attainder ou de proscription lancé contre Clarence rendait ses enfants inhabiles à régner en Angleterre. Il ne restait donc plus de compétiteurs à Glocester; il était donc le simple et légitime héritier des droits de la maison d'York.

Cependant il fallait prouver nettement ce mariage clandestin d'Édouard IV avec Éléonore Talbot; il fallait faire consacrer l'exhérédation des fils de Clarence; c'était long et difficile; Glocester eut recours à un troisième moyen. Il fit répandre dans le public que sa mère, la duchesse d'York, mère aussi du feu roi et de Clarence, avait eu des amants; qu'Édouard IV et Clarence étaient nés de ces liaisons adultères; mais que lui, Glocester, seul fruit de la légitime union, était réellement duc d'York. Cet impudent, ce hideux mensonge, par lequel l'infâme déshonorait sa mère, femme d'une vertu sans tache, fut proclamé en pleine chaire par un prédicateur aux gages de Glocester; on prépara, pour donner un résultat à ce sacrilége, une farce qui n'eut pas même le mérite de l'effet scénique. Le prédicateur devait raconter au peuple tout ce que nous venons de dire, et au moment où il prononcerait le nom de Glocester, qui s'appelait Richard, celui-ci devait entrer comme par hasard dans l'église, sur quoi on espérait que l'auditoire bien préparé crierait vive notre roi Richard. Voici comment la chose se passa.

Le docteur Shaw, ce prédicateur stipendié, avait pris pour texte ce passage :

« Les rejetons bâtards ne profiteront pas. »

Quand il eut souillé en termes pompeux la mémoire d'Édouard IV et de son frère, l'honneur de la duchesse douairière d'York qui vivait encore, il passa au panégyrique de Glocester, jugeant qu'il était temps de donner la réplique au protecteur prêt à entrer en scène.

— Voyez, s'écrie-t-il, cet homme de génie, ce prince illustre, la vivante image du brave Richard, son père, qui fut votre héros, votre idole... Ne reconnaissez-vous pas le père dans l'âme et dans les traits du fils... Voilà celui que vous devez aimer, respecter; c'est à lui qu'il faut obéir, et non à tous ces bâtards, à tous ces intrus.

Shaw regardait de tous ses yeux à la porte de l'église, le protecteur ne paraissait pas. Il avait manqué son entrée. L'effet tout entier était perdu. Alors le prédicateur recommença sa tirade et sa prosopopée. Le prince entra cette fois, mais personne dans l'auditoire ne poussa les cris qu'on attendait. Il fallut que les domestiques de Buckingham et de Glocester lui-même excitassent le zèle de plusieurs bas artisans, qui produisirent une acclamation grêle et mesquine de : *Vive le roi Richard!*

Cela parut suffisant à Glocester. Il accepta ce que le vœu

national lui déférait, et dès ce moment s'arrogea le titre et l'autorité de roi.

Après cette élection, Glocester ou plutôt Richard III n'avait plus à redouter que le retour offensif du parti royal. Mais c'était un homme prudent que ce digne prince, et il aimait fort sa tranquillité. Comment vivre et régner paisiblement, avec la perspective d'une guerre civile que tôt ou tard allumeraient les prétentions du jeune Édouard et de son frère? N'était-il pas d'un bon politique et d'un parent humain de couper court aux troubles, et de faire cesser la souffrance de deux pauvres princes déchus? Richard III suivit l'impulsion de cette politique et de cette humanité.

Les deux enfants, arrachés, comme on l'a vu, à leur mère, étaient confinés dans la Tour. Ils attendaient impatiemment la fin de toutes ces trahisons, l'un pour être rendu à sa mère, l'autre pour monter sur le trône, héritage de son père. Richard fit expédier à sir Robert Brakenbury, gouverneur de la Tour, un ordre précis de faire mourir les deux princes dont il avait la garde. Brakenbury était homme d'honneur; il refusa de tremper ses mains dans le sang innocent. Obstacle imprévu; Richard III l'eut bientôt surmonté.

Il avait près de lui un gentilhomme ruiné, prêt à tout faire pour rétablir sa fortune. On l'appelait John Tyrrel. Richard le fit venir, lui promit de l'or et des honneurs, s'il voulait se charger de l'expédition. Tyrrel hésita d'abord, puis il écouta les propositions.

— Mais, sire, dit-il, la Tour est bien gardée, et si Brakenbury se défie de votre majesté; il ne laissera personne approcher des princes.

— Je te donnerai un ordre pour Brakenbury. Combien te faut-il de temps pour l'opération?...

— Cela dépend, sire. Mais il importe qu'on soit libre et nullement troublé.

Tyrrel craignait que Richard ne se débarrassât après le meurtre d'un complice incommode. Il voulait ses sûretés.

— Tu agiras seul, j'espère? dit Richard.

— Cela dépend, sire.

— Des enfants?...

— Eh! sire, cela crie...

— Brakenbury te remettra cette nuit les clefs de la Tour; tu y entreras à l'heure que tu voudras.

— Fort bien! Et j'y serai maître absolu pendant le temps nécessaire à l'accomplissement de votre projet?

— Oui, dit Richard.

Tyrrel s'étant ainsi précautionné, choisit trois hommes sur lesquels il pouvait compter... C'étaient Slater, Dighton et Forrest. Il ne leur cacha ni le nom des victimes ni celui du meurtrier suprême; il leur représenta combien il était important de s'assurer une retraite après l'exécution. Ces dignes associés comprirent parfaitement, firent leurs conditions et leurs préparatifs.

Tyrrel se rendit avec l'ordre du roi chez Brakenbury, dès que la nuit fut arrivée. C'est l'usage que les clefs de la Tour soient remises le soir au gouverneur, qui les garde pendant toute la nuit. Nous avons même expliqué que la cérémonie d'ouverture et de fermeture des portes s'accomplit chaque soir et chaque matin avec une sorte de solennité.

Tyrrel, introduit chez le gouverneur, le consigna dans ses

appartements, s'empara des clefs, et ouvrit les passages à ses complices. Les deux enfants dormaient profondément. On entendait derrière la porte leur respiration calme et égale. Tyrrel, soit qu'il reculât de pitié devant une si horrible exécution, soit qu'il ne se reposât sur personne du soin de veiller à sa propre sûreté, soit enfin qu'il jugeât le coup de main plus déshonorant que l'entreprise, introduisit les trois assassins dans la chambre des enfants, tandis que lui-même, resté à l'extérieur, faisait sentinelle pour empêcher toute surprise.

Les meurtriers se jetèrent sur le lit, étouffèrent sous des oreillers les victimes palpitantes, car ils avaient peur de verser le sang royal, ou plutôt d'éveiller par des cris les échos de la Tour.

Le meurtre accompli, ils appelèrent Tyrrel, et lui montrèrent les cadavres. Tyrrel s'assura que la vie était bien éteinte, et, conduisant ses complices au bas de l'escalier, il leur montra un amas de décombres et de pierres amoncelés.

— Dérangez ces pierres, dit-il, et creusez là-dessous une fosse.

Ils obéirent; les deux corps furent jetés là, et recouverts à la hâte. Tyrrel sortit de la Tour avec ses hommes, sans avoir été inquiété un moment. On ne connut les particularités de ce crime que sous le règne suivant, par les aveux des assassins. Henri VI, successeur de Richard III, ne punit point Tyrrel ni ses complices, vraisemblablement, dit un historien, parce que ce prince, dont les maximes de gouvernement tendaient au despotisme, voulait établir pour principe que les ordres du souverain régnant justifient ceux qui les exécutent, quelques forfaits qui dussent en résulter.

On prétend toutefois que Richard III, mécontent d'une sépulture si peu convenable pour ses neveux qu'il avait assassinés, les fit déterrer par son chapelain, et déposer en une terre consacrée ; mais que ce chapelain étant mort peu de temps après, le lieu de la sépulture demeura inconnu, quelques recherches que le roi Henri VII eût faites à cet égard.

Mais ce bruit a perdu de sa consistance depuis le règne de Charles II. On eut alors occasion de déranger quelques pierres de l'escalier, et de creuser à l'endroit où les deux princes avaient été ensevelis par Tyrrel, et l'on trouva là les ossements de deux corps dont les proportions correspondaient parfaitement à l'âge d'Édouard et de son frère. Charles II en conclut que c'étaient bien les ossements des jeunes princes, et que le chapelain de Richard III était mort sans doute avant de faire l'exhumation qui lui avait été commandée. On explique l'inutilité des recherches faites par Henri VII par cette raison, que, croyant à l'enlèvement des corps, ce prince les avait fait chercher partout, excepté à l'endroit où Tyrrel les avait déposés d'abord. Un tombeau de marbre fut élevé par Charles II aux enfants d'Édouard, dont les restes y reposent encore. Ainsi s'était accomplie par le mot Glocester la prédiction dont Edouard IV avait cru détruire l'effet, en assassinant Georges, duc de Clarence... Mais ce que l'on ne croirait, ce qui surpasse peut-être la férocité de Richard, c'est la lâcheté d'Élisabeth, dont ce bourreau avait égorgé les trois fils et le frère.

Il voyait ses partisans révoltés par ses crimes, et regrettant de lui avoir donné assistance. Ce parti mal éteint de la reine douairière pouvait jeter de nouvelles flammes. Richard mit tout en usage pour opérer une réconciliation entre Élisabeth et lui. Il lui fit tant de protestations de bonne volonté et d'amitié, ou plutôt elle fut si oublieuse et si lâche, qu'elle consentit à reparaître avec ses filles à la cour du tyran. Mais ce n'était que de la bassesse, et elle était réservée à se couvrir d'infamie.

Sa fille aînée était recherchée par le comte de Richmond, chef du parti soulevé contre le sanguinaire Richard. Cette alliance devait assurer le triomphe de la cause qu'avait si longtemps et si légitimement soutenue Élisabeth. Richard projeta d'enlever cette chance au comte de Richmond, et d'épouser lui-même la jeune Élisabeth, héritière véritable de la couronne d'Angleterre.

Mais il fallait pour en arriver là deux choses : le consentement de la reine, dont les enfants avaient été assassinés, et la rupture d'un mariage que Richard avait contracté avec Anne de Warwick, veuve du prince de Galles, sa victime. Richard ne fut pas plus embarrassé cette fois qu'il n'avait été avant. Il empoisonna sa femme, et rompit ainsi le mariage.

Quant au consentement d'Élisabeth... il l'obtint. L'historien recule devant de pareilles infamies. Mais cette princesse était lasse de vivre isolée; elle tenait à rentrer dans les priviléges d'une reine douairière. Cette misérable ambition lui fit oublier les plus saintes lois de l'humanité; elle promit à Richard la main d'une princesse dont il avait assassiné les trois frères et l'oncle. Une fois liée ainsi à Richard, elle écrivit à ses partisans d'abandonner le comte de Richmond, et d'associer leurs forces à celles de l'usurpateur. Mais Dieu fut juste, et Richard III ayant été forcé de lever une armée pour repousser celle de Richmond, les deux antagonistes se rencontrèrent à Bosworth, près de Leicester.

Lord Stanley, qui, après le coup de hache reçu dans la Tour, le jour de l'assassinat d'Hastings, après sa prison dans cette forteresse, était rentré en grâce près de Richard, couvait depuis ce temps une ardeur de vengeance habilement dissimulée. A la bataille de Bosworth, il commandait pour Richard un corps de sept mille hommes.

Il est vrai que Richard en donnant le commandement à Stanley, avait gardé son fils aîné comme gage de sa foi, et Stanley, maintenu par ce frein, n'agissait qu'avec une circonspection facile à comprendre. Il se posta donc avec ses sept mille hommes dans une situation si commode, qu'il pouvait à son gré passer dans l'un et dans l'autre camp.

Richard devina son plan, et, la colère l'aveuglant, il eût fait tuer sur-le-champ le fils de Stanley; mais il craignit de donner à ce seigneur une raison déterminante de le trahir, s'il n'y était pas encore résolu. Il craignit aussi de décourager ses troupes, en leur laissant supposer qu'elles pouvaient perdre la bataille par cette ambiguïté.

Le combat s'engagea bientôt. Richard commandait le centre de son armée, Richmond le centre de la sienne. Sitôt que Stanley vit son fils dégagé par le mouvement des corps de l'armée royale, il se mit en marche et passa dans le camp de Richmond. Cette manœuvre fit pousser des cris de joie aux soldats du comte, et jeta la consternation dans l'esprit des troupes de Richard. Mais ce dernier, jugeant qu'il fallait décider par un coup hardi cette partie presque perdue pour lui, se jeta dans la mêlée pour joindre le comte de Richmond, et le tuer ou s'en faire tuer. Il abattit de sa main le porte-étendard du comte, démonta un autre chevalier, et avait joint

Richmond en le défiant au combat singulier, lorsque Stanley accourut avec ses troupes et enveloppa Richard. L'usurpateur, accablé sous le nombre, trouva la mort du soldat, au lieu de l'échafaud qui l'attendait après sa défaite. Son corps difforme, souillé de sang, fut ramassé sur le champ de bataille, au milieu d'un monceau d'ennemis qu'il avait abattus. On le jeta en travers sur le dos d'un cheval, pour le conduire au couvent des Frères gris de Leicester, où il y fut enterré aux huées de la multitude.

II

Le comte de Warwick. — Élisabeth à la Tour. — Lambert Simmel. — Perkins Warbec. — Lady Gordon. — Humiliation de Warwick. — L'imposture de Perkins est découverte. — Sa prison. — Sa mort. — Wilfort, faux comte de Warwick. — Le roi Henri VII profite de cette imposture pour faire condamner Warwick. — Mort de ce jeune prince.

Le comte de Richmond était monté sur le trône, sous le nom de Henri VII, et le peuple, qui avait vu avec enthousiasme renverser le tyran Richard, fut surpris qu'une de ses victimes demeurât plongée dans les fers, après la révolution qui avait rendu à tous la liberté.

Quelques jours après la bataille de Bosworth, un soir, un bateau fermé comme les gondoles de Venise, et gardé par deux hommes armés, glissa sur la Tamise, et passa silencieusement sous l'arche qui conduit dans l'intérieur de la Tour. La barque renfermait un prisonnier que le gouverneur de la Tour reçut avec le plus grand respect, et conduisit dans la Tour Blanche, où une chambre était préparée. Mais en traversant la cour, ce prisonnier, qui était jeune encore et d'une grande beauté, aperçut une jeune et belle femme qui descendait l'escalier de cette Tour où lui-même allait être confiné.

— Madame, dit le chef de l'escorte qui avait amené le prisonnier, ne craignez rien; votre captivité est terminée et votre nouvel époux vous attend.

— Ma cousine Élisabeth! s'écria le prisonnier.

— Mylord Warwick! mon cousin de Clarence, répondit la jeune fille avec un étonnement profond.

— Ah! que vous êtes heureuse, madame! dit le jeune homme; vous allez être libre!

— Ne dites pas cela, mylord; le tyran qui vous tient renfermé me traîne à l'autel! Lui qui a égorgé mes frères, lui qui a conseillé sans doute le meurtre de votre père, Clarence!

— Vous avez raison, madame; j'aime encore mieux ma captivité. Mais voyez, tout autour de vous n'annonce-t-il pas la joie? Le sombre bateau que je viens de quitter fait place à un navire tout pavoisé qui va vous emporter loin de la Tour...

Une pitié profonde saisit le cœur du gouverneur et du capitaine chargé de conduire la princesse :

— Madame, dit-il, avant de vous livrer au désespoir, regardez le pavillon de votre barque; il porte, je crois, une Rose rouge; est-ce que le feu roi Richard n'avait pas la Rose blanche dans ses armes?

— Le feu roi Richard! s'écrièrent à la fois le jeune homme et la jeune fille...

— Oui, mylord; oui, madame, la Rose rouge de Lancastre règne en Angleterre. Le roi est Henri VII, comte de Richmond.

Un cri de joie s'échappa du cœur de ces deux jeunes gens :

— Alors je serai heureuse, dit Élisabeth.

— Et moi libre, s'écria Warwick.

Le gouverneur baissa les yeux.

— Mylord, dit-il, voilà la Tour où j'aurai l'honneur de conduire Votre Grâce. Madame, la barque vous attend.

En effet, le prince fut conduit dans la chambre que venait de quitter Élisabeth, et elle-même disparut bientôt avec sa suite sous l'arcade de la Tour.

Henri VII, pour rassurer le peuple anglais, qui craignait de le voir épouser une étrangère, épousait Élisabeth, fille de la reine douairière, et seule héritière du trône. Pour assurer la tranquillité de son règne, il confinait en prison un héritier de la branche cadette d'York, rival qu'un parti pouvait rendre dangereux.

Une fois à la Tour, ce malheureux jeune homme demeura aussi perdu que si la barque sur laquelle il était arrivé eût sombré dans les abîmes de la Tamise. Ce fut une surprise pour tous les partisans de Henri VII, qui avaient espéré la fin des persécutions à son avénement au trône.

Elisabeth devenue reine, oublia son cousin, ou plutôt reçut de son époux l'ordre de n'en parler jamais. Élisabeth était fille d'Édouard IV, prince que les Anglais avaient aimé; Clarence était le neveu de ce prince. Tous deux étaient de la maison d'York, dont le roi fut jaloux toute sa vie.

Cependant un bruit se répand tout à coup; un prince de la race d'York s'est enfui de la Tour; ses malheurs, racontés à quelques amis, ont ému toute la contrée dans laquelle il a cherché un asile; les uns prétendent que c'est le duc d'York, cet enfant qui avait sept ans lorsque Glocester le fit étouffer dans la Tour. Échappé miraculeusement, caché pendant le règne du tyran Richard, il ose enfin se montrer; il était duc d'York, second fils d'Édouard IV; c'est à lui de régner, qui a hérité du trône par la mort de son malheureux frère assassiné à ses côtés.

Ce bruit, grossissant de jour en jour, parvient aux oreilles du roi Henri VII. Déjà les habitants du comté d'Oxford se disent tout bas que le jeune duc n'est pas éloigné; on parle d'un prêtre nommé Simon, qui l'aurait vu, écouté en confession, et reconnu pour l'un des malheureux princes dont la mort tragique avait fait verser tant de larmes.

Aussitôt Henri VII prend un parti décisif. Il ordonne que des recherches soient faites sur l'assassinat des enfants d'Édouard, et mande à sa cour deux des coupables qui vivent encore. L'un est le chef de l'entreprise, John Tyrrel; l'autre, son complice Dighton.

On vit alors le triste spectacle d'une enquête ayant pour but non pas de punir un crime avéré, mais de faire constater bien et dûment le crime par un aveu circonstancié des assassins, afin que le résultat du meurtre profitât à l'ambition d'un roi. John Tyrrel confessa le crime, et lui donna toute la publicité possible. Il désigna l'endroit où il avait enterré les corps, et prouva par des correspondances que Richard III avait ordonné à son chapelain de donner une autre sépulture aux victimes.

Comme si cette réponse eût paru péremptoire aux émissaires inconnus qui semaient le bruit, l'on cessa de parler du duc d'York; mais peu de temps après il y eut une révélation du prêtre Simon. Ce n'était plus le fils, mais le neveu d'Édouard, qui s'était échappé de la Tour; la victime échappée aux fers était le malheureux Warwick.

Bientôt Simon se montra publiquement avec son prétendant. Il le conduisit en Irlande, où vivait encore dans les cœurs le souvenir du duc de Clarence noyé à la Tour, et qui avait été chéri comme vice-roi du pays. Le gouverneur de l'Irlande accueillit ce jeune homme avec une joie que partagèrent bientôt tous les Irlandais; et dans ce pays toujours ardent aux révoltes, il y eut une armée aux ordres du duc de Warwick pour détrôner Henri VII.

La réponse de ce prince ne se fit pas attendre. Il pensa qu'il fallait jouer franchement une si importante partie, et ne pas compromettre des questions de légitimité, c'est-à-dire de confiance, par la honte de révéler une turpitude. Le meilleur moyen de prouver que Warwick n'était pas en Irlande, c'était de le montrer dans Londres.

Un jour de l'année 1486, on vint chercher par ordre de Henri VII le prisonnier, qui se mourait lentement dans son cachot de la Tour; on l'habilla convenablement, on lui ceignit une épée, et une foule d'officiers et de courtisans vinrent le recevoir dans la grande galerie des appartements royaux. Warwick n'espérait plus rien, car un prisonnier meurt lorsqu'il désespère, ou plutôt il soupirait après un hasard qui changeât le cœur du roi. Quand il vit cette brillante assemblée, ces armes, ce tumulte, il ne put contenir sa joie.

— Le voilà donc, s'écrie-t-il, le jour de ma liberté!

Trop heureux, trop enivré, pour chercher un nuage dans ce ciel qu'il croyait si pur, Warwick descendit l'escalier de la Tour, contempla d'un œil ravi le spectacle imposant des troupes rangées dans la cour, et, sur l'invitation du gouverneur, monta sur un cheval magnifiquement harnaché qui l'attendait près de la porte. On le fit ainsi traverser la ville de Londres au milieu d'une foule de peuple qui se précipitait au devant de ses pas. Un héraut le précédait criant :

— Celui qui marche à ma suite est Georges, duc de Warwick, fils aîné du duc de Clarence, frère du feu roi Édouard IV.

Le peuple répondait par des acclamations qui caressaient doucement le cœur du malheureux jeune homme. Ainsi se passa la journée pendant laquelle, entouré de seigneurs qui le reconnaissaient et consacraient par leur présence le cri du héraut, Warwick fut vu de trois cent mille Anglais.

Le soir, l'infortuné fut reconduit à la Tour.

Quand le peuple eut bien vu le prisonnier, il se demanda quel pouvait être le prétendant accueilli par les Irlandais. Henri VII donna aussitôt toutes les explications désirables. Le jeune Warwick, inventé par le prêtre Simon, était un garçon boulanger nommé Lambert Simnel, dans lequel il avait trouvé tant d'intelligence et d'agréments extérieurs, qu'il l'avait destiné d'abord à jouer le rôle du duc d'York; mais, effrayé des recherches de Henri VII et de Tyrrel, qui pouvaient amener la découverte de l'enfant enterré après le meurtre, il avait renoncé à faire de Simnel un duc d'York, et en avait fait seulement un Warwick, ne croyant pas que le roi se décidât jamais à avouer sa cruauté envers l'héritier de Clarence, c'est-à-dire à montrer au peuple un prétendant réel pour en détruire un faux. L'audace de Henri VII déjoua les ambitions du prêtre Simon.

Mais l'Irlande eut beau voir, elle ne crut point. Pour elle, Warwick n'était pas possible en prison. Elle le tenait libre, et le maintint libre. Une bataille se livra entre les troupes de Henri VII et celles de Lambert Simnel, le boulanger. Ce dernier fut battu. On le prit avec Simon, et leur procès fut fait solennellement. Simon échappa à la mort en sa qualité de prêtre. Quant à Lambert, ayant eu assez d'esprit pour faire rire le roi, il fut condamné à devenir aide de cuisine dans le palais du monarque. L'histoire ajoute qu'il devint un excellent cuisinier, et que le roi, ayant découvert en lui des qualités éminentes, l'éleva au grade de fauconnier.

Mais on a vu que les efforts de Henri VII pour découvrir les corps des enfants d'Édouard n'avaient abouti à rien. Simon, que l'on avait renfermé comme fou, dut s'avouer qu'il avait fait une sottise, et que, s'il eût attendu un peu plus longtemps, il lui eût été possible de faire de Simnel un Richard d'York, au lieu d'un Warwick. Cette belle occasion ne fut pas perdue pour tout le monde, ainsi qu'on va le voir.

La duchesse Marguerite de Bourgogne, sœur d'Édouard IV, haïssait mortellement le roi d'Angleterre, qui avait pris la place de ses neveux. Elle aimait par conséquent cette maison d'York que poursuivait Henri VII dans sa furieuse jalousie. Elle avait plus d'une fois regretté que Simon et Lambert Simnel eussent si mal joué leurs rôles, et que le triomphe du roi en cette affaire eût été si complet.

Mais quatre ans ne s'étaient pas écoulés depuis la déconfiture du faux Warwick, que le bruit se répandit à la cour de

Bourgogne de l'arrivée d'un illustre, et très-illustre Anglais, qui demandait mystérieusement une audience à la duchesse Marguerite.

Cette princesse accorda l'audience, et vit entrer chez elle, à l'heure indiquée, un beau et mélancolique jeune homme aux cheveux blonds, à l'œil noir, mélange heureux de la race saxonne et du beau sang normand. Il se présentait avec une dignité mâle, rehaussée d'un langage persuasif et touchant dans sa simplicité.

— Votre nom? lui dit la princesse.

— Je m'appelle Richard, duc d'York, votre neveu, et je viens demander asile à votre altesse, contre l'usurpateur de ma couronne et le persécuteur de ma race.

Marguerite fronça le sourcil, et d'une voix qu'elle éleva dans le dessein de la faire entendre au dehors :

— Ces sortes de communications sont injurieuses pour le prince à qui on les fait et pour l'imposteur qui ose les faire, dit-elle; aussi font-elles tomber la tête de ce dernier lorsqu'il est convaincu d'imposture. Je n'entendrai pas un mot de plus, et je ne vous verrai plus que devant mon conseil. Si vous voulez sortir de mes états, je vous en laisse la facilité. Partez, et rentrez dans l'ombre. Si vous persistez, au contraire, présentez-vous demain en la grande chambre de mes officiers et de mes conseillers. Allez, monsieur.

Le jeune homme salua la princesse avec respect, mais sans bassesse, et plutôt en prince qui rend hommage à une femme qu'en fugitif qui espère un appui. Chacun pensa bien que la duchesse n'aurait pas la peine de punir cet ingénieux chercheur de couronnes, et que, trop heureux de n'avoir pas été arrêté le premier jour, il ne se risquerait pas à affronter un lendemain.

Mais le lendemain, à midi, au moment où le grand conseil prenait la séance, la duchesse de Bourgogne reçut l'avis que le jeune homme de la veille demandait une seconde audience.

— Cette fois, dit-elle en montrant une colère assez vive, ce n'est plus un fou, mais un impertinent imposteur. Il nous payera le temps qu'il va nous faire perdre. Ça, qu'on introduise mon prétendu neveu, duc d'York, et malheur à lui s'il n'est pas le plus audacieux génie de la terre, ou le fils miraculeusement sauvé de mon frère Édouard IV!

Le jeune homme, au front calme et fier, entra dans la salle, suivi seulement de deux serviteurs vêtus avec simplicité. Il promena autour de lui un tranquille regard, et, sans fanfaronnade, sans hésitation, il vint se placer en face de la duchesse assise sur son trône.

— Avant que je ne vous invite à prendre un siége digne du rang que vous ambitionnez, souffrez, dit la princesse avec une ironie visible, que l'on vous place sur la sellette de l'accusé. En effet, tant que vous n'aurez pas prouvé que vous êtes Richard, duc d'York, vous serez accusé d'avoir usurpé ce noble nom, célèbre par de si touchantes infortunes.

— Madame, dit le jeune homme avec modestie, je prouverai que je suis Richard, duc d'York, fils d'Édouard IV, et frère d'Édouard V, assassiné sous mes yeux dans une chambre de la Tour de Londres.

Alors commença de la part de la duchesse un interrogatoire des plus sévères, des plus minutieux. Elle appela tous ses conseillers à l'aide, poursuivit pendant longtemps une enquête habilement combinée, et qui devait embarrasser l'imposteur le plus adroit, en amenant des contradictions dans ses réponses. Mais le jeune homme, toujours aussi maître de lui, toujours aussi noble, répondit à chacun sans trouble et sans colère, ne refusant aucun détail, rappelant les moindres particularités qui pouvaient amener la conviction dans l'esprit des auditeurs; il fit l'histoire de toutes les personnes de la famille royale, dépeignit leurs traits, raconta leurs actions jour par jour, heure par heure, donna à la duchesse des détails qu'elle seule pouvait savoir; il fut enfin si persuasif, si digne, si vrai, si triomphant, que Marguerite, se laissant entraîner par l'enthousiasme :

— Monseigneur! dit-elle, c'est Dieu qui vous a ressuscité par un miracle... Vous avez raison... vous êtes le véritable sang d'Édouard IV, roi d'Angleterre; vous êtes Richard Plantagenet, la Rose blanche de la Grande-Bretagne, mon neveu bien-aimé. Pardonnez-moi mes soupçons, et prenez ici, comme vous le prendrez ailleurs, le rang qui vous est dû.

A ces mots, elle se leva, alla présenter la main à Richard, et lui fit donner un siége à la hauteur de son trône. Les Anglais qui assistaient à ce conseil, et tous les sujets de Marguerite poussèrent de grandes acclamations. Le jeune homme reçut les compliments de l'assemblée avec autant de grâce et de reconnaissance, qu'il avait mis de patience et de douceur à supporter les menaces et les questions blessantes.

Sous le patronage de la puissante duchesse, le nouveau rival de Henri VII grandit vite. Il eut une cour, de l'argent, des amis.

Le roi de France lui offrit ses services, son amitié ; le jeune prétendant eut un palais à Paris avec des gardes et des courtisans; bientôt tous les gentilshommes les plus distingués de l'Angleterre passèrent le détroit pour venir composer une suite à l'heureux aventurier.

Au nombre des seigneurs qui secondèrent le nouveau duc d'York, figurait lord Stanley, cet ami si habile et si énergique, à qui Henri VII devait le trône conquis à Bosworth. Stanley fit offrir au compétiteur de celui qu'il avait couronné de l'argent pour lever une armée qui le détrônât. Stanley, trahi par Clifford, auquel Henri VII avait promis sa grâce s'il révélait ses complices, fut arrêté, conduit à la Tour, et décapité. Le supplice d'un homme si considérable, et auquel Henri devait tant, effraya les partisans du prétendant, et beaucoup commencèrent à perdre de leur ardeur.

Mais le roi de France ne pouvait donner de secours réels au jeune duc, à cause de la paix qui était conclue entre l'Angleterre et la France. Le jeune homme leva lui-même une armée de bandits et d'aventuriers, à la tête de laquelle il alla faire une descente en Angleterre, sur les côtes du comté de Kent. Repoussé par les habitants, qui voulurent le prendre lui-même pour l'offrir en présent à Henri VII, il dut à sa prudence de pouvoir s'échapper sain et sauf de ce mauvais pas. Il s'enfuit donc avec le reste de sa bande, et passa en Écosse, où régnait alors Jacques IV.

Ce prince avait reçu du roi de France des recommandations en faveur du prétendant. Il l'accueillit gracieusement, et lui offrit une assistance dont ses affaires avaient le plus grand besoin. Et comme les alliances sont une garantie solide pour les peuples, Jacques proposa un mariage au rival de Henri VII. Il s'agissait d'une belle jeune fille, parente du roi, lady Gordon, fille du comte de Huntley, qui réunissait la richesse, la noblesse et le mérite.

Le prince aventurier se décida. Il épousa lady Gordon. Triste condition des filles de ce rang, d'être ainsi sacrifiées au premier calcul d'ambition ou de politique.

Mais le duc d'York était un esprit plein de distinction, et un homme brillant par ses avantages extérieurs. La fille du comte de Huntley dut le croire prince par la naissance, comme il l'était par les talents, et sans doute elle vit cette union sans une grande répugnance. Il n'en fut pas de même du roi d'Angleterre. Depuis longtemps ce monarque cherchait avec soin quelles pouvaient être l'origine et la condition véritable de ce duc d'York, sorti si malencontreusement de sa tombe pour lui disputer la couronne. Il dépensait des sommes énormes à l'entourer, lui et ses amis, d'espions dévoués qui, lambeau par lambeau, arrachassent le secret tout entier.

Il allait jusqu'à faire excommunier ou bannir quelques-uns de ses agents qui, chargés de cet anathème royal, inspiraient plus de confiance par leur malheur, et s'introduisaient plus avant dans le mystère des opérations du prétendant. C'étaient non-seulement les amis, mais les confesseurs, les maîtresses et les serviteurs même de ces partisans d'York, qui étaient sollicités par les continuelles investigations de ces agents adroits. A la cour de Bourgogne, à celle de France, le duc vivait avec tant de splendeur, qu'il devait se glisser un peu de négligence dans ses relations; on espérait en profiter pour le convaincre d'imposture.

Rien n'avait encore transpiré cependant qui fût de nature à nuire au crédit de ce jeune homme, quand tout à coup la nouvelle duchesse d'York, c'est-à-dire lady Gordon, fille du comte de Huntley, reçut un message ainsi conçu :

« Madame, le roi d'Angleterre a pris en pitié l'infortune d'une femme digne de tant de respect. Vous ne sauriez vous parer longtemps d'un titre mensonger. Vous n'êtes pas plus la duchesse d'York que l'imposteur votre époux n'est Richard, fils d'Édouard IV. Tâchez d'obtenir qu'il cède de bonne grâce, et ne provoque pas, par une coupable persévérance, le châtiment de son prince irrité. Certes, c'est un grand malheur pour vous, noble héritière d'Huntley, que de voir ainsi votre jeunesse, votre beauté, votre fortune, sacrifiées à un faussaire indigne ; mais croyez bien que celui qui vous prévient eût donné beaucoup pour être instruit assez à temps et vous épargner cette disgrâce.

» Si vous avez été lâchement trahie, si votre roi lui-même, abusé par l'imposteur, ou feignant de l'être, a sacrifié tout à la réalisation de ses projets de guerre, montrez, madame, que le sang dont vous êtes née repousse la félonie et le parjure. Abandonnez un misérable qui ne se soutient que par votre générosité; celui qui vous parle ainsi peut vous promettre la vie et la sûreté pour le faussaire que votre nom sauvera cette fois encore ; il vous le promet de la part du roi ; et quant à vous, madame, jamais princesse n'aura été traitée avec plus d'égards et de considération que vous ne le serez, paraissant doublement sacrée au roi d'Angleterre, par votre mérite et votre infortune.

» Vous attendez sans doute un autre renseignement que cette vague accusation; ce ne serait pas en effet la première rumeur de ce genre qui serait parvenue à vos oreilles. Mais le roi a voulu que vous fussiez détrompée la première, et complétement détrompée. Abordez votre époux, madame, en l'appelant du nom de Perkins Warbec, et vous jugerez vous-même de l'effet que produira sur lui ce nom, qui est son nom véritable. »

Lady Gordon fit aussitôt chercher le messager qui avait apporté cette lettre. Elle avait tant de fois été assiégée des bruits répandus sur le duc d'York; lui-même avait si habilement propagé toutes les versions les plus ridicules à cet égard, afin que rien ne parût neuf ou frappant; il y avait enfin si peu de certitude dans cette dénonciation anonyme, que la duchesse fut tentée de la brûler, comme elle avait fait tant de fois. Cependant on y parlait du roi Henri VII. La révélation était accompagnée de promesses, et elle désignait un nom. Lady Gordon voulut voir jusqu'où le dénonciateur avait pu porter l'audace. La pauvre femme cherchait à se faire un mérite nouveau près de son époux, de son incrédulité, de son dévouement.

Le duc revenait d'un conseil tenu chez le roi Jacques. Il y avait prononcé un long discours semé de promesses qui, répandues parmi le peuple, devaient y porter la joie et l'espérance. Il reprochait au roi d'Angleterre sa tyrannie, son usurpation, son avarice; il développait des plans nombreux d'amélioration, et annonçait une prompte solution à cette guerre commencée. Il avait poussé la tendresse pour ses sujets anglais jusqu'à reprocher au roi Jacques d'Écosse, son protecteur, son seul appui, que l'armée écossaise faisait trop de dégâts dans ses incursions sur les terres anglaises.

Jacques, piqué de ce ton de maître, et sachant peut-être aussi bien qu'un autre à quel point le duc d'York avait droit de parler avec cette liberté, répondit que l'armée écossaise faisait la guerre comme il convenait à des ennemis généreux, mais énergiques; que l'on ne pouvait tuer les gens en les ménageant; que pour faire des hostilités de parade, il n'était pas besoin de mettre une armée en campagne, ce qui coûtait fort cher; qu'enfin, lui, le duc d'York, n'avait pas absolument raison de ménager un héritage qui peut-être ne lui reviendrait jamais.

Sur ce mot amer, les deux princes s'étaient séparés avec un grand tumulte de tout le conseil. En effet, les Écossais prenaient parti pour leur roi contre l'étranger, au service duquel ils versaient leur sang, prodiguaient leur argent, sans être mieux récompensés que par des remontrances blessantes. Les partisans du jeune duc, fort embarrassés, gardaient un silence de mauvais augure; cette faute enfin, commise par un excès de popularité, devait causer un grand préjudice au prince soutenu seulement par des princes.

Le jeune homme rentra donc chez lui après la séance; il était agité, soucieux; il avait besoin de ce sourire, de ces douces paroles qui semblent à l'homme politique le calme du port après les secousses furieuses de la mer. Il entra donc chez la duchesse, qu'il trouva fort pâle et rêveuse.

— Ah! vous voilà, mylord, dit-elle... Bonjour, prince.

— Mylord! dit le jeune époux... prince!... non, pas de ces titres, de ces mots d'apparat; je souffre, j'ai besoin d'oublier; appelez-moi d'un autre nom, je vous prie.

— Je le veux bien, dit-elle en se levant avec un étrange sourire, et, se plaçant en face de Richard, qu'elle enveloppa d'un regard scrutateur :

Bonjour, dit-elle, Perkins Warbec...

Le jeune homme fit un bond terrible, et le sang afflua de ses joues à son cœur. Ses yeux si doux et si purs s'injectèrent d'un filet de pourpre; ses beaux cheveux se hérissèrent sur sa tête. Cependant, malgré cette pâleur, cette effrayante agitation, cette attitude d'une sombre épouvante, il interrogeait sa femme avec un geste impérieux.

Soudain, s'apercevant que la porte du salon était à demi ouverte, il s'élança pour la fermer... D'un pas rapide, il alla soulever les tapisseries, sonder les chambres voisines, interroger tous les coins qui pouvaient recéler un espion, et n'ayant rien trouvé, un peu remis de cette émotion terrible, il regarda la duchesse, plongée à son tour dans une agitation impossible à décrire.

— Madame, demanda-t-il d'une voix brève... qui vous a appris ce nom?...

— Et à vous? dit-elle.

— Répondez-moi d'abord... Ce nom, ce nom maudit!... Qui vous l'a révélé...

— Il vous appartient donc?

— Avez-vous oublié, madame, mon nom véritable et le vôtre? Ne vous appelez-vous pas la duchesse d'York?

— Monsieur, je vous en supplie, dit la malheureuse femme, je crois vous avoir montré de l'affection, du dévouement; je suis votre femme, mylord, et j'ai droit à votre confiance; ai-je été trompée, ai-je une telle infortune à craindre?...

— Madame, je vous en supplie, dites-moi d'où vous vient la connaissance de ce nom... Pourquoi avez-vous accueilli plus favorablement la dénonciation qui vous a été faite aujourd'hui que dix fois déjà vous ne le fîtes pour d'autres?...

— Et vous, s'écria la duchesse en prenant la main de son époux, en la serrant avec inquiétude; pourquoi ce nom a-t-il produit sur vous un effet si douloureux? Ah! mylord, que vous étiez terrible!... Que vous m'épouvantez quand j'y songe!...

Le jeune homme cacha son visage dans ses mains, et, honteux de cette marque de faiblesse :

— C'est une vie horrible que la mienne, dit-il; toujours soupçonné, toujours méprisé au fond du cœur par ceux mêmes qui me prodiguent extérieurement des marques de tendresse et de respect.

— Vous ne dites pas cela pour moi... mylord, pour moi qui vous ai tant aimé...

— Vous dites que vous m'avez aimé, s'écria le jeune homme; ah! vous ne m'aimez donc plus!...

Touchée de cette douleur si vraie, et qui naissait de l'amour même, la duchesse se mit à pleurer comme eût fait une femme tourmentée de jalousie.

— Et moi, suis-je heureuse! mylord, dit-elle, moi que l'on injurie en l'appelant la femme usurpatrice, la fausse duchesse; moi, qui, née dans un rang honorable, rougis chaque jour sous le regard d'un valet qui passe; moi qui tremble pour vous, et en ce moment plus que jamais?

— Comment cela? dit-il avec inquiétude.

— Tenez! repliqua-t-elle, prenez cette lettre, et lisez.

Le jeune homme s'empara avidement du message de Henri VII et le dévora. La duchesse tenait ses yeux fixés sur lui avec une douloureuse angoisse.

— Eh bien! dit-elle, haletante et retenant ses larmes.

— Croyez-vous ce qu'on dit là, madame?

La duchesse ne répondit pas.

— Vous le croyez! s'écrie-t-il... Alors... ajoutez que vous avez du mépris, de la haine pour moi!

— Pour vous!... Du mépris... de la haine, murmura la jeune femme en versant un torrent de larmes... Non... non... j'éprouve une immense pitié, car je sens que vous êtes perdu, mylord! On n'aura pas en vain levé cet étendard de révolte; le roi Henri VII ne vous pardonnera pas d'avoir trompé... Oh! ce mot est déchirant, mylord... trompé le peuple en vous proclamant fils d'Édouard IV.

— Adieu, madame, répondit le jeune homme avec un sombre désespoir; ma vie est terminée... Oui, je suis perdu, puisque vous avez douté de moi. Je pourrais vous mentir plus longtemps, et mendier encore quelque pitié, prolonger à l'aide d'un mensonge le bonheur, hélas! si court que j'ai goûté près de vous. Mais à quoi bon! vous, l'âme la plus haute, l'esprit le plus brillant, le cœur le plus tendre, vous n'avez pas su apprécier tout ce qu'il m'a fallu de persévérance, de courage, de génie, oui, je le dis! de génie, madame, pour m'élever au rang que j'occupais... Ce que les armées de Henri VII, les intrigues de plusieurs rois, ce que le destin n'avait pas encore fait pour ma ruine, un seul mot tombé de vos lèvres va le faire... Oui, je suis perdu, car je n'ai plus ni courage, ni esprit, ni force; tout me manque aujourd'hui, vous ne m'aimez plus!

La duchesse appuya sur ses mains glacées son front brûlant de fièvre.

— Monsieur, dit-elle, plaignez le sort d'une pauvre femme qui, tout en sachant que les femmes de ma condition sont prédestinées au malheur, avait espéré être heureuse avec son époux. Oui, j'ai été fière de m'appeler la duchesse d'York; Dieu me punit de cet orgueil... Mais sachez-le bien, j'ai été fière de ce titre non pour le titre lui même, mais à cause de celui qui le portait selon moi si dignement. Voilà, mylord, pourquoi je me trouve si malheureuse aujourd'hui; ce n'est pas parce que vous n'êtes pas duc d'York, c'est parce que le roi n'a pas menti en disant que vous étiez un imposteur comme ceux qui ont échoué.

— J'espérais toujours, madame. Ne croyez pas que je sois un misérable aventurier sans titres légitimes... Je ne suis pas, comme Lambert Simnel, le jouet de l'ambition d'un prêtre; le sang royal coule dans mes veines; Édouard IV est mon père, je vous le jure par le Dieu vivant qui entend mes paroles.

— Oh! s'écria la duchesse, rouge de honte, par pitié ne vous parjurez pas... Si vous aviez continué la confession de votre crime, mylord, vous m'eussiez par cette noble franchise habituée à vous chercher des excuses... que sans doute j'eusse trouvées au fond de mon cœur. Mais avec cette opiniâtreté dans le mensonge, vous vous perdrez à mes yeux.

— Madame, répliqua le jeune homme avec calme, écoutez-moi.

— Vous appelez-vous ou non Perkins Warbec?

— Je suis Perkins Warbec.

— Eh bien alors! pourquoi torturer encore mon cœur qui déjà se brise?... Si vous êtes cet homme, vous n'êtes pas fils d'Édouard IV.

— Je suis cet homme, et mon père est le roi Édouard IV. Le secret de ma naissance, écoutez-le religieusement, madame, car pour me concilier votre estime, pour ne pas laisser éteindre jusqu'à la dernière étincelle de... l'intérêt que vous me portiez, murmura-t-il avec un sanglot bruyant, je vais... déshonorer ma mère.

La duchesse écoutait de toutes les forces de son âme.

— Madame, dit-il... vous avez peut-être entendu parler de ce riche négociant flamand qui vivait à la cour d'Édouard IV, honoré de toute la faveur de ce prince... Vous ne saviez pas qu'il avait un fils, et que le roi avait tenu ce fils sur les fonts de baptême... Cet enfant naquit dans la maison de Warbec, le négociant, après une absence d'un an qu'il avait faite pour ses affaires sur le continent... Ici, madame, je le répète, pardonnez à un fils qui commet un crime, sans doute, en parlant ainsi de sa mère... Je suis le fils d'Édouard IV et de la femme de Warbec.

Lady Gordon joignit les mains, et regarda en frémissant le noble visage de Perkins inondé d'une sueur froide.

— Lorsque j'appris ce fatal secret, dit le jeune homme, quand je sus que ma mère avait cédé à quelque violence, à quelque crainte; que, pour cacher sa honte et l'illégitimité de ma naissance, elle avait subi les affronts, les mauvais traitements de celui qu'on appelait mon père, moi, pauvre enfant que l'on eût méprisé, j'ai formé le projet de m'élever par mon courage, par mon industrie, au rang que le hasard, c'est-à-dire une force aveugle, avait accordé à mes frères, nés comme moi du sang d'Édouard IV, et... j'y suis arrivé, madame... Hélas! qui me comprendra, qui me plaindra? J'ai voulu prouver à Dieu, qui seul connaissait mon secret, que dans la part qu'il fait à ses créatures il oublie parfois celles qui méritent le plus ses faveurs... Les faveurs de Dieu, madame, c'est peut-être un blasphème de le dire, s'appellent sur terre la fortune, le pouvoir, pour les gens vulgaires; pour les âmes d'élite, c'est l'immortalité, fruit glorieux d'un long travail, d'un génie cultivé dans les larmes et le sang! Oh! personne ne m'a aimé, personne ne m'a soutenu dans les rudes épreuves de ma vie! Il m'a fallu monter sur tous ces fronts qui, selon qu'un homme est hardi ou timide, se laissent broyer comme un plancher qui le porte à son but, ou le renversent par leurs oscillations. Il tombe alors dans un abîme, et le pied d'un autre se pose à son tour sur sa tête. Moi, j'avais surmonté tout cela! Croyez-moi, madame, le jour où je vous vis, où je vous aimai, je crus être digne de vous, sinon par les titres écrits sur du parchemin, qui font les hommes fils de rois ou de princes, du moins par cette noblesse du cœur qui prouve que l'homme est né de Dieu...

— Oui, vous êtes un homme de génie... mylord, dit lady Gordon, mais nul ne vous comprendra.

— Ne m'appelez pas mylord, je ne suis pas un seigneur, madame; je suis le misérable imposteur que l'on chassera jusqu'à l'échafaud à coups de fouet... Oh! je vous le jure, une seule chose me blesse quand j'y pense, c'est qu'un peu de ma rougeur rejaillira sur votre front!

— Vous pouvez fuir! Rien n'est perdu, puisque vous savez...

— Fuir! non madame. Le but de mon travail était simple... Un trône! j'y touchais... Pour tomber, je veux tomber de cette hauteur... dussé-je me briser en tombant. A présent, je le vois, ma cause est distincte de la vôtre. Votre conscience vous fait une loi de me quitter, de me livrer, même... Faites-le... je m'abandonne. J'eusse disputé la couronne à Henri VII, les armes à la main; je ne lui disputerai pas ma vie, à laquelle vous ne tenez plus.

— Monsieur, si je pouvais oublier... Si le bandeau n'était pas tombé de mes yeux, on m'eût vue mourir à vos côtés... Mais à présent je ne verrais en vous, dans votre triomphe même, qu'un usurpateur.

— C'est vrai, madame, et comme je ne voulais ce triomphe que pour vous, j'y renonce..... Je finirai comme devait finir celui qui n'a pas rencontré un ami.

Le fier jeune homme salua la comtesse avec respect, et sortit sur ces paroles. Elle, demeura pensive et mécontente, espérant qu'il reviendrait, qu'il la persuaderait. Perkins avait besoin d'être aimé, non d'être toléré. Il prit son parti en homme, alla s'enfermer au milieu de ses partisans, et commença la guerre. Les habitants du comté de Cornouailles venaient de se révolter, et pouvaient venir en aide à ses prétentions; il se montra donc à eux, et trois mille hommes de ce pays accoururent sous ses drapeaux. Ce fut alors que le jeune prétendant, fier d'avoir une armée, ranimé par les espérances que cet heureux commencement faisait naître, se proclama pour la première fois roi d'Angleterre sous le nom de Richard IV. Son parti releva la tête, et lui, pour frapper un coup d'éclat, se présenta devant Exeter, ville importante, dont la possession eût servi de centre à ses opérations militaires et politiques. Mais Exeter ferma ses portes à Perkins, qui, dans son indignation, en commença le siége sans artillerie ni munitions.

Lady Gordon avait été émue de la détermination de Perkins. Elle était femme à comprendre toute cette générosité de l'homme qui ne combattait plus par ambition ni par orgueil, mais seulement par délicatesse, afin de mourir en faisant honneur à celle qu'il avait trompée.

Elle vint donc auprès de lui devant Exeter.

— J'ai attendu, dit-elle, que votre prospérité passagère se fût éteinte, de peur que vous ne me crussiez attirée par son éclat. Je vous admire, je veux vous sauver malgré vous. Mylord, pour moi, vous cesserez de combattre et vous entendrez la voix de la raison. Abandonnez cette cause perdue : le roi marche contre vous avec une puissante armée. Toute la noblesse, pour lui faire sa cour, arme vassaux et hommes-liges. On tente par des promesses vos nouveaux alliés de Cornouailles; au premier coup de canon vous seriez abandonné. Je veux qu'on me trouve à vos côtés, mylord, mais si vous étiez vainqueur, je vous demanderais la permission de me retirer dans un couvent.

— C'est assez, madame; vous m'enlevez le prix du combat. Je n'avais pas besoin de cette nouvelle preuve de générosité pour apprécier votre âme si belle; mais malheureusement pour moi, vous êtes d'une autre caste, et vous ne me comprenez pas. Si j'eusse épousé une femme du peuple, elle combattrait à mes côtés, et mourrait à mes côtés en essayant de me soulever jusqu'au trône. Chez vous, nobles de race, la légitimité est la suprême loi. Vous me sacrifieriez à Henri VII, par cela seul qu'il s'appelle le roi d'Angleterre... Mais, madame, il est usurpateur comme Richard III, comme je l'eusse été moi-même. Au lieu de m'enlever tout courage, vous eussiez dû m'enflammer et faire de moi un héros; la première bataille décidait de mon sort. Aujourd'hui je ne suis plus qu'un homme, et, je le sens, je serai battu honteusement; votre défiance de ma fortune m'accable comme une fatalité. J'ai sept mille hommes résolus, je puis me défendre et... qui sait? je puis vaincre! Eh bien! soyez contente; demain je serai un misérable fugitif; on saura ma honte; ne craignez rien, je m'arrangerai de façon à ce que vous n'en soyez pas souillée.

En effet, Perkins, au lieu de livrer bataille, quitta son armée et s'alla enfermer dans l'asile de Beuley. Ses soldats, ne le trouvant plus, se rendirent aux troupes du roi et demandèrent grâce. Henri VII voyait se terminer la lutte, sa puissance grandissait de toute l'abjection du prétendant; il fut généreux, et se contenta de faire pendre certains rebelles de Cornouailles, de rançonner certains gros partisans de Perkins. Il donna une amnistie au reste.

Quant à lady Gordon, elle fut arrêtée et conduite au roi d'Angleterre. Il plaignit courtoisement son malheur, ordonna qu'elle fût traitée avec les mêmes égards qu'une princesse, et lui offrit un poste distingué dans la maison de la reine, en même temps qu'il lui assignait une pension pour assurer son indépendance.

Restait Perkins, enfermé dans son asile. Les courtisans savaient combien la prise de ce rival tenait au cœur de Henri VII. Ils lui conseillèrent simplement de violer l'asile. Il résista.

— Il faut un exemple, disaient les empressés; après celui-là, s'il n'est pas rudement châtié, d'autres lèveront la tête, et vous aurez autant de Richard d'York ou de Warwick qu'il y aura de fous dans votre royaume. Celui-là décapité, les fous les plus incurables réfléchiront.

Henri VII répondit à ses courtisans :

— L'homme n'est plus redoutable. Il n'a plus ni parti ni prétentions. Il s'est usé lui-même. Pourquoi ferais-je la sottise de verser le sang dans une comédie? Le dénoûment doit être comique. Je m'en charge.

Il s'occupa donc de négocier avec Perkins ce dénoûment d'une si longue intrigue. Dès ce moment, le caractère du jeune usurpateur se ternit, il faut bien le dire, et l'amour de la vie lui conseilla trop souvent une condescendance indigne d'un personnage voué aux rôles de héros. Certainement un romancier tirerait parti des faiblesses de Perkins, et révèlerait avec succès l'influence de lady Gordon sur la plupart des honteuses concessions de Perkins.

Le roi lui fit promettre la vie sauve s'il venait de lui-même se livrer en ses mains. Autrement l'asile de Beuley serait violé; l'échafaud se dresserait à Tyburn. Perkins accepta. Il vint à Londres se livrer à Henri VII.

On le fit monter à cheval, sans autre suite qu'un garde du roi, sans autre avant-garde qu'un héraut, qui criait :

— Celui-ci est Perkins Warbec, fils du juif Warbec, imposteur.

Le peuple accourait en foule, et, furieux de n'avoir pas eu son héros complet, il le lapidait et le couvrait de boue. Perkins supporta patiemment ces outrages, et, après une promenade qui eût suffi à tuer l'homme le moins orgueilleux, il fut conduit à la Tour.

Ce n'était pas tout. Henri VII exigea que Perkins racontât son origine, ses ruses, ses moyens; en un mot, son roman. Il le fit, et ne cacha aucun détail. Henri apprit donc que le roi de France et la duchesse de Bourgogne, dupes ou non de l'imposture, y avaient pris la part la plus active. Il fit imprimer le récit de Perkins, en supprimant ce qui concernait la duchesse de Bourgogne. Mais le peuple, qui ne vit pas figurer le nom, si important dans cette histoire, de Marguerite, suspecta la fidélité du narrateur, et recommença à croire Perkins un peu plus prince que la veille.

Henri VII dut songer à prouver sa bonne foi plus nettement. Il obligea Perkins à paraître à Westminster et dans plusieurs places publiques, et à lire lui-même le récit publié dont le peuple accusait la rédaction d'infidélité. Perkins se soumit à tout avec une patience incroyable. Ne pouvant le juger au point de vue du roman, expliquons sa conduite par la prudence, qui paraît avoir été le principal caractère de cet homme remarquable. Après toutes ces humiliations, qui devaient avoir suffisamment dégoûté le peuple de la cause des prétendants, on confina Perkins dans la Tour, poste plus fort et plus sûr que la première prison dans laquelle on l'avait enfermé et d'où il s'était échappé en trompant la surveillance de ses gardes.

Perkins, tout prisonnier, tout déshonoré qu'il était, pouvait encore offrir un spectacle curieux ; les visiteurs secrets ne lui manquèrent pas à la Tour : les employés d'abord, puis les gardes, puis les amis des principaux officiers, purent jouir du coup d'œil de l'usurpateur dans les fers. Celui-ci reçut les visites avec la même patience qu'il avait mise à supporter les promenades et les confessions publiques. Il avait compris qu'à l'aigle enchaîné sied mal le regard fier, le cri impérieux, et qu'il vaut mieux pour le captif l'attitude rêveuse, l'œil baissé, qui n'inspirent aucune crainte aux gardiens et secondent la pensée qui doit servir à briser les fers.

Le lieutenant de la Tour était sir John Digby, personnage important qui menait un train magnifique. C'était pour lui un honneur bien grand d'avoir à garder les deux hommes qui avaient fait passer tant de mauvaises nuits au roi Henri VII. La garde de la Tour était déjà un poste magnifique; mais la garde de Warwick et de Perkins rehaussait singulièrement cet honneur. On allait trouver Digby pour obtenir la permission de voir Perkins, comme on irait demander au surveillant d'une ménagerie la faveur de voir un lion dans sa loge. Perkins fut bientôt accoutumé à voir entrer chez lui les valets de John Digby, chargés à tour de rôle par leur maître d'escorter les visiteurs. Les visiteurs partis, on refermait la porte et quelquefois le valet restait. Perkins gagna l'un par la pitié, l'autre par d'éloquents discours, un troisième par des promesses. Il en gagna quatre. Pour cet homme qui avait réussi à tromper des rois, des généraux, des magistrats habiles, n'était-ce pas un jeu que de persuader quelques hommes grossiers? Il apprit bientôt, par leur moyen, que Warwick était toujours prisonnier dans la Tour et à quel endroit il était renfermé. Le grand talent de Perkins, dans sa vie aventureuse, avait été de questionner. Il apprit de ces valets que Warwick, à force d'obscurité, de solitude, d'alternatives d'espoir ou de désespoir, était tombé dans un état d'affaiblissement moral voisin de l'imbécillité; que cependant il pensait et rendait ses pensees. Perkins, voyant avec quel respect on lui parlait de Warwick, malgré l'abaissement de ce prince, comprit que pour tous les Anglais Warwick était toujours le sang vénéré d'York; qu'il y avait encore espoir de ce côté, et que si l'on ne pouvait, s'appelant Perkins Warbec, soulever encore l'Angleterre contre Henri VII, on le pourrait sans doute en servant d'auxiliaire à ce fantôme appelé Warwick, duc de Clarence, neveu d'Édouard IV.

Il commença par faire l'éloge de ce malheureux prisonnier, et à force de témoigner sa curiosité, bien naturelle après tout, il insinua aux valets que certainement le prisonnier n'était pas le véritable Warwick, mais un fou que Henri VII retenait sous ce nom à la Tour.

— Dans mes nombreuses relations avec la cour, dit-il, j'ai vu souvent des portraits de Warwick et Warwick lui-même; je le connais à de certains signes qui ne me permettraient pas de le méconnaître.

La curiosité du valet s'éveilla à son tour. Soit désir de percer le secret d'état, soit compassion pour Perkins et envie de lui plaire, cet homme avertit Warwick de la présence à la Tour d'un célèbre prisonnier. En même temps Perkins lui écrivait une lettre qu'il lui faisait tenir par un autre de ses confidents.

« Vous n'êtes pas la seule victime de la tyrannie de l'usurpateur; il y a près de vous un captif plus malheureux peut-être que vous, parce qu'il était né plus près du trône où s'assied insolemment celui qui nous déshérite. »

Cette lettre jeta Warwick dans une grande perplexité. Le malheureux n'avait jamais entendu parler de Perkins; il savait bien qu'on le redoutait, lui, Warwick; mais personne ne lui semblait plus près du trône que le fils du duc de Clarence. Il témoigna un vif désir de voir le prisonnier.

Les valets, fascinés par Perkins, ménagèrent cette entrevue; elle fut décisive. Perkins connaissait trop bien le terrain, l'homme, il était trop habile pour ne pas saisir tout d'un coup ses avantages. Il se jeta dans les bras de Warwick, lui conta son histoire, l'appela mon cousin Clarence — et il était réellement son cousin. — Lorsqu'ils se séparèrent, Warwick savait que les deux fils d'Édouard n'étaient pas morts, que Richard survivait. Il avait foi en ce jeune homme et fondait sur lui tout l'espoir d'une délivrance prochaine et brillante.

— Travaillons de concert, lui avait dit Perkins ; l'occasion est magnifique. J'ai dû, pour sauver le reste du sang d'Édouard, plier les genoux devant un ennemi plus fort. Je pensais à vous, Clarence, à vous que ma persistance eût peut-être conduit à la mort. J'ai cédé ; mais le peuple ne croit pas à mes confessions publiques ; il les sait extorquées par la violence. Il connaît Henri VII et a appris à me connaître moi-même. Aujourd'hui que le tyran nous croit, vous éteint par le malheur et la folie, moi écrasé par la honte et le ridicule, relevons-nous, appuyons-nous l'un sur l'autre. Voyez, j'ai su faire en un mois ce que vous, mon cousin, vous n'avez pas essayé de faire après de longues années. Vous serez Clarence, je serai Perkins ; on vous obéira, mais je dirigerai. Faisons un pacte... Une fois hors de la Tour...

— Hors de la Tour ! s'écria le malheureux prince. Est-ce qu'on pourrait sortir de la Tour ?

— Oui, mon cousin, et facilement si vous avez encore le cœur et le bras de votre race.

Warwick releva la tête avec un sentiment d'orgueil, et l'on vit un éclair passer dans ses yeux à demi éteints par la sombre folie.

— Bien, Clarence, bien ; nous sommes sauvés puisque vous le voulez. J'ai commandé des armées de plusieurs milliers d'hommes.

Warwick le regardait avec admiration.

— Maintenant j'en possède quatre d'un homme chaque. Eh

bien, avec ces quatre hommes, mon cher Clarence, nous allons gagner une bataille plus décisive que celle de Bosworth, où périt notre oncle Richard III.

Il fallut se séparer. Warwick était radieux. L'espoir est une seconde jeunesse pour le cœur flétri par la souffrance.

Bientôt, grâce à l'activité de Perkins, le complot s'organisa. Rien n'était plus simple en apparence, et l'on verra ce qu'il fallait, pour réussir, de présence d'esprit et de vigueur. Il s'agissait de saisir le moment où John Digby entrerait dans l'un ou l'autre des deux cachots, de l'égorger, d'arracher de sa main les clefs de la Tour, de franchir, aidés par les quatre domestiques, les portes et les ponts, et de courir la fortune soit d'une seconde révolte contre Henri VII, soit d'un exil dans lequel au moins on trouverait la liberté dans la misère. Warwick était bien sûr, quant à lui, de rencontrer des protecteurs, puisque Henri VII l'avait légitimé en le montrant au peuple dans Londres. Perkins était bien sûr de ne jamais manquer de pain.

Tout était concerté : le lieu, l'heure étaient choisis. Warwick, depuis ses entrevues avec Perkins, avait repris sa lucidité, sa force, comme une lame généreuse qui s'était rouillée dans l'ombre reparaît brillante et acérée sous l'habile main qui la fourbit. Perkins attendait John Digby avec un poignard qu'il s'était procuré. Deux des valets corrompus devaient accompagner leur maître, et au lieu de donner l'alarme, aider Perkins à s'enfuir avec lui, tandis que les autres auraient sauvé Warwick.

Le cœur dut battre à l'aventurier en ce moment suprême, bien plus encore qu'autrefois lorsqu'il se préparait à livrer une bataille. C'est que pour les minces exploits les chances de ruine sont souvent plus grandes; c'est que la liberté pour le prisonnier, c'est bien plus que la vie et la couronne pour l'ambitieux.

La porte du cachot s'ouvrit; Perkins prépara son arme. John Digby se présenta; mais au lieu de s'avancer comme de coutume vers le prisonnier, il demeura sur le seuil, et le désignant du doigt :

— Feu sur lui, s'il bouge, dit-il froidement.

En même temps, Perkins reconnut derrière quatre soldats armés qui le couchaient en joue, l'un des valets sur la fidélité desquels il avait compté. En effet, il n'avait pas eu assez à offrir au traître, et le traître avait préféré trahir Perkins pour obtenir plus de Henri VII.

On suppose que tout le projet d'évasion fut inspiré par ce monarque lui-même, qui brûlait de se défaire du prisonnier. On verra jusqu'à quel point cette opinion pourrait être défendue.

Perkins fut trouvé nanti du poignard. Il n'y avait plus à nier. En vain usa-t-il de toutes les ressources de son esprit fécond; sa perte était résolue. Les conseillers du roi firent à ce prince toutes sortes de remontrances sur sa facilité trop grande à pardonner. Ils lui représentèrent le mal qu'avait produit sa clémence. Pourquoi n'avait-il pas étouffé Perkins aussitôt après ses aveux publics? Doit-on régner pour subir le caprice du premier fou qui veut usurper la couronne? Un roi doit n'avoir personne à sa hauteur; il doit même ne souffrir aucun objet qui offusque ses regards. Quand on commande à des milliers d'hommes, il convient qu'on soit à l'abri de la crainte et du danger.

Ces maximes étaient loin de déplaire à Henri VII, surtout si, comme on l'a dit, il avait provoqué l'explosion par des artifices secrets. Il y avait d'ailleurs quelque projet derrière ces conseils; et si Perkins touchait à sa ruine, Warwick n'en était pas loin.

On commença par le premier. Jugé indigne de miséricorde après les bienfaits du roi, il fut décrété d'accusation, condamné à mort, et pendu à Tyburn. Un historien assure que le malheureux persista jusqu'à sa mort dans l'aveu de son imposture, et soutint sur la potence même qu'il n'était pas le fils d'Édouard IV. C'est pousser trop loin le désir d'absoudre Henri VII, et la légitimité de la maison de Lancastre peut se passer de ces sortes d'arguments. Il faudrait supposer alors que Perkins, conduit au supplice, avait reçu l'assurance d'une grâce accordée au pied de l'échafaud s'il continuait à se confesser comme il l'avait fait à Westminster et à Cheapside; autrement son aveu serait une bassesse indigne d'un homme auquel nous avons dû reconnaître en beaucoup d'occasions un caractère énergique, un esprit distingué.

Pourquoi n'admettrait-on pas, s'il est vrai que Perkins fut tiré de la Tour et conduit à Tyburn, qu'il crût encore une fois être mené sur la place publique pour réciter la fameuse apologie de Henri VII, que déjà on lui avait imposée. Mais laissons les commentaires, Perkins fut mis à mort.

Après lui, Henri ne se vit plus gêné que par Warwick. Ses espions lui avaient appris la conduite ferme et téméraire du prisonnier. Henri appréhenda qu'une occasion plus favorable ne fît tourner encore une fois la tête à Warwick, et voici comment il s'y prit pour en finir avec le fils de Clarence :

Un cordier nommé Wilfort, réfléchissant que tous ceux à qui l'idée de se faire passer pour enfants ou neveux d'Édouard IV avaient obtenu plus ou moins de succès, mais avaient produit leur effet dans le monde, et avaient rencontré des protecteurs, Wilfort, disons-nous, se demanda pourquoi, comme tant d'autres, il n'échangerait pas sa triste existence d'ouvrier contre la vie active, brillante, parfois heureuse, des imposteurs qui l'avaient précédé. Ce cordier était peut-être ébloui du mariage de Perkins avec lady Gordon; peut-être aspirait-il aussi à commander des armées et à recevoir cent mille écus par an du roi de France.

Il commença par choisir son personnage. Il y en avait trois : Édouard, fils aîné d'Édouard; mais celui-là paraissait trop bien mort, et le paradoxe ne serait pas supporté du peuple... Richard, duc d'York, était certes probable et possible; mais la mort récente de Perkins jetait quelque défaveur sur ce personnage. Warwick attira son attention. C'était encore, malgré les promenades du malheureux dans Londres et le bruit de sa captivité, un magnifique rôle à jouer dans les campagnes. Il paraîtrait, d'après ce fait, que les précautions de Henri VII pour prouver l'authenticité du Warwick de la Tour n'avaient pas obtenu tout le succès désirable, et qu'il restait bon nombre d'incrédules. Wilfort en profita; il se fit annoncer au prêche par un prêtre, son compère, comme le véritable Warwick, et le peuple adopta la cause du cordier, comme il avait adopté celle de Lambert Simnel et des autres.

Henri VII tenait probablement les fils de cette conspiration nouvelle. Il feignit d'en être fort effrayé, fort irrité. De l'effet il remonta logiquement à la cause, se disant que s'il n'y avait pas de vrai Warwick, il n'y en aurait plus de faux, et il travailla aussitôt à le détruire d'une façon tellement évidente, que l'on en fût convaincu jusqu'aux extrémités du monde.

On alla chercher dans la Tour Warwick, toujours ému d'espoir et attendant Perkins; on le conduisit devant des juges, avec un appareil d'autant plus pompeux qu'il fallait servir les projets du roi en rendant hommage au rang du neveu d'Édouard. Deux crimes lui étaient imputés; le premier, le plus réel, c'était l'évasion.

— Mais, dit-il, je n'ai commis aucun crime; je ne suis prisonnier que par le caprice du roi Henri VII.

On voit que Warwick, tout égaré qu'il fût, raisonnait sagement, et peut-être retrouverait-on Perkins dans cette logique serrée.

— Or, continua-t-il, si je ne suis pas coupable, si je ne suis pas prisonnier, pourquoi n'aurais-je pas désiré sortir de la Tour? Est-il une loi anglaise qui empêche un homme d'aimer la liberté, l'air et la vie, quand cet homme n'a perdu aucun de ses droits? Je ne suis pas coupable.

— Vous êtes coupable, lui répondit-on. Quel était votre dessein en sortant de la Tour? aviez-vous donc envie de passer vos jours en exil, dans l'obscurité? Ce sort pouvait-il convenir au fils du duc de Clarence? Le désir de comploter est naturel à votre race; il vous a agité comme il avait agité votre père...

On connaissait le caractère intrépide et la hauteur naturelle de Warwick; on savait qu'il se révolterait contre une humiliation.

— Pourquoi me parler de mon père? s'écria-t-il; est-ce pour me rappeler que lui aussi a passé par cette Tour, dans laquelle ma jeunesse est ensevelie? Est-ce pour que je vous dise qu'on l'y a mis à mort avec plus d'inhumanité que je ne serai tué moi-même? car on a procédé soudainement à son égard, et le roi Édouard était un tyran hardi; mais moi, captif, affamé d'air et de bruit, on m'étouffe longuement, on me fait mourir de langueur, parce que la langueur est un poison qui ne laisse point de traces.

— Vous ne répondez pas, mylord; on vous a demandé quel était votre dessein en sortant de la Tour de Londres.

Warwick ne pouvait plus se méprendre au sens de ces paroles. Il voyait une assemblée immense devant laquelle ses paroles allaient retentir. Lui, reconnu fils de Clarence, c'est-à-dire héritier véritable du trône, allait-il, par amour de la vie, confesser une renonciation à ses droits? allait-il donner lâchement à Henri VII la couronne d'Angleterre, héritage de son père? Il hésita quelque temps. La vie est douce à la jeunesse.

Le jeune homme promena autour de lui un regard mélancolique. Dans le silence de mort qui attendait ses paroles, il se recueillit, et puisa la force de prononcer lui-même une sentence digne de son nom et de son caractère :

— Mylords, dit-il, moi, Georges Clarence, duc de Warwick, dernier rejeton de la noble race des Plantagenets, rois d'Angleterre, je comprends toute la gêne qui résulte pour l'usurpateur de ma présence au milieu de vous. On veut me voir déshonoré, c'est-à-dire mort dans le respect des peuples, ou si je conserve ce respect, on me veut coucher dans le tombeau. Mylords, j'eusse aimé vivre. Mon existence s'est lentement déroulée dans une horrible prison; toujours j'ai redouté, non pas la mort, mais des traitements honteux; j'ai redouté ce supplice que vous ne pouvez comprendre, de l'incertitude qui n'est ni l'espoir ni le désespoir. Merci, mylords, vous m'affranchissez aujourd'hui de cette horrible torture. Vous me mettez entre les mains toute ma destinée. Merci, je vais choisir.

Un frisson passa dans l'assemblée à ces paroles du noble jeune homme :

— Oui, mylords, je voulais sortir de la Tour de Londres. J'en fusse sorti, sachant mes droits, et disposé à les faire valoir. On m'aime en Angleterre, parce que j'ai toujours été inoffensif et malheureux, parce que mon père fut un homme illustre et bon pour le peuple; on m'aime parce que je suis véritablement le roi d'Angleterre. Jamais je n'eusse oublié ces droits, jamais je n'eusse négligé de profiter de cet amour. Je voulais lever une armée de mes partisans, commencer une guerre vigoureuse contre l'usurpateur Henri VII, et je ne doute pas de la justice de Dieu; Dieu eût protégé mes armes. Toutes les tentatives que vous avez vues s'exécuter contre le prince qui vous gouverne ont échoué par la faute des chefs. Ils étaient des imposteurs, ils n'avaient ni le sang de Plantagenet dans leurs veines ni son âme en leurs desseins. Voilà, mylords, ce que j'eusse fait en sortant de prison, et voilà ce que je ferais encore s'il m'était donné d'en sortir.

Il dit, et s'assit au milieu d'un bruit inexplicable de gémissements, de cris comprimés par les gardes, et de murmures approbateurs. Ce prince condamné par ses propres paroles était un spectacle digne d'impressionner vivement une illustre assemblée. Plus d'un visage se baigna de sueur et se mouilla de larmes.

— Mylords, dit le juge suprême, l'accusé vient d'avouer son crime. Il est réellement coupable de tentative de révolte contre l'autorité royale, et de lèse-majesté. Il doit être puni de mort. Il le sera.

Warwick se leva, le sourire sur les lèvres.

— Je vous ai remercié avant l'arrêt, mylord, dit-il; je vous rends grâces après. Quel beau jour pour moi que celui où je sortirai de la vie telle qu'on me l'avait faite! Des murs noirs, des grilles épaisses, des sentinelles me présentant sans cesse le fer d'une pique ou la gueule d'un mousquet: merci, mylords, pour le coup de hache qui va me délivrer de toutes ces souffrances! Salut! dernier jour de mon agonie! Souvenez-vous, Anglais, de tout ce qu'on m'a fait souffrir, et quand vous y penserez, cherchez de quel crime j'étais coupable. Mylords, hâtez, je vous prie, le moment de ma délivrance.

Une explosion de larmes trop longtemps comprimées porta la joie et la reconnaissance dans le cœur du malheureux prince. Il fut reconduit à la Tour, et, selon son désir, trouva sur Tower-Hill, un bourreau et un billot tout préparés. Il marcha, le regard fier, le front rayonnant, au devant de la mort, prononçant ces seules paroles :

— Henri, je ne pouvais te détruire comme mon rival; mais j'ai obtenu bien plus de la bonté divine; tu viens de te déshonorer.

Il s'agenouilla. Toutes les lèvres des assistants murmuraient des prières et des bénédictions pour le jeune homme moissonné dans sa fleur. A peine son col touchait-il le billot, que le bourreau, pressé par les ordres du roi, abattit d'un seul coup la tête.

— Trois cent mille spectateurs auront vu qu'il n'y a plus de Plantagenet en Angleterre, se dit Henri VII : désormais je puis dormir tranquille. C'est d'aujourd'hui seulement que je règne sur l'Angleterre.

III

Élévation d'Anne de Boleyn et ruine du cardinal Wolsey. — Jacques Beinham à la Tour. — Fisher, évêque de Rochester, et Thomas Morus enfermés à la Tour et exécutés à mort. — Divorce de Henri VIII avec Catherine d'Aragon. — Anne de Boleyn monte sur le trône. — Henri VIII, devenu amoureux de Jeanne Seymour, rompt son mariage avec Anne de Boleyn et la fait emprisonner dans la Tour. — Condamnée à mort, elle est décapitée par le bourreau de Calais.

Les cruautés de Henri VII, véritables nécessités politiques, avaient réussi à maintenir ce prince sur le trône; il avait longtemps et tranquillement régné, malgré son avarice sordide qui l'avait rendu odieux à son peuple. Il eut pour successeur son fils Henri, dont la légitimité comme monarque ne fut plus contestée.

Henri VIII était, comme François Ier, son rival, l'un des beaux hommes de l'Europe. Marié à l'âge de douze ans avec la sœur de son frère Arthur, Catherine d'Aragon, il avait tout bas protesté contre cette alliance qui l'enchaînait auprès d'une princesse âgée de six ans plus que lui. Henri VII, son père, qui avait fait ce mariage dans des convenances purement politiques, n'avait pas manqué de lui recommander de le rompre aussitôt qu'il pourrait le faire sans nuire aux intérêts de sa couronne. Henri VIII demeura vingt ans époux de Catherine, dont il eut plusieurs enfants, et ce fut au bout de vingt ans qu'il s'aperçut que l'alliance d'un beau-frère avec sa belle-sœur présentait certains caractères d'illégitimité bons à examiner pour une conscience scrupuleuse.

Cette idée lui vint un soir que dans le jardin du palais d'York, bâti par le cardinal Wolsey, son favori, il regardait passer l'essaim des femmes jeunes et belles qui ornaient sa cour. Wolsey, le grand cardinal, homme de néant élevé par son seul génie à la faveur de Henri VIII, c'est-à-dire à la première puissance en Angleterre, ne négligeait pas de procurer à son maître ces spectacles dont il le savait friand.

— Voilà de charmants visages, cardinal, dit Henri VIII, et qui, si vous les apercevez souvent, doivent donner des distractions à votre politique... Mes affaires se font mal, Wolsey, si toutes ces femmes passent beaucoup d'heures ici.

— Mon cher seigneur, dit le cardinal, elles sont ici comme ces fleurs qui s'épanouissent quand paraît le soleil; Votre Majesté les attire et leur fait jeter éclat et parfums; mais le roi parti, ce palais redeviendra calme, désert; la politique y régnera seule.

— Que cette jeunesse est bruyante!... dit Henri rêveur.

— Elle voudrait qu'on remarquât le bruit qu'elle fait, sire; mais déjà ce bruit fatigue Votre Majesté. Vous plaît-il que nous passions dans un autre jardin?

— Non... Ah! voilà qu'elles chantent... Du français, je crois!

— Elles chantent et elles rient!... Folles créatures, en effet.

— Une voix, dit le roi, domine toutes les autres, il me semble.

— Oui, sire, Votre Majesté dit vrai; c'est la Française qui chantait, c'est elle qui fait rire; partout où elle est, il faut qu'on s'agite et qu'on rie.

— La Française, dites-vous? reprit le roi avec une légère rougeur qui n'échappa pas à l'œil attentif de Wolsey; qui est-ce donc?

— C'est Anne de Boleyn, sire, que l'on appelle ainsi à cause du séjour si long qu'elle fit en France alors qu'elle servait madame Claude, femme du roi François Ier.

— Ah! vraiment!... Et on l'appelle la Française... Et elle rit toujours?

Le roi ne quittait plus des yeux le groupe de ces jeunes femmes. Anne surtout était le but constant de ses regards. Wolsey ne s'en aperçut pas assez à temps pour s'empêcher de dire au roi :

— Tête folle! cœur léger... réellement Française, sire.

Le roi rougit tout à fait.

— Je ne la connais pas, dit-il; montrez-moi cette bruyante personne.

— Voyez, sire, cette jolie, cette charmante tête blonde, ou plutôt dont les yeux sont d'un bleu si tendre, la bouche si vermeille, les dents si fines et si blanches... Tenez, elle regarde, et elle rit; sa tête se renverse en ce moment... Quel adorable petit col de nacre!

— Elle est agréable, dit gravement Henri VIII, dont les yeux étaient chargés d'une mélancolique sympathie.

Puis il se retourna et sortit du jardin.

Il remontait à cheval pour rentrer au palais, quand sur la haie de courtisans qui les saluaient au passage, il aperçut les mêmes yeux bleus, les mêmes dents blanches, mis en jeu par un enthousiasme ardent, pour crier plus haut que tous les autres :

— Dieu sauve le roi !

Henri VII tourna précipitamment la tête de l'autre côté. Il n'avait pas rougi cette fois, mais pâli comme le bon Henri IV lorsqu'il vit mademoiselle de Montmorency répéter ce ballet où elle lançait de si bonne grâce un javelot de bois doré.

Quelques jours après cette scène, la mélancolie du roi n'avait fait que s'accroître, et Wolsey, qu'un geste, qu'un regard de son maître intéressait plus que tous les secrets du monde, en était encore à chercher d'où venait cet air lugubre.

— Cardinal, dit le roi tout à coup, je suis fort malheureux.

La déclaration était bizarre conçue en ces termes et sans plus d'à-propos ; mais pour Wolsey, c'était l'explosion d'un orage dont il avait deviné les avant-coureurs.

— Vous ! mon roi ! s'écria t-il avec un désespoir admirablement joué, malheureux ! le plus puissant prince du monde !

— Je suis malheureux, répéta Henri VIII... Tranquillisez-vous, cardinal, ce n'est pas votre faute.

— Mais, sire, confiez à votre humble sujet...

— C'est une affaire de conscience...

— Je suis d'Église, sire, et versé dans ces matières ; parlez donc, mon seigneur.

Le roi poussa un grand soupir, et appuya son front sur ses mains.

— C'est un grand fardeau que la couronne, n'est-ce pas, sire?

— Wolsey, dit tout à coup le roi, ne te fatigue pas, mon bon serviteur, à découvrir mon secret; tu mourrais, je le sais, pour me sauver un chagrin.

— Oh! sire, mille fois.

— Ma conscience est mon bourreau, cardinal; je suis criminel de vivre avec la femme de mon frère.

Un coup de foudre n'eût pas plus surpris en ce moment le cardinal que cette déclaration faite après vingt ans.

— Qu'en dis-tu? Ai-je tort, théologiquement?

Wolsey avait sur-le-champ réfléchi que si le roi avait une conscience, cette conscience ne devait parler qu'à bon escient.

— Je n'ose vous dire ma façon de penser, sire, répliqua-t-il.

— Parlez toujours, cardinal.

— Eh bien, sire, le cas est grave. Mais, assure-t-on, le prince Arthur votre frère, dont est veuve la reine, n'avait pas consommé son mariage, et cela est public, ou du moins...

Le roi releva si vivement la tête, que le cardinal s'aperçut de son imprudence. Évidemment Henri VIII voulait avoir tort.

— J'ai dit que cela était public, c'est-à-dire que le public le croyait, reprit Wolsey; mais enfin, sire, votre conscience après un temps assez long peut demeurer tranquille; Dieu a semblé bénir cette union par les bienfaits nombreux qu'il vous a accordés...

— Des bienfaits! s'écria Henri VIII; est-ce vous qui parlez ainsi, cardinal? Regardez ma vie intérieure; où trouvez-vous dans ma maison les bienfaits de Dieu?... Quant à moi, je n'y vois que sa colère. Tous mes enfants morts successivement;

mon fils surtout!... Une seule fille restée comme pour me montrer que Dieu me refuse un héritier mâle..... C'est de la malédiction, cardinal; c'est le poids cruel de la main de Dieu, c'est enfin la réalité de ce verset de l'Écriture : « Maudit soit celui qui épouse la femme de son frère. Qu'il vive mal avec elle, qu'il n'ait jamais d'enfants mâles, et que, s'il en a par hasard, ils meurent! »

Henri VIII avait mis une si grande véhémence à prononcer ces paroles, que le favori sentit combien la discussion sur ce sujet devenait difficile. Certainement Henri avait un parti arrêté d'avance.

Il se mit à réfléchir et à donner l'expression la plus sombre qu'il put à son visage intelligent.

— En effet, sire, vous m'épouvantez, dit-il.

Et tout bas il se demandait à quel propos et depuis quel temps le roi avait la conscience si délicate.

— Je consulterai là-dessus les docteurs, le pape! s'écria Henri, car enfin je ne veux pas vivre en péché mortel.

— O ciel! serait-ce possible? dit Wolsey..... Sire, je vais chercher au plus vite... J'enverrai aujourd'hui même à Rome.

— Très-bien... ce qui n'empêchera pas qu'on assemble des docteurs.

— On les assemblera. Nous aurons l'avis du fameux Thomas Morus, celui de Fisher, l'évêque de Rochester...

Je connais un habile théologien ; c'est le doyen des jésuites de Cambridge, un savant homme...

— Qui s'appelle...

— Cranmer, dit Wolsey...

— Nous le consulterons... Envoyez toujours à Rome.

Wolsey partit en se répétant que le roi certainement avait quelque chose. Ce quelque chose était encore un secret que Wolsey devait plus tard apprendre en payant bien chèrement cette découverte.

En suivant attentivement le fil des idées du roi, le cardinal parvint à découvrir d'abord que Henri tenait beaucoup à rompre son mariage. L'impatience avec laquelle il attendait les courriers de Rome, la froideur plus que cruelle qu'il témoignait à Catherine d'Aragon, étaient des indices suffisants. Mais sa rêverie, le soin particulier qu'il prenait de sa parure, décelaient autre chose. Le roi était peut-être amoureux.

Ce ne fut bientôt plus un mystère. Henri VIII dit un soir à Wolsey :

— Cardinal, j'ai réfléchi à un grand empêchement qui surgirait si les docteurs me conseillaient le divorce.

— Lequel, sire?

— Il y a eu bulle décrétale du pape pour approuver mon mariage... C'est donc consécration de la cour de Rome... C'est donc irrémissible?

— Fort peu, Majesté. Rome ne fait jamais rien qu'elle ne puisse défaire. Un pape vous a marié... un pape vous séparera de la reine. Pour annuler une bulle, il suffit qu'on prouve que cette bulle a été extorquée, ou seulement obtenue par captation. Il suffit qu'il y ait erreur prouvée du pontife qui la signe. Or cette fois il y aura eu erreur.

— Vous savez cela mieux que moi, Wolsey, puisque vous êtes cardinal... Mais dites-moi donc... Savez-vous bien que cette petite Française dont vous me parliez l'autre jour est une excellente Anglaise?

— Quelle Française, sire? dit Wolsey fort intrigué.

— Et d'une des meilleures familles d'Angleterre. Son père est allié par les femmes aux Hastings; sa mère est Norfolk.

— Mais qui donc? demanda Wolsey impatient.

— La fille d'honneur de la reine, Anne Boleyn.

Le cardinal se garda bien de faire paraître la moindre surprise; il venait de découvrir le secret.

— Quelle charmante femme! répondit-il.

— Oui, vraiment charmante! Mais... légère, folle, avez-vous dit?

— L'ai-je dit? demanda le cardinal avec inquiétude... Je me suis trompé, sans doute; peut-on juger les femmes en les voyant...

Wolsey se promit de surveiller cette passion naissante, et de ne pas se laisser remplacer dans le cœur du maître. Mais les agaceries de la jeune femme, sa beauté ravissante, avaient fait une impression profonde sur Henri VIII. Après avoir admiré, il désira. Le cardinal apprit bientôt que le roi avait trouvé moyen de rendre des visites à Anne de Boleyn.

— Caprice, pensa-t-il, qui s'éteindra dans la satisfaction. Le roi a l'esprit inflammable; la jeune fille est orgueilleuse, elle voudra jouer à la cour de Henri VIII le rôle qu'elle voyait jouer en France aux maîtresses si puissantes de François Ier. Oui, mais elle trouvera un cardinal plus jaloux que Duprat, et mieux informé de ce qui se trame dans les alcôves royales.

Henri VIII ne pensait plus qu'à deux choses, Rome et Anne. Sa passion se traduisait par des égards et des respects extraordinaires. La véritable cour se tenait dans la maison d'Anne. La véritable reine, c'était cette jeune femme, qui, plus rieuse, plus folle que jamais, offrait un mystère indéchiffrable à l'œil avide des courtisans.

Wolsey apprit bientôt, à n'en pas douter, que la jeune Française, si légère en apparence, résistait au roi avec une vigueur toute nouvelle à la cour; que cette résistance enflammait de plus en plus Henri VIII, et que ce prince n'attendait avec tant d'impatience les avis de Rome que pour remplacer Catherine d'Aragon par Anne de Boleyn sur le trône d'Angleterre.

Bientôt cet avis du saint-siége arriva à Londres. Clément VII, heureux de mécontenter Charles-Quint, son ennemi, en ôtant la couronne d'Angleterre à Catherine sa tante, permettait au roi de contracter un mariage provisoire, et annonçait l'envoi de deux légats pour traiter en présence de la reine et du roi les questions du divorce.

Quant à Catherine, elle avait eu recours, se voyant menacée, à son puissant neveu Charles-Quint, et ce prince, jaloux de l'alliance de la France avec l'Angleterre, menaçait Henri VIII de la guerre, à moins qu'il ne rompît ses traités avec François Ier. Moyennant cette concession, l'empereur devait laisser s'accomplir le divorce; et sa tante, dont il prenait si chaudement les intérêts, n'eût été que plus complétement sacrifiée de par l'accord de deux souverains.

Wolsey haïssait mortellement Charles-Quint, parce que ce prince, pour se ménager l'appui du ministre, l'avait plusieurs fois leurré de la tiare pontificale, et n'avait pas tenu ses promesses; Charles redoutait l'inimitié de Wolsey, mais ne voulait pas sur le trône de saint Pierre un homme de cette trempe. La guerre était inévitable.

Alors une scène des plus touchantes se passa à Londres. Les deux légats, pour entamer la conférence, citèrent devant leur tribunal le roi et la reine, qui s'y présentèrent en personne. Le roi répondit à son nom dès qu'il fut appelé; mais la reine, au lieu de l'imiter, se leva de son siége, et vint se jeter aux pieds de son époux en versant un torrent de larmes.

— Sire, dit-elle, je ne connais d'autre autorité que la vôtre, car je suis votre épouse légitime, et mes enfants n'ont d'autre protecteur que votre Majesté! Vingt ans j'ai porté le titre si doux et si glorieux de votre femme; je ne l'eusse pas répudié, quand il eût été pour moi la cause des plus grands malheurs. Aujourd'hui vous me chassez... Qu'ai-je fait? On me reproche mon premier mariage avec votre frère; mais vous le savez, sire, quand vous êtes devenu mon époux nul autre que vous n'avait eu le droit de prendre ce nom. Ce mariage politique ne s'était accompli que par nos signatures apposées sur le parchemin. Nos pères étaient sages lorsqu'ils ordonnèrent cette alliance entre nous; pourquoi faire à leur mémoire cette honte qui amènera de si grands malheurs? Sire, je m'adresse à mon roi, à mon époux, et non à d'autres... On me parle d'un tribunal assemblé; je n'en reconnais pas... Je vois autour de moi des ennemis qui veulent me perdre, et non des juges. Non, la fille du roi d'Espagne, innocente et revêtue d'une double majesté royale, ne subira pas les chances d'une décision qui peut être entachée de partialité.

Après avoir prononcé ces mots, qui produisirent une vive impression, la reine fit la révérence au roi, et sortit de la salle, malgré les instances qui lui furent faites pour demeurer.

Cette démarche rendait plus difficile la position du roi. Il fut forcé de convenir que la reine ne lui avait jamais donné sujet de plainte, qu'elle offrait l'assemblage presque parfait des plus précieuses qualités ; que nul parmi les plus scrupuleux, n'eût trouvé une tache dans cette vie d'une pureté angélique. Mais la principale cause du divorce n'était pas plus dans les raisons de famille que le divorce n'était dans le cœur du roi. Un sentiment impérieux parlait, il fallait l'écouter. La conscience d'un prince n'était-elle pas le plus sûr des oracles ?

Là-dessus Henri VIII, avec une subtilité de théologien, fit l'énumération des cas de conscience que présentait son mariage avec Catherine d'Aragon. Il était important que ce mot *ennemis*, prononcé si hardiment par la reine, reçût quelques explications. Le monarque orateur se chargea de ce soin. Il disculpa Wolsey d'avoir eu la moindre part dans ses résolutions à l'égard du divorce, annonça positivement que le cardinal ne savait rien de ses volontés, et demanda l'arbitrage des légats, d'après la sévérité rigoureuse de leur conscience.

Wolsey comprit qu'il fallait obtenir à tout prix une sentence conforme aux sentiments du roi. Il savait ce que valent les larmes d'une femme, les obsessions d'une famille ; il savait ce que peuvent les sollicitations d'une maîtresse, et se voyait pris entre la colère de la reine si le divorce était prononcé, et la vengeance d'Anne de Boleyn s'il ne l'était pas. Il agit avec vigueur sur ses amis de Rome ; mais Charles-Quint agit avec une activité supérieure, et Rome déclara, par la voix du pontife, que le mariage de Henri VIII avec Catherine d'Aragon était bon et valable.

Ce qu'avait prévu Wosley arriva. Catherine, furieuse du zèle qu'il avait déployé pour la perdre, stimula contre le favori tous les amis qui lui restaient encore. Anne de Boleyn, mécontente de l'insuccès de ses agents, s'en prit à son zèle, qu'elle ne trouva pas assez ardent. Il fut donc desservi près du roi par la maîtresse et par la femme. Le roi qui avait pleine confiance dans l'habileté du favori, fut frappé de stupeur en le voyant échouer; il douta, et ne vit plus dans Wosley qu'un homme ordinaire.

Henri VIII trouva plus d'esprit dans Cranmer, doyen des jésuites, qui lui avait fourni un expédient pour se passer du pape. Il trouva que Thomas Morus était un homme bien supérieur à Wolsey, et cela, parce qu'au lieu de flatter le roi dans l'affaire du divorce, il lui avait tenu tête, et avait ainsi piqué sa curiosité. C'est quelquefois un moyen plus sûr que l'adulation pour réussir auprès des princes; Thomas Morus ne peut être soupçonné de ce calcul, mais enfin telle fut la cause de son élévation subite.

Du doute au mépris il n'y a qu'un pas; Wolsey pressentit sa disgrâce. Il alla trouver Anne de Boleyn, pour se justifier complétement près d'elle. Mais la favorite, enivrée de son triomphe prochain, n'eut pas pitié du favori penchant vers sa ruine. Elle l'accueillit froidement, et finit par le menacer.

— Madame, dit le cardinal, qui avait épuisé toutes les ressources de son esprit fertile et tâché de ramener dans son parti la future reine d'Angleterre, le ciel vous inspire mal de me traiter si durement. J'ai servi votre cause avec un zèle que vous ne pourrez méconnaître un jour. Quiconque ne pardonne pas un revers, se met dans le cas de n'être pas pardonné un jour. Allez, madame, suivez la route ascendante de votre fortune; un jour, vous penserez au cardinal Wolsey.

Anne de Boleyn lui tourna le dos. Wolsey, le jour même,

reçut la visite des ducs de Norfolk et de Suffolk, qui lui demandaient les sceaux de la part du roi. Il refusa de les rendre sans un mot écrit de la main de Henri VIII, et ce prince écrivit aussitôt. Wolsey remit les sceaux, qui furent donnés à Thomas Morus.

Il y avait une raison plus solide de ce goût de Henri VIII pour Thomas Morus. Le monarque s'occupait ardemment de théologie; Thomas Morus avait contribué par ses négociations à la paix de Cambray, en 1529, et il professait contre les hérésiarques la même animosité que le roi lui-même. Il le prouva bien lorsqu'en 1534 il persécuta si violemment les réformistes d'Angleterre, que jamais inquisiteur ne commit plus d'excès.

Thomas Morus fit arrêter un gentilhomme du Temple, nommé Jacques Beinham, accusé de favoriser les opinions de la réforme, et voulut l'interroger lui-même. Ce gentilhomme n'avait commis d'autres crimes que de révoquer en doute l'efficacité de certaines pratiques de la religion romaine.

Morus le somma de nommer ses complices; il répliqua qu'il n'en avait pas, ou que du moins il en avait trop pour les nommer. Thomas Morus ordonna qu'il fût fouetté en sa présence, et conduit à la Tour. Alors, sous ces remparts de pierre, le chancelier put exercer à l'aise ses rigueurs fanatiques. Beinham fut appliqué à la question, et torturé si cruellement, que, vaincu par la souffrance, il abjura ce que le chancelier appelait ses erreurs criminelles.

Pourtant Thomas Morus joignait, dit un historien, à un esprit lumineux une grande connaissance des anciens; l'étude avait encore agrandi la sphère de son esprit; lui-même dans sa jeunesse avait mis en avant et soutenu des opinions hardies.

Mais le démon du fanatisme souffla sur cet esprit, empoisonna ce cœur, et toutes les fureurs, toutes les folies, envahirent l'un et l'autre. De toutes les maladies morales qui menacent l'homme civilisé, la fièvre religieuse est la plus terrible. Nulle part l'amour-propre, premier mobile de ces passions, ne puise une vigueur si grande que dans les questions où l'homme s'imagine qu'il doit venger Dieu.

Le malheureux Beinham, brisé par la torture que Thomas Morus lui avait fait infliger en sa présence dans la Tour, ne fut pas plus tôt remis de l'affaiblissement causé par les douleurs, qu'il eut horreur de son bourreau et de lui-même. Il fit rappeler le chancelier, qui, fier de l'apostasie arrachée par ces moyens infâmes, s'en retournait triomphant.

— Mylord, lui dit-il, vous n'avez pas fini votre office; c'est au bourreau que j'ai répondu. Ses fers rougis, ses tenailles déchirantes, m'ont fait parler une langue que je ne connaissais pas! J'ai rêvé, mylord; mais, grâces à Dieu! me voici revenu dans mon bon sens : recevez donc la déclaration d'un homme sain de jugement, comme vous avez reçu celle d'un malheureux aveuglé par la folie. Je persiste dans mes opinions; j'appelle de vos poursuites cruelles au tribunal de Dieu, et je vous somme de m'y envoyer le premier, afin que je lui dise toute l'horreur que j'éprouve pour des hommes qui commettent tant d'atrocités en son nom.

Ce sage, ce savant, nourri de Platon et de Sénèque, ce philologue au doux sourire, qui admirait Socrate, s'enflamma d'une violente fureur en voyant la rébellion si légitime de Beinham. Morus ne ressemblait-il pas à ces Orientaux qui, prudents et graves dans leur conduite, s'allument soudain d'une passion extravagante après avoir bu quelques gouttes d'une liqueur qu'ils aiment malgré ses horribles effets? Il répondit à Beinbam comme les préfets romains répondaient aux martyrs du christianisme; le malheureux gentilhomme fut déféré à un tribunal comme hérétique obstiné, relaps, et brûlé à Smith Field. Ce fut là le prélude de mille persécutions, dont le chancelier fut le plus énergique instrument.

Mais revenons à Wolsey. Anne de Boleyn s'inquiéta peu de ses prédictions. Elle voulut même qu'il fût hors d'état de jamais les voir se réaliser. Wolsey disgracié fut bientôt mis en jugement, et condamné par la chambre étoilée, pour abus de pouvoir. Comme Henri VIII ne pouvait se décider à bannir complétement de son cœur l'homme qui l'avait si longtemps captivé par son adresse, Wolsey put espérer que l'amitié du roi se rallumerait. C'était un vain espoir. Anne de Boleyn s'était alliée à des ennemis du cardinal, et en échange de leur appui pour elle, leur avait promis le sien contre Wolsey. Ce dernier dut succomber. Le roi l'exila d'abord à Hampton-Court, puis à Cawood, en Yorkshire; puis, comme un exil ne satisfaisait point des haines si violentes, Anne de Boleyn obtint que Wolsey serait arrêté comme coupable de haute trahison, et jugé à Londres, sans égard pour son caractère religieux.

Le cardinal succomba sous ce dernier coup. Il regarda longtemps le messager qu'on lui dépêchait, comme s'il eût voulu lire dans ses yeux à quel point le roi était devenu son ennemi.

— Monsieur, dit-il timidement, je ne vous connais pas... Votre nom?

— Mylord, répliqua l'envoyé, je suis Williams Kingston,

gouverneur de la Tour, et la personne de Votre Éminence m'est confiée.

— Gouverneur de la Tour! s'écria Wolsey. Moi, prisonnier... Moi à la Tour, comme un criminel... Oh! non... Dieu ne le voudra pas..... Que dis-je, murmura-t-il d'une voix sombre, Dieu!... Je n'ai pensé à lui que dans le malheur. Cette puissance suprême que j'invoque, je l'ai niée ou dédaignée alors que je m'attachais aux puissances de la terre!... A la Tour!... Et je ne mourrais pas avant d'aller à la Tour!

— Ne craignez rien, mylord, dit Kingston : le roi, qui fait arrêter Votre Excellence, ne défend pas qu'on ait pour elle les égards...

— Oh! merci, monsieur Kingston, je n'ai plus besoin de rien sur la terre, soit que je considère l'échafaud qu'on dresse sans doute pour moi, soit que je regarde autour de moi l'endroit que mon cadavre couvrira peut-être avant la fin de ce jour...

— Sombres idées, mylord... Prenez courage... Une âme comme la vôtre se laisse-t-elle abattre à ce point?

— Plus l'homme fut élevé, plus la chute est lourde, répondit Wolsey. Mais j'oublie qu'autrefois, quand je donnais des ordres, je voulais qu'ils fussent promptement exécutés... Je suis prêt, monsieur Kingston... Où me conduisez-vous?

— Lentement, aussi lentement que le voudra Votre Excellence, à Londres.

Wolsey se mit en route avec les gardes. Mais la maladie, envenimée par les chagrins, prit un caractère tellement sérieux, que le cardinal dut demander à s'arrêter. On le conduisit à l'abbaye de Leicester, dont le chapitre vint le recevoir avec le cérémonial d'usage lors des visites de cardinaux.

— Que d'honneur, dit Wolsey avec un triste sourire, pour un homme qui vient mourir au milieu de vous !

En effet, il se mit au lit, et le mal devint sans remède. A l'heure dernière, cet homme illustre qui avait rempli l'Europe de son nom et de sa puissance, pensa encore une fois à ce prince pour le caprice duquel il mourait :

— Si j'avais servi Dieu avec autant de zèle que j'ai servi le roi, dit-il, je ne serais pas aujourd'hui si malheureux et si près de ma fin. Dites bien au roi, mylord Kingston, qu'il se souvienne de son ancien ami, et qu'il se demande quel crime j'avais commis. Vous vivrez, mylord, et vous verrez si j'étais fidèle, et si j'avais donné de bons conseils.

Il mourut, déplorable exemple des vicissitudes de la fortune. Il mourut haï du peuple, abandonné du roi, comme les favoris qui n'ont eu d'autre mobile de leur conduite que l'égoïsme. Wolsey n'a pas manqué de panégyristes, et plusieurs historiens s'accordent à regarder son administration comme l'une des plus glorieuses pour l'Angleterre.

Wolsey mort, Henri VIII dut accorder à Anne de Boleyn une autre faveur; il l'épousa. Elle avait mis ce prix à son amour. Henri VIII ne voulut pas attendre que les incertitudes de Rome eussent cessé; il ne voulut pas attendre que la maladie de langueur qui consumait Catherine d'Aragon, sa malheureuse femme, eût emporté la victime et rendu la liberté au bourreau; sa passion parlait, il obéit. Anne de Boleyn, créée marquise de Pembroke, reçut la foi du roi en présence du duc de Norfolk, oncle de l'épousée, de son père, de sa mère, de son frère, et du docteur Cranmer, le théologien, qui avait donné de si bons conseils au roi. Rouland Lée, récemment promu à l'évêché de Coventry, célébra secrètement ce mariage, qui faisait Anne de Boleyn reine d'Angleterre.

Elle devint grosse, circonstance, dit un historien, qui fut regardée par le peuple comme une preuve authentique de la pudeur qu'avait conservée cette princesse avant de monter sur le trône. Henri VIII s'occupa aussitôt de rompre son mariage avec Catherine, ce par quoi il eût dû commencer. Mais Rome formait sourdement une opposition, et l'empereur soutenait Rome. Henri confia la poursuite de cette affaire à Cranmer, devenu, par le crédit d'Anne de Boleyn, archevêque de Cantorbéry. Celui-ci, homme fécond en expédients, se constitua juge de la validité du mariage de Catherine, et déclara le mariage nul. Aussitôt le roi envoya dire à l'ex-reine qu'elle eût à se contenter du titre et du rang de princesse douairière de Galles; mais Catherine persista courageusement à dire que les hommes ne défaisant pas ce que Dieu avait fait, elle était et resterait reine d'Angleterre; et elle voulut que son service continuât d'être fait avec le cérémonial qu'on observait dans la maison royale.

Anne de Boleyn accoucha d'une fille qu'on appela Élisabeth. Ce fut cette princesse qui, plus tard, tint le sceptre avec tant d'éclat. Élisabeth fut nommée princesse de Galles, et sa naissance exclut du trône Marie, fille du roi et de Catherine. Ce coup fut tellement sensible à la reine, qu'elle remua ciel et terre pour en obtenir vengeance. Rome la seconda, en déclarant nul le second mariage de Henri, et en menaçant d'excommunication Cranmer et le roi lui-même, si l'on persistait à méconnaître les droits de Catherine.

Ce fut alors que le monarque, voyant l'orage tout formé, répondit aux attaques de Rome par une déclaration des parlements qui portait en substance que le second mariage était seul valide; que la couronne serait substituée aux enfants nés ou à naître de ce mariage, et, à leur défaut, aux héritiers du roi jusqu'à la dernière génération. Il était ordonné, sous peine d'un emprisonnement dont le roi fixerait la durée, et d'une confiscation de biens, de prêter serment d'observer ce règlement de succession au trône; la peine portée contre les criminels de trahison et de lèse-majesté serait appliquée à quiconque tiendrait des discours injurieux sur le roi, la reine et leurs enfants.

Cet acte des parlements commença en Angleterre une scission manifeste entre les diverses classes de l'État. Le peuple prit parti pour Henri contre le pape; les grands se soumirent, en faisant leurs restrictions; mais les hommes intelligents, prévoyant le fâcheux exemple que donnerait cette licence du roi, s'inscrivirent courageusement contre le règlement de succession. A la tête de ces opposants figuraient Thomas Morus et Fisher, évêque de Rochester.

Ces deux noms firent réfléchir Henri VIII. Fisher avait brillé par ses talents dans la question de controverse religieuse; Thomas Morus était cher au roi par sa passion contre les hérétiques; c'était d'ailleurs un grand esprit, un homme respecté pour l'intégrité de ses mœurs et sa droiture. Il avait résilié ses fonctions de chancelier dès que son opposition aux idées de Henri VIII avait dû se manifester. On craignit qu'il n'influençât beaucoup de monde, et des propositions conciliatrices lui furent faites de la part du roi.

— Je veux bien, répondit Thomas Morus, prêter serment de

fidélité aux héritiers du roi, à ceux même qu'il désignera; mais comme il appuie la transmission de cet héritage sur la nullité de son mariage avec Catherine d'Aragon, c'est-à-dire sur une injustice et une absurdité, je ne puis jurer une chose injuste et absurde. Que le roi épouse qui bon lui semble, mais qu'il ne fasse pas épouser ses amours par son peuple.

Cranmer était le délégué de Henri près de Morus; il essaya de le fléchir : prières, tendres sollicitations, furent inutiles.

— Faites attention, mylord, dit l'archevêque de Cantorbéry; le roi vous envoie un secrétaire d'état et un primat, c'est-à-dire deux ambassadeurs, comme à une tête couronnée. C'est vous montrer quel cas il fait de votre avis.

— S'il en fait cas, qu'il le suive, répondit Morus.

— Vous avez des ennemis, mylord; ils profiteront de la circonstance pour représenter au roi que vous vous révoltez contre lui, pour lui dire que votre punition satisferait bien des gens comme expiation de vos sévérités envers certaines coupables.

— Eh! qui vous dit, mon cher Cranmer, que Thomas Morus ne se trouve pas heureux d'expier?... Vos paroles sont une menace, n'est-ce pas? eh bien, je l'accepte...

— Je ne puis pourtant vous entendre parler ainsi, mylord, sans vous rappeler l'édit du parlement; c'est une loi, cher seigneur; vous devez obéissance à cette loi, sinon...

Thomas Morus regarda l'archevêque avec un tranquille sourire.

— Gageons, dit-il, cher Cranmer, que vous n'osez achever la fin de la phrase, et que je la devine!

— Parlez, mylord.

— Vous voulez dire qu'il y a en bas un constable de la Tour et une escorte pour me conduire en prison.

Cranmer baisse la tête.

— Je suis prêt, s'écrie gaiement Thomas Morus. Et Fisher, qu'en a-t-on fait?

— Fisher a été aussi obstiné que votre Grâce; seulement il nous avait donné espoir de guérison : il devait faire ce que vous feriez.

— Alors, continua Thomas Morus, je fais arrêter aussi Fisher?

— Oui, mylord.

— Soit! le digne évêque de Rochester me servira de compagnon dans la Tour... et ailleurs, s'il le faut. Ce sera une punition de toutes ses petites intrigues. Il est remuant, Fisher, pour un prélat à qui la résidence et la modestie sont commandées par l'Église.

Thomas Morus et Fisher furent en effet conduits à la Tour en vertu du statut du parlement.

Maintenant transportons-nous en cette prison, qui va devenir le théâtre des drames successifs que nous venons d'exposer.

Dans une chambre basse, humide, et dont la fenêtre grillée laisse passer obscurément le regard jusqu'aux murs d'enceinte, deux hommes étaient renfermés et se regardaient avec une sombre curiosité.

L'un était chauve, pâle, enseveli dans une barbe blanche tellement inculte, que la sérénité de son visage en était altérée; il était à peine vêtu de haillons qui laissaient à découvert ses membres amaigris; il grelottait dans un coin de la chambre, et tenait ses yeux fixés sur son interlocuteur.

Celui-ci était vêtu d'une robe de velours noir orné de fourrures : un gros diamant brillait à sa main blanche. Assis sur un des misérables siéges de la chambre, il interrogeait en écrivant les réponses lui-même.

Le premier était Fisher, évêque de Rochester ; l'autre était le solliciteur général Rich, chargé d'instruire le procès de cet accusé.

— Je vous avertis, dit Fisher, que je ne répondrai à rien que Thomas Morus ne soit présent.

— A quoi peut vous servir Thomas Morus, mylord ?

— A m'entendre.

— Votre affaire ne regarde en rien ce prisonnier. Vous êtes accusé de relations avec des imposteurs, des sacriléges.

— Et voilà justement pourquoi je veux être entendu de Thomas Morus, mylord. Il faut bien qu'il y ait là quelqu'un qui rie pour me consoler de tout ce que vous me direz.

Le solliciteur se mordit les lèvres.

— Mylord, dit-il, ce que vous me demandez est impossible.

— Eh bien, alors, arrangez-vous comme il vous plaira ; mais je ne vous répondrai pas. Je vous vois bien penser, mylord ; vous rêvez quelque bonne torture ; mais vraiment ce serait inutile. Pour un vieillard, pour un prêtre habitué à une vie honorable et douce, je suis assez torturé depuis un an. Pas de feu, pas d'habits, à peine du pain. Soyez persuadé que si j'avais à céder, je le ferais dès à présent, pour en finir.

— Mylord, il ne tient qu'à vous.

— Faites que je voie Thomas Morus.

— Et vous répondrez ?

— Je répondrai.

Le solliciteur réfléchit quelque temps.

— Vous verrez sir Thomas Morus, dit-il.

En effet, une heure après la porte de la chambre s'ouvrit, et Thomas Morus, conduit par deux soldats, entra, le visage radieux, comme s'il se fût agi de rendre une visite de plaisir à l'évêque en sa résidence. On les laissa seuls.

— Vous voilà bien pauvre, dit Thomas Morus. Vous souffrez?

— Je souffre et je suis à bout de mon courage; mais j'ai voulu vous voir, mon ami, pour reprendre un peu de cœur. Avez-vous des nouvelles?

— Oui ; je sais que l'on veut vous faire un procès, comme à moi, touchant notre résistance au règlement de succession.

— Oh! si ce n'était que cela! dit Fisher.

— Qu'y a-t-il donc encore?

— Il y a que le pape, apprenant ma captivité, s'est empressé de me donner une marque d'estime et de tendresse; il me nomme cardinal. C'est mon confesseur qui m'a appris cela.

— Ils veulent donc vous faire tuer? s'écrie Thomas Morus. Ils se font donc la guerre sur votre déplorable personne, cher ami?... Quoi! l'un se venge de l'autre en vous honorant, et ne voit pas que l'autre se vengera de vos honneurs en vous condamnant?

— Vous croyez qu'ils me condamneront?

— Apprenez tout. Si vous êtes instruit des choses religieuses, je le suis, moi, des affaires politiques. On m'a fait passer un mémoire sur tout ce qui se fait depuis un an. Le parlement, pour affranchir Henri VIII de toute obéissance envers le pape, l'a déclaré suprême chef de l'Église anglicane, et lui confie la poursuite de toute hérésie, offense, abus, profanation et crime. Sera regardé comme traître quiconque cabalera, *pensera* ou parlera contre le roi, la reine et les héritiers; *pensera*, qu'en dites-vous? O liberté de conscience!...

— Alors vous êtes perdu vous-même, dit Fisher, car ce bill du parlement me semble avoir été rédigé précisément à votre intention.

— Je le crois aussi, dit Thomas Morus en riant.

— Vous résisterez?

— Assurément. Et vous?

— Moi, j'ai bien assez, pour me perdre, de mes résistances passées; j'ai bien assez de mes sacriléges et de mes complicités avec des voleurs et des filles de joie.

— Qu'est-ce à dire? demande Thomas Morus tout surpris.

— Vous avez entendu parler d'Élisabeth Barton, la sainte fille de Kent?

— Oui, cette prétendue prophétesse?

— Une visionnaire.

— Une femme hystérique et nerveuse en qui vous aviez confiance? pauvre Fisher!

— Hélas! oui; elle avait des extases, le peuple y croyait; elle parlait des révélations que le Saint-Esprit et la Vierge lui faisaient, et comme c'était en faveur de Catherine d'Aragon, j'y croyais.

— Afin que les autres y crussent aussi?

— Peut-être; mais enfin c'est un crime fort mince que la crédulité.

— Pas du tout, mon cher frère en théologie, pas du tout. Croire est un crime toutes les fois que le roi veut que l'on ne croie pas, et réciproquement; mais cette fille est une folle.

— On la juge; elle s'appuie de mes protections. Le solliciteur général prétend qu'elle ne fut accréditée que par moi. Il veut que j'aie su ses intrigues, ses débordements ; car cette Elisabeth, regardée comme une sainte, n'avait d'extases que les accès de la maladie, de relations mystiques que ses rendez-vous avec des amants ses complices.

— Triste et ignoble affaire ! dit Morus en secouant la tête. Voilà ce que c'est que de faire du fanatisme, mylord.

— Oui, répondit Fisher en regardant Morus fixement, le fanatisme porte malheur tôt ou tard.

— Je le sais, mylord, et je n'ai pas dit cette phrase sans intention, car j'habite en ce moment un cachot sur les murs duquel est écrit ce nom : *Jacques Beinham, martyr,* assassiné par *Thomas Morus, chancelier de Satan.* Vous voyez que je ne puis me faire illusion, mylord, et que j'ai bien le droit de vous dire : Le fanatisme perd les hommes ; c'est l'épée de feu... Quiconque s'en sert se brûle. Mais revenons à vous, cher seigneur. Que ferez-vous ?

— J'attendrai.

— Reconnaîtrez-vous la suprématie de Henri comme chef de l'Église ?

— C'est mourir que de refuser ?

— C'est mourir... Écoutez-moi, mylord : vous êtes vieux, vous avez été éprouvé par des peines cruelles ; ne déshonorez pas votre caractère de prêtre et de philosophe par une ridicule terreur... Est-ce vivre que de demeurer en cette prison ? Passez de ce misérable état à la vie immortelle.

— Mylord, je n'ai pas votre courage ; je suis un homme affaibli ; je voudrais mourir paisiblement dans un coin obscur... Le roi ne me le refusera pas.

— Accordez-lui ce qu'il vous demande alors. Niez en un jour tout ce que vous avez fait et dit depuis dix ans.

— Que ferez-vous, vous, mylord?

— Je montrerai au roi que je sers Dieu avant les autres maîtres. Je l'ai servi si ardemment, que j'ai commis des crimes. J'expierai ces crimes par tel châtiment qu'il lui plaira de m'envoyer.

Fisher connaissait la fermeté de Thomas Morus, et l'exemple qu'il recevait en était d'ailleurs une preuve suffisante. L'évêque de Rochester prit son parti, et, traduit devant la cour chargée de le juger, il persista.

Ne pas sacrifier Catherine d'Aragon, nier la suprématie du roi comme chef de l'Église, c'était plus qu'il n'en fallait pour succomber. Fisher fut accablé, en outre, par le procès de la sainte fille de Kent. On prouva, en pleine audience, que cette prétendue sainte était une femme débauchée, dont les accès d'inspiration étaient dirigés par trois ou quatre misérables ses amants et ses fauteurs. Fisher tomba, poussé par une imputation de complicité secrète, et Henri VIII, voulant que sa victime fût déshonorée avant de monter sur l'échafaud, on condamna ce vieillard au supplice des traîtres et des sacriléges. Il sortit de la Tour après avoir fait ses adieux à Thomas Morus, qui, en l'embrassant, lui dit tout bas :

— Tout philosophes que nous soyons, ami, nous aimons à penser que nous nous retrouverons après la mort, et ce sera bientôt, car la hache qui va vous frapper menace déjà ma tête. Mourez avec courage, cher seigneur, afin que le peuple sache bien que la noblesse n'est pas aujourd'hui du côté des rois, et que le chef suprême de l'Église n'est pas le maître d'hommes tels que nous.

Fisher mourut sans bravade, sans faiblesse, comme il convenait à un vieillard, et l'intérêt des assistants lui fut acquis pendant toute la durée du supplice.

Thomas Morus ne s'était pas trompé; Henri VIII, qui prétendait l'aimer beaucoup pour les services qu'il en avait reçus, pour son caractère et ses talents, le fit circonvenir par Thomas Cromwell, Cranmer, et d'autres personnages influents. Morus demeura inflexible.

— Répondez au moins votre avis, lui dit-on.

— Pourquoi faire? dit le prisonnier... Vous me demandez si le roi est Dieu... et vous me faites observer que le parlement a décrété la peine de mort contre ceux qui ne déifieront pas le roi. D'un autre côté, Dieu est jaloux de ses droits, et ne s'arrangerait pas qu'on les transportât au roi d'Angleterre. Il en résulte que vous me présentez une épée à deux tranchants; de l'un je tue mon corps, avec l'autre je tue mon âme.

On ne manqua pas de reporter cette réponse à Henri VIII, qui, indigné, furieux, s'écria :

— Il nie donc la suprématie, puisqu'il hésite, et prétend pouvoir hésiter! sa conscience lui dit donc que je ne suis pas le chef suprême de l'Église, moi que les parlements ont investi du droit de mettre à mort quiconque me contesterait cette suprématie!

Avec cette subtilité à laquelle un roi moins théologien et moins sanguinaire n'eût pas songé, Thomas Morus, qui n'avait pas assez parlé pour être accusé de nier, fut traduit devant ses juges. Il observa le plus parfait silence sur cette question, et se laissa condamner comme s'il eût été coupable. Car, dit l'historien Hume, les jugements sous ce règne n'étaient que de pures formalités.

Thomas Morus avait obtenu de recevoir à la Tour les visites de sa famille; depuis qu'il avait donné sa démission de chancelier, il avait vécu comme un simple citoyen, aimant et fréquentant sa maison, s'occupant de l'éducation de sa fille Marguerite, et rassurant continuellement sa femme, qui prévoyait bien la disgrâce royale, et engageait son époux à la prévenir par un peu de soumission. Tant que l'on compta sur lui pour faire céder Fisher, on le traita humainement. Mais depuis la mort de ce dernier, les rigueurs du roi se firent sentir à Morus. On lui retira ses livres, on lui interdit la visite de ses enfants et de sa femme.

— Cette séparation de mon cœur et de mon corps, dit Morus, m'accoutumera peu à peu à la séparation de mon corps et de ma tête.

Lorsqu'il eut été condamné, on fit encore auprès de lui une tentative. On lui représenta qu'un repentir tardif vaut mieux qu'un entêtement éternel; on lui fit sentir qu'il y avait bien de l'orgueil à s'inscrire ainsi tout seul contre le sentiment du grand conseil d'Angleterre.

— Si j'étais seul contre le parlement, dit-il, je me défierais de moi-même, et je changerais peut-être d'avis; mais j'ai pour moi toute l'Église, qui est le grand conseil des chrétiens. A un évêque de votre parti, je puis en opposer cent qui jouissent de la gloire céleste. Le nombre des martyrs et des confesseurs, dont je suis le sentiment, vaut bien celui de la noblesse d'aujourd'hui; et la puissance de tous les conciles généraux équivaut sans doute à celle du parlement. Vous voyez bien que je n'ai pas tort d'être obstiné dans mon avis.

Alors, pour dompter cet esprit intraitable, on s'adressa directement au cœur; on fit entrer dans la prison du chancelier sa femme et sa fille, dont la première, toute éplorée, vint se précipiter à ses genoux, en le suppliant de ne pas l'abandonner, de ne pas faire ses enfants orphelins.

Morus, attendri, fut obligé d'appeler à lui toute sa force d'âme. Relevant la malheureuse femme, et l'embrassant avec tendresse :

— Voyons, dit-il, combien de temps pensez-vous que j'eusse encore vécu près de vous, dans ce bonheur que nous goûtions? Vous savez que j'ai cinquante-trois ans; le travail m'a beaucoup fatigué, j'ai eu des chagrins... calculez.

— Oh! mylord! quelle étrange question!..... répliqua la pauvre femme.

— Répondez toujours.

— Mais puisque vous m'y forcez, calculez vous-même; ne croyez-vous pas que vingt années au moins nous sont réservées?...

— Eh bien! répondit Morus avec un sourire, dites un peu si vous, qui m'aimez, vous me feriez sacrifier à un bonheur de vingt ans l'éternité bienheureuse qui m'attend lorsque je serai mort pour ma religion et ma conscience. Ne pleurez plus, louez Dieu de la faveur qu'il me fait. Tenez, regardez ma fille Marguerite, elle ne pleure pas, et pourtant elle m'aime aussi. Elle sait bien que, d'une vie misérable et agitée, nous passons dans un monde plein d'un bonheur inaltérable. Voyons, Marguerite, parlez à votre tour : que ferez-vous pour moi, vous?

— Mon père, je vous soutiendrai, si l'on me le permet, jusqu'à l'échafaud, et je rendrai les derniers honneurs à votre dépouille mortelle.

— Bien, répliqua Morus; j'ai semé dans un bon terrain ma philosophie et mes conseils: c'est un grand bonheur, mes amis, de savoir en mourant qu'on ne laisse pas après soi le désespoir aveugle et la douleur sans consolations.

Il fut extrait de la Tour par un temps magnifique, au milieu d'un concours immense de spectateurs, le 6 juillet 1535. Arrivé au pied de l'échafaud, il salua les assistants avec un sourire plein de noblesse et de sérénité.

— L'escalier est bien roide, dit-il, et mes jambes se sont affaiblies en prison; quelqu'un ne m'aidera-t-il pas à monter?

Un des assistants s'offrit et lui prêta son bras. Il monta tranquillement.

— On s'agenouille, n'est-ce pas? dit-il au bourreau; eh bien, mon ami, laissez-moi m'arranger moi-même, et ne me touchez, s'il vous plaît, que pour me trancher la tête.

— Ah! mylord, dit le bourreau, ne me regardez pas avec colère, et pardonnez-moi... C'est un bien triste devoir que je remplis; je le remplis avec une douleur bien vive.

—Mon pauvre garçon, dit Morus, pourquoi t'en voudrais-je? tu n'es coupable en rien, et je n'ai contre toi nulle colère; seulement je voudrais que tu eusses plus de gloire à frapper ton coup de hache.

— Pourquoi, mylord?

— Parce qu'il n'y a pas à te tromper en frappant; mon col est si court que tu ne peux toucher qu'au bon endroit.

Alors il posa sa tête sur le billot.

— Comme cela? demanda-t-il.

— Oui, mylord; mais faut-il frapper?... J'attendrai vos ordres.

— Un moment, un moment; je ne veux pas que tu décapites aussi ma barbe : elle n'a pas commis de trahison, elle, comme on dit que j'en ai commis. Donne-moi des ciseaux que je la coupe.

En effet, il se coupa la barbe, qu'il serra dans un morceau d'étoffe, en recommandant qu'on la remît à ses enfants. Puis il récita une prière, fit un signe au bourreau, qui lui trancha aussitôt la tête.

Bientôt après mourut Catherine d'Aragon, qui n'avait jamais voulu renoncer à son titre de reine, et qui du fond de sa retraite avait encore exercé une influence sur les amis les plus puissants d'Anne de Boleyn. C'est qu'on respectait dans Catherine le malheur et la vertu; c'est qu'on savait que cette princesse avait été sacrifiée à un amour nouveau, et que les caprices des rois, s'ils trouvent des courtisans, font toujours justice de leurs abus mêmes par des abus plus criants. Anne de Boleyn devait payer un tribut à cette vérité cruelle; elle devait justifier la prophétie de Wolsey, ce favori qui avait si tardivement reconnu l'instabilité des affections royales.

Catherine était retirée à Kimbolton, dans le comté de Huntingdon. Se voyant près de mourir, elle écrivit à Henri VIII une des lettres les plus touchantes et les plus chrétiennes qui aient été jamais dictées par le regret de perdre la vie et l'espoir d'une vie meilleure.

« Mon cher maître, mon roi, mon cher epoux, disait-elle,

l'heure approche où celle qui a été votre amie et votre femme va entrer dans le séjour éternel. Me voyant si près de Dieu, je vous prie de penser aussi que la vie est courte, que la gloire humaine est peu de chose, que les plaisirs du monde sont une bien vile poussière. Songez-y, mon roi, vous que l'amour de ces plaisirs a poussé imprudemment à des troubles indignes de l'essence de l'âme; vous qui avez été cause de tant de malheurs que je vous pardonne avec l'espoir de vous voir pardonner aussi par Dieu.

» Je n'ai plus rien à vous demander, Henri; moi qui ai tant souffert, rien ne me touche plus. Un seul être pourtant... un seul nom... c'est ma fille, c'est Marie, qui fut l'enfant de notre amour. Ne l'oubliez pas, et ne souffrez pas que mes serviteurs, abandonnés après ma mort, regrettent amèrement la disgrâce de leur maîtresse. Henri, devant ce Dieu qui m'entend, et qui va me recevoir, je vous proteste qu'au moment où mes yeux vont se fermer pour jamais, mon seul désir serait de les attacher sur vous. »

Cette lettre arriva à White-Hall en même temps que la nouvelle de la mort de Catherine. Anne de Boleyn en fut instruite, et aussitôt, se livrant aux transports d'une joie indigne de toute âme honnête, elle vint jusqu'en la chambre du roi pour essayer de lui faire partager ce bonheur.

Elle trouva Henri le front appuyé sur sa main droite, le billet de Catherine dans sa main gauche, et versant des larmes que lui avaient arrachées les adieux si tendres et si douloureux de Catherine. Ni l'exil de cette malheureuse rivale, ni sa fin déplorable, ni le sentiment, bien naturel aux nobles cœurs, d'une pitié achetée par le malheur, n'arrêta la jeune reine au milieu de son indécent triomphe. Implacable envers cette ennemie comme elle l'avait été envers Wolsey, elle fournit de nouvelles armes à ses ennemis.

Henri VIII était de ces hommes chez qui la passion satisfaite se change en satiété. Il avait trouvé autour d'Anne de Boleyn des obstacles de tout genre : inégalité de conditions, intrigues de cour, mariage antérieur, foudres romaines, opinion publique, sa puissante volonté avait tout renversé. Mais lorsqu'il eut fait prononcer le divorce par les parlements, lorsqu'il eut abaissé Rome, écrasé les dissidents, et assis fièrement sur le trône, en qualité d'épouse légitime, celle qu'il adorait comme maîtresse, Anne de Boleyn devint une femme ordinaire; une fois ce prestige évanoui, on put juger des degrés du refroidissement de Henri pour son épouse comme on pourrait apprécier le refroidissement progressif de la lave qui était sortie bouillante du cratère.

Anne de Boleyn était accouchée d'Élisabeth, et cette naissance avait comblé de joie le cœur du prince. Elle accoucha en 1536 d'un fils mort; Henri, disposé à imputer la faute à la mère, lui fit sentir vivement son dépit de cette mésaventure.

Tout ce qui était bonheur et admiration pour lui dans le caractère d'Anne, sa vivacité, sa gaieté pétulante qu'il adorait, son babil séduisant et caustique, qualités qu'il trouvait précieuses, lui devinrent insupportables comme des défauts. Il aimait beaucoup à l'appeler la rieuse Française, il finit par lui reprocher le caractère français, et froncer le sourcil à chacune de ses plaisanteries. Ç'avait été un contraste agréable au roi, que cette légèreté inconnue à la cour d'Angleterre, et ce mépris de la pesante étiquette britannique; bientôt il blâma la légèreté, il incrimina la familiarité qui portaient Anne de Boleyn à traiter en égaux des gens qui étaient devenus ses inférieurs depuis son mariage.

Au nombre des ennemis actifs et dangereux de la reine, il y avait une femme, lady Rochefort, sa belle-sœur, l'une des personnes sur qui elle avait répandu le plus de faveurs, et qui avait épousé le vicomte de Rochefort, frère d'Anne de Boleyn. Cette femme n'avait jamais pardonné à la reine son élévation, que peut-être elle ambitionnait. L'amour du roi pour Anne était le tourment de sa vie, et elle n'avait accepté la main du vicomte de Rochefort que pour entrer plus avant dans les secrets de cette maison royale, où elle se promettait de semer le désordre et la douleur.

La vicomtesse voyait souvent le roi; elle lui parlait librement; elle commença par le féliciter de ses heureuses qualités, qui étaient, selon elle, la patience et la charité.

— Pourquoi? dit le roi.

— Parce que le roi, dit-elle, qui est le maître de tous les hommes, devrait être aussi le maître dans sa maison.

— Eh bien! ne suis-je pas le maître? dit Henri.

— Pour l'être, sire, il faudrait savoir tout ce qui se passe chez vous; or, je vois bien que Votre Majesté n'en sait rien.

— Apprenez-le-moi alors, dit le monarque inquiet.

— Vous verriez, sire, que je suis malheureuse.

— Et comment, madame?

— Malheureuse dans mon ménage... Le vicomte de Rochefort me rend cruelle une existence que je voulais consacrer à son bonheur.

— C'est un crime, dit le roi, et il faut vous plaindre à la

reine; elle tancera son frère de telle sorte qu'il ne sera plus tenté de recommencer à vous donner sujet de plainte.

— Oh! je m'en garderais bien, sire!

— Vous parlez par énigmes. Je ne comprends pas pourquoi vous hésiteriez...

— Parce que, sire, en me plaignant à la reine, je lui ferais trop de plaisir, et que je suis hautaine en amitiés.

— C'est encore moins compréhensible, madame, dit le roi, piqué de ces demi-confidences.

— Sire, la reine aime trop son frère pour ne pas jouir de ma disgrâce auprès de lui; d'ailleurs je ne m'expliquerais pas plus clairement sans faire souffrir à mon cœur des tourments au-dessus de mes forces. Mais il est une personne que Votre Majesté peut consulter à ce sujet, une personne d'un mérite éclatant, d'un esprit supérieur, à qui Votre Majesté a souvent fait l'honneur de son entretien; consultez sur ce sujet lady Jeanne Seymour, et alors...

— Lady Jeanne Seymour? dit le roi en rougissant.

Jeanne Seymour était fille d'honneur d'Anne de Boleyn, comme celle-ci avait été fille d'honneur de Catherine d'Aragon.

— C'est bien, dit le roi, nous saurons cela.

Il consulta en effet Jeanne Seymour, jeune fille d'une grande beauté, d'un esprit qu'il trouvait supérieur, comme le lui avait dit l'artificieuse vicomtesse : Jeanne Seymour, dont lady Rochefort s'était faite l'amie afin de lui inculquer ses idées relativement à Anne de Boleyn, répondit au roi mieux que ne l'eût pu faire lady Rochefort dans ses propres intérêts.

Elle avoua au roi que dans le palais on s'entretenait souvent de l'amitié si vive d'Anne de Boleyn pour son frère, et de la négligence qu'apportait ce dernier à honorer comme il le devait sa femme légitime. Cette amitié était si vive que des âmes étrangères à tout sentiment de jalousie avaient pris de l'ombrage, et murmuraient tout bas d'une faveur que le roi, s'il l'eût su, n'eût pas manqué de condamner.

Le roi prenait un grand plaisir à sentir déchirer Anne de Boleyn par la naïve jeune fille que lui députait lady Rochefort. Jeanne était si belle, si chaste, si adorable de cette fraîcheur virginale, qui paraissait à Henri le comble de la perfection auprès des vivacités un peu téméraires d'Anne de Boleyn! Il avait autrefois appelé ces vivacités le comble de la perfection quand il les comparait à la froideur majestueuse de Catherine d'Aragon.

Il lui parut doux de se faire plaindre par cette jeune fille de son malheur en mariage, et, réitérant ces conversations sous prétexte de bien s'éclairer, il en vint à tomber amoureux de Jeanne, avec cette fureur qu'il apportait dans tous ses goûts, et qui faisait de ses caprices autant de folies souvent sanguinaires.

En cela il se trouvait singulièrement aidé par lady Rochefort, qui lui représentait Anne de Boleyn éprise de son frère, et forcée, pour avoir des confidents, de tolérer les passions de plusieurs de ses gentilshommes. A ces récits, Henri VIII sentait bouillir son sang; il demandait des preuves, non pas pour retarder l'instant de la conviction comme tant de maris qui brûlent de ne rien savoir, mais pour en venir à un éclat foudroyant.

— Remarquez, sire, disait lady Rochefort, le zèle de ses serviteurs, et leurs regards qui couvent ardemment leur maîtresse. Au moindre mot ils volent pour obéir; ce n'est pas une, c'est dix passions que son sourire fait éclore. Voyez Norris, votre premier gentilhomme, manque-t-il jamais une occasion de se rencontrer avec elle? Voyez Weston et Brereton, gentilshommes ordinaires, ne se précipitent-ils pas, quand elle a donné un ordre, comme feraient des lévriers jaloux de se faire bien venir aux dépens les uns des autres. Cherchez si Marck Smeaton, son valet de chambre, remplit auprès d'elle les fonctions d'un serviteur; admirez cette tenue brillante, ce luxe qu'il déploie, ces présents qu'il ose lui faire, et qu'elle lui rend avec usure; êtes-vous servi comme cela, vous qui êtes le maître?

— Eh bien, répondit le roi devenu sombre, je saisirai si bien tous leurs regards, je ferai si bien surveiller leurs démarches, que pas un mot, pas un geste ne leur échappera sans me laisser un indice de leur pensée. Aidez-moi, vicomtesse, je vous rendrai le cœur de votre époux...

— Jamais, sire, dit-elle avec une feinte douleur; mon mari n'a plus de cœur à me donner.

Henri jouait cette comédie en homme qui est sûr d'être applaudi par des courtisans. Il n'aimait plus Anne de Boleyn, et il aimait Jeanne Seymour; c'est dire qu'il désirait l'une et fuyait l'autre; et comme ce prince avait pour excentricité particulière la manie des mariages, vouloir Jeanne c'était vouloir l'épouser; c'était signer le divorce ou prononcer la mort d'Anne de Boleyn. Cette énormité parut naturelle au bourreau de Catherine d'Aragon.

— Je t'aiderai, pensa lady Rochefort, et plutôt que tu ne crois.

Anne de Boleyn vivait calme au sein de cette nuée qui noircissait près d'elle et menaçait de l'abîmer. Jamais elle n'avait supposé que l'amour du roi pour elle pût s'éteindre ou seulement s'affaiblir; elle avait autant d'orgueil que d'insensibilité: jamais ces sinistres avant-coureurs des grandes catastrophes, qu'on appelle les pressentiments, ne s'étaient offerts à elle pour lui révéler un coin de sa destinée horrible.

Il y eut tournoi et fête splendide à Greenwich. La reine était placée sur son trône, au-dessous duquel, dans une tribune, ses serviteurs principaux et ses officiers regardaient la lice, et applaudissaient quand les belles mains de leur souveraine avaient donné le signal. En face, dans une tribune parallèle à celle de la reine, Henri VIII, entouré des plus belles femmes de la cour et de l'élite de la noblesse, regardait non pas le tournoi, mais sa femme.

— Sire, lui avait dit lady Rochefort, aujourd'hui même Votre Majesté saura à quoi s'en tenir sur la conduite de la reine ; aujourd'hui vous ne croirez plus qu'elle vous aime uniquement et qu'elle vous respecte par-dessus tout.

Anne, souriante et belle, se livrait à toute la fougue de son caractère exalté. Reine par le rang, par la beauté, s'enivrant elle-même de l'ivresse qu'elle faisait naître, on la voyait souvent regarder dans la tribune située au-dessous de la sienne, et répondre, par un signe de tête, à un regard des serviteurs placés dans cette tribune.

— Voyez Norris, disait lady Rochefort, ne le perdez pas de vue, sire ; voyez ce qu'il demande : un doux regard, il en a mille... Il est vrai que ces mille regards, il faut les partager avec mon digne époux, son voisin et son rival, avec Smeaton, qui s'est couvert de pierreries, avec Brereton et Weston, qui semblent deux coqs prêts à se déchirer si l'un était plus favorisé que l'autre.

Ces paroles tombaient dans l'oreille du roi comme les poisons de la calomnie que Shakspeare fait distiller de la bouche d'Yago sur le cœur du More de Venise.

— Ils sont heureux, en effet, dit-il avec une rage mal contenue.

— Ils sont heureux publiquement, ajouta lady Rochefort, et le bonheur est doublé par l'audace même de la position : l'une brave son époux et son maître; l'autre brave sa femme, mal protégée par la présence et le voisinage de votre majesté.

— Voici les signaux maintenant, dit Henri, remarquant que la reine avait porté son mouchoir à ses lèvres. Vit-on jamais plus indécent oubli de sa dignité?

Et en disant ces mots, le monarque regardait les joues si roses et les yeux si modestement baissés de Jeanne Seymour.

Lady Rochefort poussa soudain un faible cri.

— Qu'y a-t-il? dit le roi.

— Oh! cela passe toute croyance, et réellement... le roi devrait songer à sa propre majesté... Voyez, sire, que fait le vicomte de Rochefort en ce moment?

— Dieu me damne! murmura le roi, il tient le mouchoir de la reine!...

— Que sa majesté a laissé tomber dans ses mains, et que Norris, Smeaton et les autres dévorent des yeux comme un trésor.

— Il le baise avec respect... avec ivresse...

Henri VIII, dévoré par toutes les furies, se leva aussitôt, et, sans autre formalité qu'un terrible regard lancé sur la reine, il sortit de sa tribune, laissant le spectacle interrompu et l'immense assemblée palpitante d'inquiétude et de surprise.

Norris, son premier gentilhomme, accourut aussitôt et lui demanda ses ordres.

— Vous allez appeler ici, dit Henri en se mordant les lèvres jusqu'à en faire jaillir le sang, Smeaton, Brereton et le frère de la reine.

Ces trois gentilshommes arrivèrent sur-le-champ.

— Norris, Rochefort, Smeaton et Brereton, rendez-vous à la Tour sans délai, sans justification, leur dit-il.

Les quatre infortunés se regardèrent sans comprendre, et sortirent au milieu des gardes, précisément au moment où la reine, inquiète de cette disparition du roi, venait en savoir la cause.

— Vous, madame, s'écria Henri du plus loin qu'il la vit, demeurez dans votre appartement et n'en sortez pas sans un ordre exprès de moi. Allez!

Anne semblait n'avoir pas entendu ces paroles, tant sa stupeur et son immobilité étaient complètes. Il fallut qu'on lui répétât la phrase de Henri VIII, et alors elle retourna sur ses pas, rêveuse, et ne comprenant pas plus quel soudain courroux lui aliénait ainsi le cœur de son mari.

Qui l'eût avertie? Au premier mot de sa disgrâce elle avait senti les piqûres de ses ennemis se changer en plaies profondes. Seule, menacée, elle n'avait d'autre ressource que la bonté de Henri... la bonté de cet homme qui avait laissé mourir Catherine d'Aragon.

Le jour se passa pour elle dans d'affreuses perplexités. Tout à coup une lumière lui vint : Henri était soupçonneux, fantasque; il avait sans doute voulu éprouver sa femme. L'apparence d'une disgrâce la pousserait peut-être à révéler un caractère hautain; elle s'emporterait peut-être à quelques excès. C'était une épreuve; ce ne pouvait être autre chose. Anne reprit sa sérénité, se promettant bien de ne pas donner prise sur elle par un dépit inconsidéré.

Le lendemain elle attendait la fin de cette comédie, et, en effet, le dénoûment eut lieu. Un constable du palais vint la chercher au milieu de ses femmes. Elle s'était parée, espérant soit une visite du roi, soit un mandat pour l'aller trouver.

— Où me menez-vous? dit-elle, croyant qu'on allait lui répondre : chez le roi.

— A la Tour, madame, répliqua le constable.

— A la Tour?... moi! à la Tour?... Qu'ai-je donc fait?

— Madame, je puis vous le dire, répondit le magistrat : vous avez offensé le roi, votre époux et notre maître, en sa double qualité de maître et d'époux. D'abord, en disant à plusieurs personnes que vous n'avez jamais aimé le roi, ce qui est attentatoire à la majesté royale, crime prévu par le statut du parlement, qui déclare criminel d'état quiconque tiendra des discours contre le roi, la reine ou leur postérité. Ensuite, en violant la foi jurée, en gardant au fond de votre cœur d'autres amours, en y réchauffant la pensée de l'inceste et de l'adultère.

— De l'inceste! de l'adultère! s'écria l'infortunée, au comble de la stupeur... Quoi! personne ne se lève avec moi contre ces infamies? personne ne crie honte aux calomniateurs?

Un profond silence accueillit cette explosion du désespoir de la reine.

— Jeanne! Jeanne! dit-elle, tu me connais; réponds: me sais-tu incestueuse, adultère? Où es-tu, Jeanne?

— Lady Jeanne Seymour est près de sa majesté, répond le constable.

Anne laissa tomber ses mains inertes, et, sans pousser une plainte, marcha vers la Tour, au milieu des officiers et des constables qui faisaient son cortége.

On l'enferma dans la chambre des cérémonies, assez belle, mais triste demeure par les souvenirs qu'elle rappelait: c'était là que Richard III, duc de Glocester, avait fait assassiner Hastings et Stanley. Le jour y entrait, faible et décomposé, au travers de vitres étroites, obscurcies par la poussière du dehors et les saillies des filets de plomb.

— Moi! adultère!... moi! incestueuse!... s'écria-t-elle quand l'horreur de ce séjour eut pénétré jusqu'au fond de son cœur.

Et la malheureuse femme, en proie à des secousses violentes de ses nerfs agacés, tomba roide et froide sur le parquet de la salle.

On la rappela bientôt à la vie; mais elle était à moitié folle: elle voyait sur les murs se dresser les fantômes sanglants de ceux qui l'avaient précédée en ce lieu terrible.

— On meurt, on meurt ici! s'écria-t-elle, et je ne veux pas mourir!... Je ne suis pas coupable, moi; je n'ai rien à me reprocher...

— Vous ne mériterez pas le pardon du roi en persistant dans ces dénégations, fit observer le lieutenant de la Tour.

— Vous avez raison, monsieur; une âme comme la mienne peut paraître nue devant ses juges... Qui n'a pas commis de fautes?... j'en ai commis beaucoup... Interrogez-moi, je répondrai.

—Il s'agit de votre amour criminel pour votre frère. Avouez-vous cet amour?

— Oh! s'écria-t-elle avec horreur; j'aime Rochefort, mais comme une sœur.

— Et Norris, premier gentilhomme du roi?

— Je serai franche... J'étais familière avec lui. Un jour je lui dis en riant que j'avais deviné pourquoi il ne se mariait pas. Pourquoi, madame? dit-il. — C'est, lui dis-je, parce que vous comptez m'épouser quand je serai veuve.

Cet aveu, enregistré avec soin, parut effroyable à ceux qui ne cherchaient qu'un prétexte pour déshonorer la reine.

— Et Weston? lui dit-on.

— J'ai été légère avec lui; je le trouvais assidu près d'une de mes parentes et froid pour sa femme. Je le lui fis observer en le grondant doucement. « Madame, me dit-il, votre majesté se trompe : ce n'est pas cette dame que j'aime... c'est... Votre Majesté.» Je le tançai si rudement, que le pauvre gentilhomme eût bien voulu rattraper ces paroles de simple galanterie.

Autre déclaration qui souleva l'indignation.

— Et Smeaton? fit l'interrogateur. Vous l'auriez reçu chez vous, vous auriez toléré ses assiduités.

— Smeaton était mon valet de chambre; cependant il n'entrait jamais chez moi. Je me trompe : il y vint deux fois; c'était pour jouer sur le clavecin des airs qu'on avait rapportés d'Italie et que je ne pouvais déchiffrer.

— Cherchez bien dans votre mémoire; Smeaton a eu plus de bonheur que vous ne dites.

— Vous me rappelez une phrase de ce gentilhomme. Un jour je lui demandai pourquoi il me servait si fidèlement : « C'est, me répondit-il, parce que je suis bien payé. » Je m'étonnai de cette réponse, car Smeaton n'avait que fort peu de part à mes libéralités. « Vous ne me payez pas avec de l'argent, dit-il, et un seul de vos regards me fait plus riche que les rois de la terre. »

Telle fut la naïve, la candide confession d'Anne de Boleyn : elle n'avait, vraie ou fausse, pas une tache à faire regretter sur cette conscience que beaucoup n'osent interroger ouvertement; mais ces légèretés parurent suffisantes au roi, qui ne demandait qu'un prétexte, et au lieu d'admirer la bonne foi de sa femme, il prit acte de ces aveux comme de témoignages accablants qu'on aurait acquis contre elle.

Tout le monde abandonna la reine quand elle fut en prison. Son désespoir ne saurait se décrire. Ses parents eux-mêmes refusèrent de la voir, et son oncle, le duc de Norfolk, qui lui devait son élévation, fut le premier à fomenter contre elle la haine et la fureur de Henri VIII.

Un seul homme eut pitié d'elle à ce moment, ce fut Cranmer, ce théologien qui avait monté, grâce à son appui, jusqu'aux premières dignités ecclésiastiques. Cranmer était un homme d'un naturel humain; il avait regretté la ruine de Thomas Morus ; il redoutait de voir s'abattre autour de lui toutes les sommités élevées par le caprice du roi. Il réfléchissait que le même sort lui était sans doute réservé plus tard.

Cranmer vint un soir trouver Anne de Boleyn dans la Tour.

Sa dignité lui en ouvrait les portes. Anne voyait tant de trahisons depuis sa captivité, qu'elle put croire à une trahison nouvelle de la part du prélat.

— Vous aussi, Cranmer? lui dit-elle.

— Je viens vous consoler, madame, dit-il, et non pas augmenter votre désespoir. Votre cause est perdue, mais sans que vous ayez rien à vous reprocher, et ma démarche près de vous a pour but de vous rendre la tranquillité en vous ôtant tout espoir.

— Hé! que dites-vous, Cranmer? Comment concilier ces deux contrastes?

— Facilement. Savez-vous bien, madame, pourquoi vous êtes renfermée à la Tour?

— Parce qu'un de mes ennemis a persuadé au roi que j'étais coupable d'adultère et d'inceste; parce que Norris, Rochefort, Brereton et Smeaton passent pour avoir été favorisés de mon amour.

— Voilà tout ce que vous savez, n'est-ce pas?

— Absolument tout... N'est-ce point assez?

— Si ce n'était que cela, madame, il faudrait vous livrer au désespoir, car vous vous verriez condamnée, même en prouvant que vous êtes innocente.

— Que dites-vous?

— Rappelez vos souvenirs, madame, et avant toute chose jurez-moi par le Dieu vivant que vous ne révélerez jamais un mot de l'entretien que nous allons avoir ensemble.

— Je le jure, mon ami; mais par pitié hâtez-vous!

— Comment le roi a-t-il procédé lorsqu'il a voulu vous épouser, quoiqu'il fût marié avec Catherine d'Aragon?

— Vous le savez comme moi. Il m'aimait ; il me demanda si je l'aimais aussi. Je lui répondis que s'il était libre, ce ne serait pas l'ambition qui me ferait désirer le trône. Il se hâta de faire rompre son mariage avec Catherine, sur un prétexte dont la frivolité même prouvait toute la violence de son amour, et un prêtre, mandé à cette occasion, nous unit, malgré tout souvenir, toute opposition de la reine.

— Je vous arrête ici, madame... Malgré tout souvenir de vous, toute opposition de votre part, sur un prétexte dont la frivolité même prouve la violence de sa passion, le roi veut faire rompre son mariage avec Anne de Boleyn, parce qu'il a dit à quelqu'un : Je vous aime, et que cette personne lui a répondu en baissant les yeux : Si vous étiez libre, sire, ce ne serait pas l'ambition qui me ferait désirer le trône.

Anne de Boleyn saisit la main de Cranmer. Un éclair passa dans ses yeux : un cri lui échappa.

— Folle que j'étais, dit-elle, de n'avoir pas vu ce que vous venez de me dire ! Il aime !... Oh ! depuis longtemps cette blessure était ouverte dans mon cœur et je ne la sentais pas. C'est Jeanne Seymour qu'il aime, n'est-ce pas ?... s'écria-t-elle tout à coup.

— Oui, madame.

Anne cacha son visage dans ses mains tremblantes, et la pâleur de la mort s'étendit sur son front et sur son col si pur. Cependant elle se releva calme et souriante.

— Le coup a été rude, dit-elle ; mais c'est fini. Merci, mon bon, mon digne ami. Je ne souffre plus ; je sais pourquoi je suis condamnée, je sais que prières, larmes, rien ne détournera de moi ce calice. Oh! malheureuse que je suis! c'est le malheur d'autrui qui retombe sur ma tête.

— Madame, ne vous accusez pas. Je vous ai avertie en ami fidèle. Montrez à vos ennemis que vous êtes une âme d'élite: soyez plus grande que votre infortune.

— Cranmer, je sais à quoi l'on me réserve... Le roi n'est pas un homme ordinaire, c'est un théologien, un scrupuleux; il ne veut pas de maîtresses, ce serait encourir la damnation; il lui faut des amours légitimes. Il me tuera pour légitimer Jeanne Seymour. Qu'il me tue; il saura du moins que je n'ai pas été abusée par sa ruse grossière, et que s'il m'a donné la couronne par caprice, je ne reconnais qu'à son caprice le droit de la faire passer sur une autre tête.

— Que ferez-vous, madame?

— J'écrirai au roi... Hélas! Catherine aussi lui a écrit avant de mourir... Misérable! misérable que je fus!

— Madame, rappelez-vous votre serment; vous ne devez rien révéler de notre entretien. Ne perdez pas vos amis.

— N'ayez pas de crainte, mon ami; je parlerai si dignement, que mes fidèles se réjouiront de m'avoir aimée. Allez; merci encore une fois. Je vous reverrai, n'est-ce pas?

— Madame...

— Il le faudra bien... Vous savez que le roi ne peut élever le trône de sa nouvelle femme que sur un échafaud.

— Oh! quelle affreuse idée!... Ne le croyez pas; le divorce seul suffira, madame, je le crois en mon âme et conscience.

— Vous m'avez prémunie contre tout, Cranmer, et la mort me sera plus douce que le divorce; souhaitez-moi donc la mort!

Cranmer sortit de chez la reine. Un moment après elle vit entrer un envoyé du roi, l'ami le plus cher de lady Rochefort et de Jeanne Seymour. Ce personnage était chargé d'offrir à la reine sa grâce, en échange d'une confession détaillée qui établît sa culpabilité comme adultère avec les coaccusés.

Anne sourit de dédain, congédia cet homme, et se faisant apporter ce qu'il fallait pour écrire, composa pour Henri VIII une lettre que l'on a conservée pour sa noble et tendre simplicité; elle est en outre un modèle de logique et d'habileté. Peu de lignes renferment tout ce que renfermait le cœur si plein de la malheureuse reine sacrifiée à une rivale.

« Sire, ce sont des choses si étranges pour moi que la colère de Votre Majesté et mon emprisonnement, que je ne sais comment vous écrire et de quoi me justifier. Je suis dans un embarras d'autant plus grand, que vous me faites dire d'avouer la vérité, pour obtenir ma grâce, et que le messager est, vous le savez, mon cruel, mon ancien ennemi. Ce messager suffit à me faire connaître vos dispositions à mon égard. Puisque des aveux sincères peuvent me sauver, je vais obéir à vos ordres avec joie et soumission.

» Mais ne croyez pas, sire, que votre malheureuse épouse puisse se laisser aller à confesser une faute dont jamais elle n'eut la pensée; j'en atteste la vérité, jamais prince n'eut une femme plus attachée à ses devoirs ni plus tendre que le fut pour vous Anne de Boleyn. Je me contenterais volontiers de ce nom, et fusse restée obscure à ma place, si Dieu et Votre Majesté n'en avaient décidé autrement. Je ne me suis jamais tant oubliée sur le trône où vous m'avez fait monter, que je n'aie toujours prévu la disgrâce qui m'arrive. Je me rendais assez de justice pour me dire que mon élévation n'étant fondée que sur un caprice de l'amour, un autre objet pouvait à son tour séduire votre imagination et m'enlever votre cœur. Vous m'avez tirée d'un rang obscur pour me décorer du titre de reine et de celui plus précieux encore de votre compagne; l'un et l'autre étaient sans doute bien au-dessus de mes vœux et de mon mérite; mais puisque vous m'avez trouvée digne de cet honneur, qu'une légère fantaisie ou les caprices de mes ennemis ne me privent pas de vos bontés. Que la tache, l'odieuse tache d'être soupçonnée d'avoir trahi Votre Majesté, ne souille jamais la gloire de sa fidèle épouse et de la jeune princesse votre fille. Faites-moi juger, sire, j'y consens; mais par un tribunal légitime, par des juges, non par mes ennemis. On verra mon innocence éclaircie, vos inquiétudes et votre conscience satisfaites, la calomnie forcée au silence, ou mon crime entièrement découvert. De quelque façon alors que mon sort s'accomplisse, Votre Majesté ne sera exposée à aucun reproche, et quand ma faute aura été juridiquement prouvée, vous serez libre non-seulement de punir une femme parjure, mais de suivre votre nouvelle affection; car Votre Majesté est déjà résolue à me remplacer par la personne pour l'amour de qui vous me réduisez à l'état où je suis.

» Si vous avez déjà pris votre parti à mon égard, s'il faut que non-seulement ma mort, mais une infâme calomnie vous assure la possession de l'objet auquel vous attachez votre bonheur, je souhaite que Dieu vous pardonne un si grand crime, ainsi qu'à mes ennemis qui en auront été les instruments. Puisse-t-il au jour du jugement ne pas vous demander compte de votre cruauté envers moi !

» Puissé-je porter seule ici-bas le poids de votre colère!... Épargnez mes serviteurs que l'on m'a dit être emprisonnés comme mes complices; ils sont innocents. C'est l'unique et dernière prière que j'ose vous adresser. Si jamais je trouvai grâce devant vos yeux, si jamais le nom d'Anne de Boleyn fut agréable à vos oreilles, accordez-moi la faveur que je vous demande, et je ne vous importunerai plus des gémissements et des vœux que j'élève au ciel pour qu'il vous prenne sous sa garde.

» De ma triste prison, dans la Tour, ce 6 mai.

» Votre loyale et toujours fidèle épouse,

» Anne de Boleyn. »

La nature de ce roi était féroce dans le désir comme pour le dégoût. Anne n'était plus aimée, elle devait céder la place à Jeanne Seymour; peu importait qu'elle fût ou non coupable, pourvu qu'elle fût condamnée. Le procès s'instruisit et se poussa avec vigueur.

On alla rechercher les confidences d'une femme morte depuis plusieurs années... Quelques témoins avaient entendu, d'autres avaient entendu dire qu'on avait entendu. Le roi avait besoin de quelque témoignage plus solide. D'ingrat et de féroce, il devint bas et ignoble. Il fit offrir au malheureux Smeaton la vie sauve, à condition qu'il avouerait son crime et celui de la reine.

Smeaton, esprit faible, homme vain de sa beauté, crut aux promesses royales, et, pour échapper à la mort, accepta le honteux métier de calomniateur. Il avoua qu'en effet la reine lui avait fait part de ses faveurs, que leur liaison remontait à plusieurs années, qu'elle avait continué sans interruption. Il avoua tout ce qu'on voulut.

Mais Anne de Boleyn apprit cette nouvelle infamie, et demanda à être confrontée avec ce misérable. Elle était bien sûre de le confondre et de prouver sa lâcheté. Aussi les ennemis de la reine n'osèrent-ils accorder la confrontation.

Smeaton découvrit bientôt le piége dans lequel on l'avait pris; il fut extrait de la Tour avec Weston et Brereton, amené aux bourreaux, qui lui donnèrent la question, sans lui poser d'autres questions que des questions banales. De là on les conduisit au supplice. Ils furent pendus.

Norris était un gentilhomme de grande noblesse, qui avait joui près du roi de la plus haute faveur. Son témoignage semblait d'une telle importance que Henri VIII résolut de l'acheter à tout prix, et lui fit aussi offrir la vie s'il voulait déclarer la culpabilité de la reine. Mais celui-là seul peut-être aimait généreusement Anne de Boleyn, ou rougissait d'acheter sa vie par une turpitude.

— Que me demandez-vous? dit-il; précisez votre désir.

— La voix publique vous accuse d'un commerce criminel avec Anne de Boleyn.

— Des preuves?

— Le témoignage de la reine elle-même... qui avoue que vous l'aimiez, que vous attendiez la mort du roi pour l'épouser.

— Cela est faux! La reine a dit cela en plaisantant, et l'eût-elle dit en réalité, quel est le statut, quel est le caprice de tyran qui interdirait à un homme d'aimer une femme, de renfermer sa pensée en son cœur, et d'attendre, sans l'avancer, le moment où cette femme serait libre? Mais on vous le dit, rien de tout cela n'était dans le cœur de la reine ni dans le mien.

— Enfin, vous êtes accusé, et vous serez condamné, puisque l'honneur du roi ne peut souffrir l'ombre même d'une souillure : vous êtes jeune, riche, votre famille serait désespérée de votre mort; rachetez votre vie par de la franchise; confessez votre crime, et vous vivrez.

Norris regarda d'un œil dédaigneux le conseiller chargé de négocier cette affaire.

— En vérité, dit-il, voilà une triste logique ou une infâme perversité... Que je m'avoue coupable, et je serai épargné; que je me déclare innocent, je serai décapité... Que je mente en me disant coupable, c'est-à-dire que je commette un crime, et le roi me regardera favorablement. Le roi veut donc charger de son crime la conscience de quelqu'un... Ce ne sera pas la mienne. Je refuse. La reine est innocente; je suis innocent comme elle. Appelez les bourreaux.

On se hâta d'étouffer les protestations magnanimes de Norris; il fut décapité.

Maintenant, pensèrent les ennemis de la reine, voilà les complices exécutés, on peut leur faire dire ce qu'on voudra; mais c'est peu pour le roi d'avoir recouvré sa liberté par la mort d'Anne de Boleyn, il faut casser le mariage si péniblement conclu malgré Rome et l'empire; et pour ne pas encombrer le trône de prétendants, il faut déclarer illégitime l'enfant de la dernière reine, comme on a fait déclarer bâtard le fils de Catherine d'Aragon.

Cela paraissait difficile, après toutes les peines que le roi s'était données pour légitimer Élisabeth, fille d'Anne de Boleyn. Cependant, comme Henri était un habile rhéteur, il inventa une subtilité.

— Il est impossible, se dit-il, que cette femme si corrompue, si perverse, n'ait pas donné quelques signes de son immoralité avant le mariage.

Ce fut alors que Cranmer retourna voir la reine dans la Tour, où elle gémissait, de plus en plus malheureuse à mesure que le terme fatal approchait.

Cette visite fut pour elle comme un bonheur inespéré. Le primat éloigna tous les témoins, et s'approchant de la reine :

— Vous voyez, dit-il, si je vous ai servie, et combien je me suis exposé pour vous rendre un bon office Je reviens, car un nouveau danger menace non pas votre tête, mais votre honneur. Je me souviens que vous m'avez fait ce que je suis, grand, riche et puissant; l'honneur de ma protectrice est devenu mon honneur.

— Vous ne me parlez plus de ma vie, dit Anne avec un douloureux sourire.

— Nous y viendrons, madame, répondit Cranmer avec quelque embarras. Mais d'abord, il s'agit de votre dignité. Le roi veut annuler votre mariage, et rendre illégitime la naissance de la princesse de Galles, votre fille.

Anne leva les mains au ciel.

— Déshonorer sa fille! celle qu'il a tant désirée, qu'il a tant aimée! c'est impossible.

— Cela est si possible, madame, que cela sera si Votre Majesté le laisse faire; et si un homme, aux mains de qui votre honneur est confié en ce moment, est un lâche comme Smeaton.

— De qui voulez-vous parler? Je ne vous comprends pas. J'avais des serviteurs, on me les a tués; j'avais une enfant, on me la souille. A qui peut-on s'en prendre? je n'ai plus que des ennemis.

— Dans votre passé, madame, peut se trouver le prétexte que les ennemis cherchent pour vous perdre. Connaissez-vous le comte de Northumberland?

— Mylord Piercy, l'ami de ma jeunesse, mon compagnon alors que nous vivions si heureux en France.

Et la malheureuse femme sentit ses yeux se mouiller de larmes à ce souvenir d'un passé si doux.

— Vous le connaissez?

— Généreux, bon, dévoué...

— Vous aviez pour lui une affection?

— Sincère, à toute épreuve.

— Et lui, pour vous?

— Il m'aima toujours comme un frère.

— Eh bien, madame, dit Cranmer, le comte de Northumberland est en ce moment chez le roi, qui lui demande compte de cette amitié d'enfance, qui le somme de déclarer si jamais il fut question entre vous d'engagements plus sérieux; si, en un mot, le comte eut jamais dessein de vous épouser.

— Hélas! murmura la reine, que ne l'ai-je épousé! Mais, mon ami, ce tyran est donc un fou? il croit donc que ma vie a dû commencer au jour où je l'ai connu? Il ne tolère donc pas que mon cœur ait aimé le ciel et que mes yeux se soient reposés sur des créatures vivantes? Il n'y avait donc que lui dans la création?

— Il est roi, madame, et veut avoir raison dans tous ses caprices.

— Mais ce n'est pas moins une folie d'interroger les sentiments d'un homme qui m'est complétement étranger depuis mon mariage avec le roi. C'est indiquer clairement que, ne trouvant rien dans ma vie d'épouse, on recherche mes fantaisies de jeune fille. Pourquoi aussi ne chercherait-on pas mes songes?

— Parce que, madame, si le comte de Northumberland avait de vous une promesse de mariage, vous n'aviez pas le droit de vous marier avec le roi; partant, votre mariage serait nul et votre enfant bâtard.

— Que Northumberland réponde ce qu'il voudra, dit la reine; nous verrons comment le tribunal accueillera la raison que je veux lui donner.

— Vous n'avez d'autre juge en cette affaire que moi; c'est devant moi que sera portée la cause. Soutenez que nul engagement ne vous lie au comte, que vous avez librement contracté avec le roi, et votre couronne ne peut chanceler sur votre tête.

— Même quand la tête tombera? dit Anne de Boleyn avec un sombre sourire.

— Vous allez trop loin, madame. Je vous ai avertie, adieu. Préparez-vous à vous défendre sur ce point.

En effet, ce fut par cette cassation du mariage que Henri voulut débuter; mais Northumberland, en homme de cœur, déclara qu'il n'avait jamais pris d'engagement avec Anne Boleyn; que leur liaison d'enfance n'avait eu d'autre résultat qu'une amitié devenue plus respectueuse à mesure que la jeune femme s'était élevée en âge et en dignités.

— Alors, dit le primat, il faudrait confirmer le mariage, puisque cette déclaration paraît franche et loyale.

— Il faut que le comte prête serment entre les mains de deux archevêques, dit le roi, que jamais contrat, promesse, ou autre sorte d'engagement, ne l'ont lié à Anne de Boleyn.

— Je suis prêt à jurer, dit le comte.

— Et vous communieriez après avoir fait ce serment?

— Je communierai en répétant ce que je viens de dire.

Il fallut surseoir. Le roi voulut que l'accusée comparût avec son frère devant une assemblée des pairs du royaume.

Le vicomte de Rochefort, immolé à la haine de sa femme, avait à répondre de l'accusation d'inceste portée contre sa sœur et lui.

L'assemblée était présidée par l'oncle des accusés, le duc de Norfolk, grand maître d'Angleterre. Ces sortes de vengeances judiciaires que se ménage l'hypocrisie des rois offrent toujours d'incroyables exemples d'absurdité. Toute l'accusation reposait sur ce grief : on avait vu un jour le vicomte de Rochefort assis près du lit de la reine, causant avec elle, le coude appuyé sur ce lit. Horrible naïveté! D'autres se fussent empressés d'acheter des témoins et d'établir une culpabilité accablante, moyennant quelques menaces ou quelques écus; Henri VIII ne se préoccupait point de ces ménagements. Le peu lui suffisait; le néant lui eût suffi encore. Le roi se contentant de cela, la cour en parut contente, et déclara Rochefort coupable d'inceste, Anne de Boleyn coupable d'adultère et d'inceste. L'arrêt portait que cette dernière serait décapitée ou brûlée vive, selon le bon plaisir du roi.

A ces mots, prononcés par le duc de Norfolk, Anne se leva. Durant le cours des débats elle s'était défendue avec un talent, une vigueur et une raison qui avaient fait pâlir souvent ses accusateurs ; mais se voyant condamnée :

— Mylords, dit-elle, savez-vous bien ce que vous faites? vous condamnez une femme innocente. Cherchez l'appréciation de ce crime qui me conduit à la mort, vous n'y trouverez pas de quoi faire froncer le sourcil d'un juge... Mourir pour avoir été une femme peu soucieuse des questions d'étiquette... O mon Créateur! ô mon père! vous qui êtes la voie, la vérité, la vie, laissez ces hommes se noyer dans leur ignorance et dans le sang; vous le savez, mon Dieu, que je suis innocente... que je ne mérite pas cette mort... Mylords, songez-y bien, la postérité va retenir vos noms, et vous vous déshonorez en tuant une femme malgré la voix de votre conscience.

Elle retomba sur son siége, épuisée par cette terrible émotion. Les membres du tribunal se séparèrent; ils avaient accompli leur tâche, et le roi devait être satisfait.

Il se hâta de donner suite à l'annulation du mariage, et fit comparaître encore Anne et Northumberland devant Cranmer.

Celui-ci savait bien quelle influence ses conseils avaient eue sur la détermination de la reine; il comptait sur sa fermeté pour persister dans la déclaration de validité du mariage.

Dès qu'il eut entendu Northumberland affirmer par serment que rien ne l'engageait avec la reine, qu'elle lui était absolument étrangère :

— Madame, dit-il, vous avez ouï la déposition du comte de

Northumberland ; rien ne vous lie à lui, rien ne vous a pu empêcher de contracter légalement mariage avec le roi d'Angleterre. Est-ce là votre avis? et que faut-il penser?

Anne, au lieu de relever fièrement sa tête, comme elle avait fait devant le tribunal, rougit et se pencha pour cacher son visage dans ses mains.

— Vous étiez bien libre, n'est-ce pas? dit Cranmer.

— Non, répliqua-t-elle si bas, qu'à peine on l'entendit.

Cranmer fit un mouvement sur son tribunal, et le comte, fixant sur la reine un regard surpris, attendit qu'elle se déclarât plus nettement.

—Quoi ! dit le primat, vous n'étiez pas libre? vous aviez un engagement?

— Oui.

—Avec le comte? Le comte aurait menti au roi, il aurait un crime à se reprocher?

C'était avertir Anne de Boleyn du danger que sa déclaration inattendue faisait courir à Northumberland.

— Non pas, reprit-elle vivement ; le comte n'est pour rien dans cet engagement dont je parle ; ce n'est pas avec lui que je l'avais contracté.

—Ainsi, reprit le primat, vous avouez vous-même que votre mariage avec le roi doit être regardé comme nul, et annulé.

— Oui.

— Que votre fille, légitimée par ce mariage, reconnue princesse de Galles, héritière de la couronne, que la princesse Élisabeth, en un mot, peut être dégradée de ces dignités et déclarée illégitime?

Anne fit un effort violent, comprima des sanglots qui déchiraient sa poitrine, et ne répondit pas.

Le primat répéta la question.

— Oui, murmura-t-elle.

La séance fut levée. Anne était déchue du trône; sa fille était déshonorée dès sa naissance. En une seconde la reine venait de sacrifier le seul moyen qui lui restât de mourir reine d'Angleterre.

Cranmer ne savait à quoi attribuer ce changement subit. Son inquiétude ne connut plus de bornes quand il vit Anne succomber à sa douleur et se faire reporter évanouie à la Tour. Il s'y rendit, en vertu du pouvoir que lui conférait sa charge.

— Quoi ! dit-il à la prisonnière, vous! une reine! vous avez fait le sacrifice de votre dignité, vous avez enlevé le trône à votre enfant!

— Écoutez-moi, mylord, répliqua l'infortunée; vous me voyez glacée encore par la terreur. J'étais prête à persister dans ma déclaration, lorsqu'un homme est entré dans ma chambre. Il m'a lu le procès-verbal d'une exécution par le feu; j'ai frissonné; ce supplice m'a paru au-dessus de mes forces. Mylord, je suis une femme très-faible et très-effrayée de la douleur. J'ai peur de mourir dans les flammes. Cet homme ou plutôt ce démon, car je n'ai pas vu son visage, m'a saisie au milieu de cette terreur et m'a promis que l'on adoucirait mon supplice si je consentais à déclarer que j'avais des engagements antérieurs au mariage. Dans le cas contraire, il m'assurait que l'on prolongerait mes souffrances, et que peut-être les douleurs m'arracheraient publiquement un aveu plus honteux et plus lâche. J'ai accepté, j'ai parlé comme on voulait, et, ajouta-t-elle avec une sorte de joie qui perça le cœur du primat, je mourrai de la mort la plus douce.

Cranmer se leva et partit, étouffant un soupir et se répétant que celui-là était indigne du pardon de Dieu qui torturait ainsi l'âme de sa victime en épargnant quelques douleurs à son corps.

Henri tint fidèlement promesse à sa femme : il fit mander le bourreau de Londres, homme expert et dont la réputation était bien établie.

— Voyons, dit-il, mon maître; frappes-tu comme tu veux et où tu veux?

— Quelquefois, sire, dit le bourreau interdit.

— Comment, quelquefois! pourquoi pas toujours?

— Parce que l'imagination est pour beaucoup dans mon opération, et que ma main se rassure ou tremble selon que mon esprit a désir ou crainte du coup que je vais porter.

— Pour frapper un coup illustre, que dira ton imagination?

— Sire, je tremblerai...

— Mais tu donneras la mort?

— Peut-être pas du premier coup.

Henri fronça le sourcil.

—Ce n'est pas mon compte, dit-il, et je veux que l'exécution se fasse sans scandale.

— Il est possible que je réussisse, sire.

— Mais il est possible que tu manques ton coup?

— Oui, sire.

— Tous les exécuteurs sont-ils comme toi scrupuleux et incertains?

— Non pas, sire; il y a des hommes plus habiles les uns

que les autres, et certaines mains frappent cent coups de hache dans la même raie tracée sur le billot.

— Désigne-moi donc une de ces mains.

— Celle du bourreau de Calais, mon confrère, sire. Il a le coup d'œil si sûr, que son couteau frappe le but sans hésitation : il a le bras si pesant, que sa hache s'enfonce dans le billot de façon à n'en plus pouvoir sortir.

— C'est l'homme qu'il me faut, répliqua le roi... Qu'on me fasse venir le bourreau de Calais.

Anne de Boleyn apprit cette horrible particularité avec une joie qui ne sembla pas étrange à tous ceux l'avaient vue trembler devant Cramner pour quelques souffrances de plus, et abdiquer toute sa dignité et celle de sa fille pour avoir le droit de choisir son supplice.

Le lieutenant de la Tour vint la prévenir que le jour était fixé pour l'exécution, que tout était prêt, qu'il ne s'agissait plus pour elle que de faire ses dernières dispositions.

— Les voici, dit-elle gaiement : j'ai un message à faire porter au roi.

— Hâtez-vous, madame, s'il vous plaît, et choissez votre messager.

— Il est tout choisi, monsieur, et ce sera vous ; allez trouver le roi pendant que l'on va terminer les préparatifs, et dites-lui que je suis reconnaissante au dernier point de tout ce qu'il a fait et de tout ce qu'il continue à faire pour moi. Car, de simple particulière que j'étais, il m'a faite marquise de Pembroke ; de marquise, il m'a faite reine ; et comme il n'y a rien au-dessus d'une reine en ce monde et qu'il ne pouvait plus rien pour moi, il se dépêche de m'en faire sortir : il me fait sainte et martyre, me procurant le ciel, que peut-être mes péchés m'eussent enlevé si j'avais vécu plus longtemps.

— Madame, dit le lieutenant, ces propos...

— Vous pensez que je plaisante, monsieur, dit-elle. Je plaisante peut-être, mais qu'importe au roi que mon dernier mot soit une plaisanterie? Ne vaut-il pas mieux pour lui que je meure en riant, que si j'allais, toute échevelée, toute pleine de lamentations, à l'échafaud que me prépare sa gracieuse majesté? Allons, monsieur, rassurez-vous; allez dire au roi ce que je vous ai chargé de lui dire; et, si vous ne l'osez, donnez-moi ce qu'il faut pour écrire, je le lui écrirai.

— J'avoue, madame, que j'aime mieux cela, dit l'officier, qui, ne trouvant pas la plaisanterie opportune, craignait que le roi fît comme lui, et ne s'en prît au messager, ne pouvant s'en prendre à l'auteur.

Anne écrivit à Henri ce que nous venons de rapporter, puis elle déjeuna de bon appétit, afin, disait-elle, d'avoir des forces pour bien mourir.

De grands préparatifs avaient été faits, et le peuple s'était porté en foule autour de l'échafaud. Anne demanda combien de temps pouvait durer l'exécution, depuis le moment où l'on montait sur l'échafaud jusqu'au coup fatal.

— Cela dépend beaucoup du patient, madame, répondit-on, comme aussi de l'exécuteur. Il est des bourreaux qui, par humanité prétendue, accablent de politesses et d'égards leur victime, qu'il serait plus humain d'expédier avec rapidité.

— Si cela dépend de moi, dit Anne en souriant, je vous prie de croire que je ne prolongerai pas mon agonie, et que le spectacle ne durera pas longtemps. Je parle beaucoup ici pour n'avoir plus rien à dire quand je serai là-bas; et si la brièveté dépend, comme vous le dites, de l'exécuteur, je suis encore tranquille, puisque le bourreau est choisi tout exprès pour moi. C'est, dit-on, un homme d'une rare habileté, et mon cou est si mince... regardez... que sans effort il me le tranchera en y posant sa hache.

En disant ces mots, elle avait pris avec ses doigts la mesure de son col blanc comme l'albâtre.

— Voilà ce que c'est, dit-elle; moins que rien.

En effet, le portrait de cette reine, peint par Holbein, la représente avec un col si mince et si suavement arrondi, qu'on l'eût dit prédestiné à la hache.

Anne de Boleyn fut tirée de la Tour et conduite à l'échafaud; sa contenance prit de la gravité. Elle se souvint qu'une reine, une femme innocente, doit mourir noblement, non-seulement pour elle-même, mais pour le triomphe de l'honneur d'une femme et de la majesté royale. Elle s'abstint de manifestations scandaleuses, de récriminations acerbes, comme elle s'abstenait de gémissements et de plaintes.

Sa dernière pensée fut pour sa fille, dont on l'avait séparée. Elle prévoyait que cette enfant, remplacée bientôt dans les affections du roi par d'autres enfants nés d'un nouvel amour, porterait la peine de la résistance de sa mère aux volontés du roi. Instruite à reconnaître sur elle-même la réciprocité des peines qu'elle avait fait endurer aux autres, Anne de Boleyn se rappelait combien l'obstination de Catherine d'Aragon à se dire reine d'Angleterre après son divorce avait nui aux intérêts de sa fille Marie, supplantée par Élisabeth.

— J'ai assez fait de tort à mon enfant en renonçant à sa

légitimité, dit Anne de Boleyn; ne lui ôtons pas, par un orgueil bien vain, le peu d'amour qui reste encore pour elle dans le cœur de son père.

Agenouillée sur l'échafaud :

— Je déclare, dit-elle, que je n'accuse personne de ma mort. La loi me condamne, est-elle juste? le roi le sait. C'est un prince bon et clément; il est mon meilleur juge.

Elle se livra ensuite au bourreau, qui, en effet, sépara d'un seul coup la tête du corps. On jeta le corps dans un cercueil de bois de chêne que l'on reporta sans cérémonie dans la Tour, où la malheureuse victime fut ensevelie.

Ainsi mourut Anne de Boleyn, punie cruellement de s'être oubliée dans sa prospérité. Elle était innocente, puisque, malgré sa fureur d'accuser, Henri ne put trouver une seule preuve contre elle. Il justifia d'ailleurs l'infortunée reine en épousant le lendemain même de son exécution Jeanne Seymour, à laquelle il venait de la sacrifier.

La même année 1536, les portes de la Tour se refermèrent sur Thomas Howard, frère du duc de Norfolk, accusé d'avoir voulu épouser Marguerite Douglas, nièce du roi. Les deux amants furent enfermés dans cette sombre prison; Marguerite en sortit bientôt, mais Howard y mourut. Le caractère franc jusqu'à la férocité de Henri VIII ne permet pas d'assigner une cause criminelle à cette mort. A la Tour fut aussi renfermé ce Thomas Cromwell, grand persécuteur des catholiques romains, et favori du roi. Mais Henri VIII tuait ses favoris comme ses femmes, lorsqu'il s'en lassait. Thomas Cromwell jugé, condamné, périt à Tower-Hill, sans autre crime que ses longs services et le besoin qu'éprouvait le roi d'avoir un nouveau ministre. Ce prince, que plusieurs historiens ont regardé comme un grand politique, était plus souvent un fou que nos lois condamneraient à la réclusion et à l'interdiction. Alors qu'il dépouillait les couvents pour faire la guerre au pape, il donna le revenu d'un de ces couvents à une femme chez laquelle il était entré pendant la chasse, et qui lui avait servi un plat de boudin qu'il avait trouvé de son goût. C'était la libéralité du roi... nous avons vu quelles étaient ses justices...

FIN DU CINQUIÈME VOLUME.

NOTES.

LE FORT DE SPIELBERG.

(1) La vie de Frédéric de Trenck, moins dramatique, moins souillée que celle de son cousin le pandour, n'est pas moins un singulier exemple de ces transmissions par le sang d'une nature vicieuse. Frédéric de Trenck est un des illustres prisonniers qui aient signalé le génie inventif de l'homme dans les fers.

(2) Mémoires d'Andryane.

(3) Tout cet épisode héroïque est d'une vérité que l'historien croit devoir garantir, tant elle est peu vraisemblable. On peut en lire les détails dans une *Histoire de la Guerre civile en France*, publiée en 1805.

LE CHATEAU DES SEPT-TOURS.

(1) La description de cette Tour est tirée de M. de Poucqueville. C'est la plus étendue qui ait été publiée.

(2) Le cordon était pour les nobles, la décollation et le pal pour les criminels et les esclaves.

(3) Nous dirons une fois pour toutes que nous avons tiré tous ces details des histoires de la Turquie et des écrits publiés sur cet empire, et notamment de l'*Histoire ottomane*, par Mignot; *Abrégé chronologique*, du même auteur; *État actuel de l'empire ottoman*, 1792; *Relation nouvelle d'un voyage à Constantinople*, par Godot; l'*Univers pittoresque; Voyage en Morée, à Constantinople*, etc., par M. de Poucqueville, etc., etc.

(4) Nous avons demandé des renseignements a l'ambassade de Turquie a Paris, et nous en avons reçu la lettre suivante :

« Monsieur,

» Je suis chargé par S. E. l'ambassadeur de Turquie de répondre a la question que
» vous lui avez adressée au sujet du château des Sept-Tours. Il y a longtemps que ce

» château ne sert plus de prison, et l'usage auquel il sert doit être de bien peu d'im» portance puisqu'on en ignore complétement la nature.

» Agréez, etc.

» VICTOR MERPUYO.

» 6 juin 1845. »

(5) Rapport à M. le comte Duchâtel, ministre de l'intérieur, sur le régime des prisons de la Turquie, par M. Blanqui, membre de l'Institut.

LA TOUR DE LONDRES.

(1) Hume, *Histoire d'Angleterre*.

(2) Chroniques de Froissart.

FIN DES NOTES.

TABLE.

LE FORT DE SPIELBERG.

LE CHATEAU DES SEPT-TOURS.

I

LA TOUR DE LONDRES.

I

II.

III

FIN DE LA TABLE.

Imprimerie DONDEY-DUPRÉ, rue Saint-Louis, 46, au Marais.

www.ingramcontent.com/pod-product-compliance
Ingram Content Group UK Ltd.
Pitfield, Milton Keynes, MK11 3LW, UK
UKHW020101200726
13856UKWH00002B/317